国家自然科学基金面上项目研究成果
上海国际金融与经济研究院（应用高峰）项目研究成果

Research on High-Quality Development of China's Insurance Markets

中国保险市场高质量发展研究

段白鸽◎著

復旦大學出版社

前言

本书面向中国经济高质量发展和人类社会前进的重要风险约束，着眼于“风险约束下的中国保险市场高质量发展”研究。本书注重中国问题导向，以“保险创新与保险结构优化”为突破口，围绕保险如何促进中国经济和社会高质量发展，开展理论、实证和政策方面的系列研究。

全书内容共分八章。第一章为导论，通过分享大师思想，理解风险、保险与高质量发展的关系，理解保险的本质与保险体系的风险分担功能。第二章介绍保险发展与经济发展的国内外研究现状与发展动态。第三章基于宏观视角，研究全球保险市场发展与经济增长之间的关系，揭示全球保险结构演变规律。第四章基于微观视角，系统阐释中国保险市场的险种结构演变的典型事实和特征性规律，为高质量发展阶段的保险创新和结构优化提供经济学解释。第五、六、七章面向经济和社会高质量发展目标，立足中国保险改革与创新实践，基于不完全市场一般均衡理论和实证方法，系统研究保险创新在缓解信任品市场失灵、化解医疗纠纷、促进社会和谐、推动共同富裕等方面的政策效果，为实现稳增长和防风险的长期均衡提供学术依据。第八章为总结与展望。

本书特色在于：第一，本书注重问题意识。本书以解决“保险市场不完全”问题为导向，为以保险的方法解决经济和社会重大问题提供基础的分析工具，旨在释放保险体系的风险分担潜能，实现更大的帕累托改进。第二，本书注重中国问题和国际经验相结合。本书注重纵向历史和横向现实相结合，注重科学方法与中国制度背景相结合，通过历史维度的纵向比较和不同国家和地区的横向比较，总结全球保险发展演变规律及其与经济发展之间关系的特征性事实，汲取和借鉴其他国家和地区的发展经验和教训，有助于更好地理解适应经济发展不同阶段的最优的保险改革方向和路径。第三，本书注重理论分析、实证研究和政策设计相结合。本书基于不完全市场一般均衡理论构建了统一的理论分析框架，综合应用简约式估计的因果关系识别方法、政策反事实分析，系统识别保险创新在缓解信任品市场失灵、化解医疗纠纷、促进社会和谐、推动共同富裕等方面的因果效应和作用机制，为中国保险市场的高质量发展提供系统的学术依据和政策建议。

本书适用于高校保险学、金融学及相关专业的教学和科研，也适合于保险经济学、精算与风险管理、高质量发展领域学界、政策界研究人员及业界人士参考。

目录

第一章

导　论

第一节　保险的本质与保险体系的功能

我们生活在一个充满风险和不确定性的时代。世界上有太多的风险没有相应的市场（包括保险市场）来化解。伟大的经济学家肯尼斯·J. 阿罗（Kenneth J. Arrow）[①] 告诉我们：世界上的很多问题不是由市场造成的，而是由“市场的缺失”造成的（Arrow，1969）；其解决之道在于寻找并创造出“缺失的市场”（Missing Market）。这意味着，我们需要深入研究和理解各类风险的本质，并努力去创造一个又一个化解风险的“缺失的市场”，使市场变得更加完全。

就应对风险的保险市场而言，有些风险似乎超出了“可保性”（Insurability）的范畴，如高考失败的风险、考研失败的风险、创业失败的风险、网络风险（Cyber Risk）等等。当前以人工智能、大数据为代表的新一轮科技革命也悄然催生了“类保险”的新模式。众筹（Crowd-funding）是保险吗？点对点保险（Peer-to-Peer Insurance，也称 P2P 保险）、专属保险（Captive Insurance，也称自保）与传统保险有哪些异同？这些问题都可以归属于“什么是保险？”这一看似简单的保险边界（Borders of Insurance）问题，但已成为目前全球金融领域最重要的问题之一（Hufeld 等，2017），也关乎中国保险的未来。因此，前瞻性地思考这些问题，有助于理解保险的宏观经济角色及保险体系的功能定位，把握保险创新（Insurance Innovation）的方向，更好地促进中国经济高质量发展（High-quality Development）。

从保险的本质来看，传统保险至少具备以下四个特征。

---

① 美国经济学家，1972 年诺贝尔经济学奖得主。

（1）保险利益（Insurable Interest）。《中华人民共和国保险法》[①] 自2009年修订以来，明确规定："人身保险的投保人在保险合同订立时，对被保险人应当具有保险利益。财产保险的被保险人在保险事故发生时，对保险标的应当具有保险利益。""保险利益是指投保人或者被保险人对保险标的具有的法律上承认的利益。"由此可见，是否具有保险利益是保险合约（Insurance Contracts）区别于其他金融合约（Financial Contracts）的首要条件。例如，信用违约互换（Credit Default Swap，CDS）[②] 是一种金融合约，而非保险合约。

（2）纯粹风险（Pure Risk）。纯粹风险是指可能造成损失，而不会产生收益的风险。它区别于收益风险（Return-risk）和投机风险（Speculative Risk）。收益风险是指可能产生收益，而不会造成损失的风险，只是收益的大小具有不确定性，如受教育的风险。投机风险是指既可能产生收益，也可能造成损失的风险，如股票投资的风险。在保险实务中，分红保险（Participating Insurance）可以视为纯粹风险和收益风险组合的保险创新，投资连结保险（Investment-linked Insurance）、万能保险（Universal Insurance）、变额年金（Variable Annuity）可以视为纯粹风险和投机风险组合的保险创新。更确切地说，保险公司承保的纯粹风险是可以利用大数法则（Law of Large Numbers）进行分散的风险[③]。而大数法则是世界上为数不多的"免费午餐"，应用大数法则这一数理基础的保险体系可以实现被保险人之间的风险分担（Risk Sharing），因此，保险是一种天然的"帕累托有效"（Pareto Efficiency）的制度安排。

---

① 《中华人民共和国保险法》自1995年制定以来，经历2002年、2014年、2015年三次修正，以及2009年一次修订。

② CDS是国外债券市场中一种常见的信用衍生品，实质上是与抵押贷款支持证券（Mortgage-backed Security，MBS）的违约风险状态挂钩的衍生品。它满足传统保险的第四个特征，但并不满足前三个特征。

③ 它是一种非系统性风险（Non-systemic Risk），也称特定风险、可分散风险。

（3）损失驱动（Damage-driven）。保险损失的发生是由相对外生的、客观的损害驱动的，如洪水、火灾等，而由非内生的事件驱动（Event-driven）；事件驱动往往与价值波动的内生风险相关联，更多地涉及人们的激励和行为。因此，保险公司承保的纯粹风险通常外生于经济体，不是内生的系统性风险（Systemic Risk），也往往与经济周期（Business Cycle）和金融周期（Financial Cycle）无关。

（4）金融属性（Financial Attribute）。保险合约高度依赖于状态（State-contingent），故保险合约属于股类（Equity-like）合约，而非债类（Debt-like）合约。当购买寿险的被保险人死亡状态发生时，保险公司向其受益人给付保险金额。类似地，投资者在股价上涨时赚钱，在股价下跌时赔钱。而无论未来状态如何，借款人都需要偿还银行贷款；债券发行人都需要每期支付投资者票息，且到期支付票面值（或赎回值）。因此，保险合约是一种股类的金融合约，具有天然的风险分担功能，是现代金融体系的重要组成部分。

综上所述，风险是经济发展和人类社会前进的重要约束，而保险可以实现“帕累托改进”（Pareto Improvements），完善的保险体系可以为经济和社会发展保驾护航[①]。国家层面的社会保险是对劳动者人身风险分担的基本制度安排；商业保险则是对人身、财产及其有关利益的更大范围、更高层次的风险分担的市场化机制；政策性保险（如农业保险、信用保险、巨灾保险）则是弥补市场失灵、发挥有效市场和有为政府作用的组合型的保险制度安排。因此，保险体系不但拥有金融体系中纯粹风险分担的最大的保险市场，而且也是国家治理体系的重要组成部分。

有鉴于此，一个国家的保险体系能否为个人、家庭和企业等风险承担主体提供足够的风险分担能力是衡量其成熟程度和发展阶段的

① 联合国贸易与发展会议（UNCTAD）早在 1964 年就已经宣布“一个健全的国家的保险市场和再保险市场是经济增长的基本特征”。

重要维度。评估和提升保险体系的风险分担功能，健全社会保险、商业保险和政策性保险相结合的多层次、广覆盖、全方位的保险体系，对实现中国经济和社会高质量发展至关重要。

第二节 保险与高质量发展

高质量发展是我国全面建设社会主义现代化国家的首要任务，需要创新驱动、绿色发展、金融稳定。这些方面都需要保险体系的风险分担功能为其保驾护航，所以高质量的保险发展是理解和解决中国经济和社会高质量发展问题的重要路径。

保险体系的风险分担功能归根到底是通过不同的保险合约和保险机构实施的，其实施效果决定了保险市场的完备程度和发展水平，也决定了保险结构（保险合约、险种结构、保险机构、监管体系）演变及其与经济和社会高质量发展之间的关系。因此，科学地评估保险结构优化对完善创新驱动、支持绿色发展、促进共同富裕、强化金融稳定等方面的政策效果，优化科技类、绿色类和普惠型保险结构，前瞻性地寻找最优的保险创新和政策设计是实现中国经济和社会高质量发展的关键。

保险发展在创新驱动发展阶段面临着更大的不确定性，其更适合创新驱动的高质量发展阶段。充分利用保险合约的风险分担功能，有助于撬动金融体系的融资、信息生产与反馈功能（王永钦，2023）。这是因为，保险合约不但可以激励企业创新、个人创业和实现风险分担，而且可以通过对企业和家庭的资产（如住宅、厂房等）进行保险（如购买企业财产保险、家庭财产保险、住宅巨灾保险等），来提升这些资产的抵押品价值，进而提高杠杆率和融资效率，缓解融资难和融资贵的问题。例如，Mark 和 Tobias（2009）的研究表明，由于美国加州经常发生地震，对其住宅的抵押品价值产生了负面影响，而住宅巨灾保险的引入不但提高了住宅价格，而且提高了房地产企业的融资水平。此外，保险资金具有期限长、稳定性高等优势，可以为科技创新企业提供更多长期股本融资，降低企业的融资成本，促进企业创新和经济发展。

风险与保险是人类社会永恒的话题。纵观历史，人类社会主要还是通过集中管理风险来降低不确定性（Uncertainty）。世界刚刚经历新冠疫情冲击，未来还有大量的、棘手的问题需要我们去回答。全球气候变暖、极端天气频发、海平面上升，人类面临巨大的生存压力；机器人和人工智能的兴起，新科技革命和产业变革的浪潮奔涌而至，人类还面临着前所未有的被机器人替代的收入风险（Income Risk）、失业风险（Unemployment Risk）；全球化遭遇逆流、经济增速减缓、不时出现的金融危机（Financial Crisis）、房价波动、债务高企、收入差距等问题凸显，人类面临的各类风险和全球性挑战日益突出。这些超出个人、家庭、企业等微观主体控制范围的行业、地区，甚至国家层面的更大范围内的宏观风险（Macro Risk）也需要集中管理的方法来解决。

因此，我们要科学地构建客观的、不依赖于个体行为的、与宏观风险状态挂钩的"指数"，设计新的金融合约（保险合约），充分利用金融创新（保险创新）的利器，创造更多有价值的宏观市场（Macro Markets），在更大的社会范围内化解各类"宏观风险"。这就是著名的经济学家罗伯特·J. 希勒（Robert J. Shiller）在 20 世纪 90 年代畅想的"宏观市场"愿景（Shiller，1993，2004），而今也已经付诸实践。例如，天气指数保险（Index-based Weather Insurance）、天气衍生品（Weather Derivative）、收入指数保险（Indexed Income Insurance）、巨灾指数保险（Catastrophe Index Insurance）等。这些指数保险（Index-based

Insurance）的优势在于，以客观的“气象指数”或者相对个体行为这样的足够外生的“行业中位收入指数”作为保险赔偿标准，不依赖于投保方的个体行为（保险赔偿金额与个体实际损失没有直接联系），既实现了高效的保险理赔，又缓解了不完美信息（Imperfect Information）和不完全合约（Incomplete Contract）导致的保险供给不足问题，还有利于激励投保人开展防灾减损工作。这意味着，我们通过管理宏观风险，可以减轻微观风险，形成良性循环，释放保险体系的风险分担潜能，实现更大的“帕累托改进”。

第二章

保险发展与经济发展的研究现状与发展动态

第一节 保险发展与经济发展的关系研究

第一类文献从宏观视角研究保险发展与经济增长的关系。保险发展与经济发展的关系是保险经济学和发展经济学的研究焦点。大量学者围绕保险市场发展与经济增长之间的互动关系开展了跨国实证研究，为保险深度与经济增长遵循的 S 曲线这一非线性关系提供了充分证据（Enz，2000；Ward 和 Zurbruegg，2000；Arena，2008；Brainard，2008；Zheng 等，2008；Han 等，2010；Lee 和 Chang，2012；Lee 等，2013；Handschke 和 Rozumek，2015；Millo，2016；Olayungbo 和 Akinlo，2016；Pradhana 等，2016；Dash 等，2018；孙祁祥等，2010；段白鸽，2019）。其中，Lee 等（2013）研究发现，OECD 国家寿险保费每增加 1%，实际国内生产总值（GDP）增长 0.06%；相比之下，Beck 和 Levine（2004）研究表明，银行信贷每增加 1%，其对经济增长的正向影响不超过 1.8%。Han 等（2010）基于 1994—2005 年全球 77 个发达和新兴经济体更大的样本数据进行实证研究，发现寿险深度每增加 1%，经济增长 1.7%；而总保险深度每增加 1%，经济增长 4.8%。段白鸽（2019）利用 1999—2017 年全球 87 个发达和新兴经济体保险市场与宏观经济指标数据进行实证分析，发现保险需求收入弹性与经济发展程度显著负相关，寿险需求收入弹性明显高于非寿险，且都呈现出明显下行和收敛趋势。

另一些学者将保险、信贷、股票等金融市场结合起来，研究它们与经济增长之间的关系，为理解不同金融机构的宏观经济角色及其对经济增长的贡献提供了经验证据（Arena，2008；Adams 等，2009；Chen 等，2012；Kaushal 和 Ghosh，2018）。其中，Chen 等（2012）研究表明，保险的宏观经济作用离不开金融市场的发展，保险业和银行业在推动经济增长中发挥着互补作用。Arena（2008）利用广义矩估计方法实证检验了1976—2004年55国保险市场、银行信贷市场、股票市场与经济增长的关系，发现高收入国家的寿险市场对经济增长有显著正向影响，而高收入国家和发展中国家的非寿险市场对经济增长均有显著正向影响。Adams等（2009）检验了1830—1998年瑞典保险市场和银行信贷市场发展与经济增长的长期关系，发现19世纪经济增长的原因在于银行信贷市场发展，而20世纪则变为保险市场发展。Kaushal和Ghosh（2018）探讨了从受管制到自由化时期两种不同制度下印度保险业和银行业发展与经济增长的关系，得出结论认为经济增长与保险业和银行业发展之间存在长期关系。尽管保险业和银行业都对经济增长有着积极贡献，但学者们对两者的联合贡献和个体贡献之和的大小尚未达成共识。一些学者认为，当两者都存在时，它们的个体贡献之和更大（Brainard，2008）。另一些学者则认为，保险业的个体贡献在纳入银行业变量后仍然稳健，更高水平的保险深度和银行深度对经济增长的联合贡献要大于它们的个体贡献之和（Webb等，2002）。

第二类文献关注保险结构变化如何促进经济高质量发展。金融发展的一个重要表现是金融结构的变化。金融结构是指各种金融合约和金融机构的形式、性质及相对规模，一系列显性或隐性的制度安排及相配套的货币政策和宏观审慎监管体系与资本市场监管体系，其中金融合约是最为基础的表现形式（Allen和Gale，2000；Levine，2005；王永钦，2023）。保险结构是金融结构的重要组成部分，特指各种保险合约、险种结构和保险机构的形式、性质及相对规模，一系列显性或隐性的制度安排及监管体系。

适应经济发展不同阶段的最优的金融结构是动态演变的（Allen和Gale，2000；林毅夫等，2009；张成思和刘贯春，2015），这种动态演变及其对经济发展的影响依赖于法治环境（Demirgüç-Kunt 和 Levine，2004；龚强等，2014；王永钦和薛笑阳，2022；王永钦，2023）。同样地，适应经济发展不同阶段的最优的保险结构也是动态演变的。段白鸽等（2021）基于不完全市场理论和保险市场均衡视角，利用 2008—2018 年人身保险公司和 1998—2018 年财产保险公司在中国 31 个省区市经营的 6 种人身保险险种和 9 种财产保险险种的微观数据，通过构建高维固定效应面板数据回归模型，采用稳健的实证方法检验了中国保险市场的险种结构的动态演变及其各险种的发展效果，发现了保险产品需求、供给和市场均衡的一些重要特征性事实，为中国保险市场发展阶段及其与经济发展之间关系的研究提供了微观基础。

第二节　保险发展与实体经济创新

与融资一样，风险也是经济发展的重要约束。促进经济发展的一个重要渠道是通过金融市场更好地发挥风险分担（保险）功能来提高生产效率，降低经济波动，促进经济发展（Ramey 和 Ramey，1995；Acemoglu 和 Zilibotti，1997）。一系列实证研究发现，相比债权融资，股权融资更容易分散创新风险，更能促进外部融资依赖度高的高新技术产业发展（Brown 等，2009；Lerner，2009）；特别地，对失败容忍度越高，风险投资越能促进企业创新（Manso，2011；Chemmanur 等，2014；Tian 和 Wang，2014）。保险合约是一种股类的金融合约，近年来学者开始关注保险在促进企业创新、个人创业、家庭风险冲击应对，以及缓解信任品市场失灵、化解社会矛盾、促进社会和谐和高质量发展方面的经济社会效应。

一些学者利用 2012 年国家知识产权局推行专利保险试点的准自

然实验，研究专利执行保险的创新激励效应（龙小宁和林菡馨，2018；李摇琴，2022）。段白鸽等（2019）利用中国食品安全责任强制保险的改革实践，发现强制责任保险能显著降低食品安全事故发生概率，平均每万人中食源性疾病暴发患者数约减少了6人，表明政府强制推行的金融创新可以成为信任品市场失灵的一种有效的替代解决方案，对检验推行有效市场和有为政府相结合的政策性工具的实践效果具有普遍意义。段白鸽等（2023）利用中国面向公立医院的渐进式医疗责任强制保险的改革实践和多期双重差分方法，研究发现：医疗责任强制保险由于使医疗市场变得更加完全而增进了医患双方的信任，提高了患者平均住院天数，降低了医疗纠纷发生的概率，改进了医患双方的合约不完全性；并通过减少医生的防御性治疗行为降低了人均医疗费用，提高了医院治疗效率；还使保险市场变得更加完全，激励保险公司在降低信息不对称（逆向选择和道德风险）方面发挥有效的监督机制，实现了多方共赢的帕累托改进。戴芸和王永钦（2022）利用中国城镇职工基本医疗保险在创业者和非创业者之间可得性的外生差异，采用中国健康与营养调查（CHNS）微观数据，研究社会保险这一基本公共服务的创业枷锁和催化剂效应及其作用机制，验证了中国社会保险对大众创业的正面影响，其研究成果对中国社会保险制度设计、创业就业政策和高质量发展具有重要的政策启示意义。章元等（2022）提出“地震冲击—风险预期和负向情绪—风险偏好”的理论框架，并利用中国城镇家庭层面微观数据和连续变量双重差分方法，验证了这一影响机制，为保险公司开发应对家庭风险冲击的保险产品提供了借鉴和启示。

此外，也有学者开始关注金融市场的风险分担（保险）功能与融资功能的相互影响。例如，Karlan 等（2014）认为信贷约束和不完全的保险市场会限制企业和个人对高回报活动的投资，并通过向发展中国家的农户随机分配现金赠款等方式来放宽信贷约束，研究发现，这能提高农户对降雨指数保险的需求，并证实了保险能增加农业投资、提高农户对风险的接受程度。进一步地，由于金融合约是跨期的承诺，背后都有抵押品，其稀缺程度使得金融市场的保险功能与融资功能不可兼得。通常现实中越需要对冲风险的企业（如小企业）的融资需求往往越高，而抵押品约束下其风险管理的资金往往不足（Rampini 和 Viswanathan，2022）。

第三节　保险发展与绿色发展

作为一种重要的市场化解决方案，绿色金融（如绿色信贷、绿色债券、碳金融、绿色保险等）有助于更好地发挥金融机构在提高资源配置效率、监督企业承担环境等社会责任中的作用，进而促进经济高质量发展（Chang 和 Peter，2009；刘锡良和文书洋，2019）。

特别地，针对绿色保险，一些学者关注生态环境损害的可保性问题，以及环境污染责任保险（ELI）的风险评估和定价难点（陈冬梅和段白鸽，2014；程玉，2018）。Wang 等（2017）基于博弈论方法进行理论分析，认为绿色保险虽然不能推动企业创新行为和增加预期利润，但是可以降低企业风险，而绿色保险补贴和政府补贴均会激励企业绿色创新，且实施绿色保险补贴的风险更小。

保险作为一项重要的金融创新，保险理论最重要的发展就是保险可以成为一个有效的私人风险监督机制（段白鸽等，2019，2023）。在实践中，ELI 在发达国家已被广泛用于解决环境污染问题。国内学者的研究发现，重污染企业投保 ELI 能降低其债务融资成本（李敏鑫等，2021），也能抑制企业金融化（胡珺和穆颜如，2022），进而推动企业进行环境治理和绿色创新，引导实体经济高质量发展。作为公司治理的重要机制，投保 ELI 能减少企业对外投资（Chen 等，2021），投保 ELI 和董事高管责任保险（D&O）都能提高企业的环境信息披露质量（李敏鑫和王江寒，2021；许荣等，2022），进而激励企业采取积极的环境治理行为。然而，也有研究发现，不同于美国等发达国家保险市场，推行 ELI 显著降低了中国企业的环境绩效，这为中国环境责任保险市场中存在的道德风险提供了新的证据（Chen 等，2022）。

第四节　保险发展与共同富裕

共同富裕是中国特色社会主义的本质要求，保险发展有助于减少贫困、缩小收入差距、促进共同富裕。因此，充分发挥社会保险、商业保险和政策性保险的天然的风险分担功能，完善社会保险的统筹制度，加大社会保险的调节力度，丰富商业养老和医疗保险、农业保险等各类普惠型保险和政策性保险工具，对防止因病和因灾致（返）贫、增强均衡性和可及性，扎实推进共同富裕，实现经济和社会高质量发展至关重要。

在中国进行脱贫攻坚过程中，越来越多的研究围绕利用保险方法来缓解贫困、化解收入风险的实践效果。例如，社会保险作为一种兼顾效率和公平的制度安排，许多研究验证了中国医保政策的精准扶贫效果、风险分散视角下现收现付制与基金积累制的混合型基本养老保险制度设计、效率和公平统一的城乡医疗保险最优水平（黄薇，2017，2019；刘子宁等，2019；彭浩然和程春丽，2021；封进等，2022）。政策性农业保险作为一种普惠性金融工具，有助于缓解贫困（朱蕊和江生忠，2019；段白鸽和何敏华，2021；张伟等，2020；江生忠和李立达，2021；黄颖等，2021）。也有研究验证了普惠金融、普惠保险的减贫效应有助于推动共同富裕（李建军和韩珣，2019；吴剑和孙蓉，2020；徐婷婷和陈先洁，2021；张栋浩和蒋佳融，2021；李红坤和祁永正，2022）。

第五节　保险发展、保险业的系统性风险与金融稳定

影子金融体系在金融稳定中扮演着重要角色，会增加金融体系脆弱性和系统性金融风险。影子金融体系主要包括两个维度，即融资方面的影子银行和风险分担方面的影子保险。其中，影子保险是指保险公司利用再保险分保方式将负债转移到同一保险集团内部、自保公司、特殊目的工具（SPV）等缺乏足够监管与评级的表外实体的再保险关联交易活动（Koijen 和 Yogo，2016）。通过这种关联交易，保险公司可以把风险转移给再保险市场，还可以利用金融市场的套期保值工具来消除风险，使保险公司与金融市场的联系愈发紧密。然而，经济学文献中对保险业本身的风险及其转移的讨论却极其有限，直到 2008 年全球金融危机爆发，美国国际集团（AIG）破产引发关于保险业是否存在系统性风险的辩论，保险业在金融体系中的重要性才引起学术界和金融监管层的关注。在 2008 年金融危机中，美国保险公司没有有效发挥保险作用，反而加剧了系统性风险（Hufeld 等，2017）。

随后，国内学者对中国保险业的系统性风险也开展了不少研究。一些学者关注中国保险公司系统重要性、保险业系统性风险的存在性及其风险度量（方蕾和粟芳，2018；张琳等，2018；朱衡和卓志，2019）。也有学者关注保险业务同质化、承保风险、投资风险等对保

险业系统性风险的影响（王向楠，2018；宋凌峰和肖雅慧，2018；邹奕格和陆思婷，2020；陆思婷和粟芳，2021；熊婧和汤薇，2021）。

还有一些学者关注保险业与其他金融机构的系统关联性、交叉传染及其国际经验（王丽珍和康超，2017；完颜瑞云和锁凌燕，2018；王桂虎和郭金龙，2018；韩浩等，2020；王永钦等，2022）。特别地，就识别中国的影子保险活动而言，王永钦等（2022）利用中国再保险关联交易监管的准自然实验，从因果关系上清楚地识别了中国金融体系中的影子保险活动及其机制，发现相关的监管通过影响保险公司资产负债表两端的结构性调整而减少了风险承担行为，并提高了经营稳定性。这对识别金融机构的监管套利和防范系统性金融风险具有普遍意义。

第三章

全球保险市场发展与经济增长的关系研究

第一节 引 言

改革开放以来，我国经济高速增长，2010 年中国成为仅次于美国的世界第二大经济体。2000 年中国内地市场位居全球第 16 大保险市场，2016 年已跃升为仅次于美国的全球第二大保险市场①。中国保险市场如此强劲地增长，其未来发展前景如何？与经济发展之间存在什么样的关系？全球保险市场发展是否具有一般规律？这些都是具有重要学术和政策意义的问题。

关于保险市场发展与经济增长的关系研究，早期文献假设保险需求收入弹性为大于 1 的常数。在该假设下，保险深度②会无限增长，与实务中供求关系会限制保险深度不吻合。Carter 和 Dickinson（1991）、Enz（2000）认为保险需求收入弹性随经济状况是可变的，并提出一个重要的假说，即保险深度与人均 GDP 之间存在 S 曲线的非线性关系。但这种 S 曲线假说在经验上是否成立一直存在争议。例如，Millo（2016）挑战了 S 曲线假说下发展中国家保险需求收入弹性更高的共识，发现非寿险需求收入弹性与现有证据存在矛盾，并认为研究结果高度依赖于使用的方法。这使得我们必须首先回答下列问题。全球保险市场发展与经济增长之间的 S 曲线假说到底是估计偏差，还是具有规律性的事实？如果 S 曲线成立，那么描述寿险、非寿险和总保险市场的 S 曲线形状有何异同？如何刻画 S 曲线的动态演

---

① 2017 年全球保险市场总保费收入达到 4.892 万亿美元。美国的保费市场份额占比 28.15%，全球排名第一；中国占比 14.74%，全球排名第二。

② 保险深度（Insurance Penetration）和保险密度（Insurance Density）是衡量一个国家（地区）保险市场发展程度的两大指标。保险深度是指保费收入与国内生产总值之比，以反映保险业在整个国民经济中的地位；保险密度是指人均保费支出，以反映国民的参保程度。

变？怎样揭示不同经济体寿险、非寿险和总保险需求收入弹性的特征及趋势？不同经济体保险市场靠近或偏离世界平均 S 曲线的发展动态如何？在全球化和保险市场竞争日益加剧的环境下，各经济体保险市场发展是否存在向世界平均 S 曲线收敛的趋同现象？

有鉴于此，本章采用稳健的实证方法检验得出：S 曲线假说并非估计偏差，而是具有规律性的事实。具体而言，本章关注全球保险市场发展与经济增长的 S 曲线这种非线性关系的规律性认识，结合 1999—2017 年 87 个经济体保险市场和宏观经济指标数据①，在评估数据质量基础上，将度量全球保险市场发展与经济增长的 S 曲线这种非线性关系融入“一致性”分层建模框架中，针对寿险、非寿险和总保险业务，分别设计了 14 种嵌套的分层模型结构，结合对各种分层模型的评价与选择，证实 S 曲线假说成立，并非估计偏差。此外，本章进一步探讨了各经济体保险需求收入弹性的同质性、异质性及动态演变特征，以解释近年来出现的对 S 曲线假说的质疑。最后，本章还探讨了不同经济体保险市场靠近或偏离世界平均 S 曲线的发展动态，在全球化和保险市场竞争日益加剧的环境下，无论是发达经济体还是新兴经济体，保险市场发展都存在着向世界平均 S 曲线收敛的趋同现象。

---

① 这 87 个经济体分别为美国、加拿大、特立尼达和多巴哥、智利、巴拿马、巴西、阿根廷、哥伦比亚、哥斯达黎加、墨西哥、厄瓜多尔、多米尼加、秘鲁、委内瑞拉、牙买加、巴哈马、乌拉圭、萨尔瓦多、危地马拉、荷兰、英国、法国、丹麦、瑞士、芬兰、葡萄牙、爱尔兰、瑞典、比利时、意大利、德国、斯洛文尼亚、奥地利、西班牙、卢森堡、塞浦路斯、挪威、捷克、波兰、匈牙利、斯洛伐克、克罗地亚、保加利亚、乌克兰、希腊、塞尔维亚、土耳其、罗马尼亚、俄罗斯、马耳他、中国台湾地区、中国香港地区、中国大陆、韩国、日本、新加坡、印度、以色列、马来西亚、泰国、黎巴嫩、阿拉伯联合酋长国、约旦、越南、菲律宾、斯里兰卡、印度尼西亚、阿曼、伊朗、沙特阿拉伯、巴基斯坦、哈萨克斯坦、科威特、孟加拉国、卡塔尔、南非、摩洛哥、肯尼亚、突尼斯、埃及、阿尔及利亚、尼日利亚、安哥拉、纳米比亚、毛里求斯、澳大利亚、新西兰。它们依次对应于本章第三节分层模型中的 $i=1, \cdots, 87$。这 87 个经济体保费收入占全球保险市场的份额高达 99.66%，可以很好地揭示近 20 年来全球保险市场的发展演进。

本章的创新和研究意义主要体现在以下三个方面。第一，本章将S曲线假说的静态模型扩展到动态模型，将非线性模型扩展到分层模型，构建了“一致性”分层框架，为保险市场发展的S曲线假说是否成立提供了一套稳健的实证检验方法。第二，本章基于全球保险市场发展的视角很好地度量了不同经济体寿险、非寿险和总保险市场发展的同质性、异质性和动态演进过程，有助于揭示和预测全球保险市场发展的规律和特征，补充了保险市场发展的跨国研究，也丰富了金融发展与经济增长关系的研究文献。第三，从方法论的贡献来看，本章提出的实证方法具有一般性，同样适用于社会科学诸多领域关于创新、技术、网络、市场扩散的S曲线假说的检验，有望丰富和拓展S曲线假说的应用领域。

本章其余部分的结构安排如下：第二节是相关文献回顾及评述；第三节介绍了S曲线假说，以及基于“一致性”分层模型的检验方法；第四节是S曲线的实证检验，结合最优分层模型的稳健估计结果对全球保险市场发展的S曲线是否成立给出了详细的解释说明；第五节是结论与政策含义。

第二节　相关文献综述

金融发展与经济增长的关系研究一直以来都是政府、企业和学术界关注的重要话题。国外学者已广泛接受金融发展与经济增长之间存在正向关系的观点，认为银行和保险公司作为两大金融中介机构对金融发展起着关键作用，从而有助于经济增长（Sandberg，1978；King和Levine，1993；Outreville，1996；Levine和Zervos，1998；Adams等，2009；Kaushal和Ghosh，2018；等）。作为金融市场的重要组成部分，保险市场可以提供风险分担、经济补偿、资金融通和社会管理等功能，研究它与实体经济、经济增长的关系变得越来越重要。

在国外文献方面，一些学者开展了保险市场发展与经济增长关系的跨国实证研究。Ward 和 Zurbruegg（2000）、Olayungbo 和 Akinlo（2016）、Pradhana 等（2016）、Dash 等（2018）分别检验了 OECD 国家、非洲市场、东盟成员国、欧元区国家保险深度与经济增长之间的关系，得出这种关系在区域各国存在差异的结论。另一些学者关注保险市场发展与经济增长的 S 曲线这种非线性关系的理论和实证研究。Enz（2000）基于 1970—1998 年全球 90 个经济体寿险市场和 88 个经济体非寿险市场混合数据，采用 Logistic 函数的经典 S 曲线度量保险深度与人均 GDP 之间的非线性关系。Zheng 等（2008）使用 S 曲线预测 2006—2020 年中国保险业的规模和增长情况。Lee 和 Chang（2012）使用 1979—2007 年 39 个国家的面板数据实证检验了全球化对国际寿险市场发展与收敛的影响，研究发现，全球化对国际寿险市场发展及降低各国寿险深度与世界平均水平的偏差具有重大影响，大多数国家的结构性突变都与国际寿险市场的快速增长浪潮吻合。Handschke 和 Rozumek（2015）从发展阶段、收敛速度和波动性三个维度出发，探讨了 S 曲线假说下东欧经济体寿险市场、非寿险市场与世界平均水平的差异，认为东欧经济体保险市场正处于持续增长阶段，东欧各国保险市场收敛速度不同，各国寿险市场和非寿险市场在面临 2008 年全球金融危机时都发挥了一定的制度性作用，使其在没有任何经济增长的情况下，保险深度仍能有所提高。然而，随着跨国数据的积累、统计模型与计量方法的发展以及研究的深入，近年来一些学者对 S 曲线假说提出质疑，例如 Millo（2016）挑战了 S 曲线假说下发展中国家保险需求收入弹性更高的共识，发现非寿险需求收入弹性与现有证据存在矛盾，并认为研究结果高度依赖于使用的方法。

在国内文献方面，研究主要聚焦于以下两方面。

第一，关于中国保险市场发展与经济增长的促进作用的研究。学者们利用中国不同时期保险市场发展的时间序列或面板数据，基于人身险、财产险或总体保险市场，结合索洛、内生经济增长等理论模型，采用向量自回归等计量模型，对中国保险市场发展与经济增长的关系进行理论分析与实证检验。认为保险业发展促进经济增长的文献如下：赵尚梅（2009），沈坤荣和魏锋（2010），吴洪和赵桂芹（2010），邵全权（2012）。认为经济增长促进保险业发展的文献如下：黄英君和陈晔婷（2012），卓志和朱衡（2017）。孙祁祥等（2010）则基于1995—2007年67个新兴国家和发达国家的面板数据，实证检验经济发展程度对一国保险业发展水平的影响。段白鸽（2019）进一步利用1999—2017年全球87个发达和新兴经济体保险市场与宏观经济指标数据进行实证分析，发现保险需求收入弹性与经济发展程度显著负相关，寿险需求收入弹性明显高于非寿险，且都呈现出明显下行和收敛趋势。

第二，关于中国不同地区保险市场发展与经济增长的非线性关系研究。沈坤荣和魏锋（2010）发现不同金融发展水平下保险市场发展与经济增长存在倒U型关系。吴洪和赵桂芹（2010）发现：保险业在经济中等和较差地区对经济促进作用较显著，而非寿险则在经济水平较高地区具有显著性。邵全权（2015）发现中国保险业发展与经济增长存在长期均衡的非线性关系，产寿险结构对经济增长的影响存在差异。

可以看出，目前国内外鲜少有文献使用稳健的统计方法来验证保险市场发展与经济增长之间的S曲线假说是否具有规律性的经验事实。有鉴于此，本章基于段白鸽（2019）的研究，从全球保险市场发展的视角出发，采用稳健的实证方法来检验这种假说是否成立，以此为后续的研究奠定基础。

第三节 S 曲线假说与检验方法

一、常见的 S 曲线假说

经济学中，Griliches（1957）、Mansfield（1963）、Davies（1979）、Gort 和 Klepper（1982）等经典文献的主要观点是，许多经济体、行业、产品的创新或技术扩散、市场扩散遵循 S 曲线假说，尤其是基于 Logistic 函数的 S 曲线在度量扩散过程中表现出优良性能。我们认为，包括保险产品在内的金融创新可视为广义的技术创新（Shiller，2004）。因此，研究保险市场发展与经济增长之间是否存在 S 曲线这种普适性规律，不但有助于理解保险发展与经济发展的关系，而且对丰富和拓展创新扩散、技术扩散中的 S 曲线的应用领域具有重要价值。此外，经济学中的 S 曲线应用还有：Kahneman 和 Tversky（1979）的前景理论使用具有 S 曲线形状的价值函数更准确地描述了风险下的个人决策过程；度量财富或收入分配的 Fisk 分布采用的也是熟悉的基于对数 Logistic 分布的 S 曲线（Fisk，1961）。

同样地，S 曲线在其他社会科学和自然科学中也出现过。例如，在保险精算学中，学者们经常使用基于 Weibull 分布、对数 Logistic 分布的两类 S 曲线为损失进展过程建模（Zhang 等，2012）。人口统计学中描述各国高龄人口死亡率年龄增长模式的 Logistic 类型死亡模型亦是 S 曲线模型（Horiuchi 和 Wilmoth，1998）。物理学中 Fermi 分布、化学中反应模型、医学中肿瘤生长模型和流行病模型、生态学中人口增长模型、农业科学中农作物反应模拟都是以 Logistic 函数为代表的 S 曲线的应用典范。

在以往的文献中，学者们经常使用的S曲线主要有Logistic曲线和Gompertz曲线两种。表3-1汇总了两种曲线的常见结构和性质。可以看出，第三种形式的Logistic曲线最具一般性，但也最复杂，它含有4个参数$\{A, B, C, \mu\}$。当$A=0$时，令$B=k/b=1/\beta$，$C=1/b=\alpha/\beta$，$\mu=a=-\ln\gamma$，可以实现与其他两种Logistic曲线的相互转换；第二种Gompertz曲线是令$A=0$，$C=0$时第三种Logistic曲线的特例。通常，Logistic曲线的上下两部分对称于拐点，Gompertz曲线的上下两部分并不对称于拐点。在实际问题中，我们可以根据模型估计的参数的符号来判定曲线的增长模式到底是增速、常速还是减速，也可以根据模型估计的曲线拐点坐标的合理性来检验S曲线是否成立。

在此基础上，表3-2进一步给出了这些S曲线的边际系数和弹性系数，这在后续关于S曲线的检验方法的经济含义和实证检验中将会涉及。

二、检验S曲线假说的分层模型

1. 分层模型的模型结构

本章将分层结构引入Logistic曲线中，检验不同经济体保险市场的寿险、非寿险和总保险业务与经济发展状况之间的S曲线假说，在刻画它们之间的同质性和异质性基础上，度量这种增长模式的动态演进，揭示全球保险市场与经济发展模式背后的规律。下面以表3-1中的第二种形式的Logistic曲线为例①，给出几种合适的分层模型结构。

---

① 其他两种形式Logistic曲线的分层模型结构可类似处理。这里选取第二种形式的原因在于，我们结合实证分析中使用的样本数据对三种模型形式进行比较、评价与选择后，得出第二种形式下分层建模最优的结论。

表 3-1　常见的 S 曲线

曲线	函数形式	参数范围	单调性	上下界	拐点坐标
Logistic 曲线	$y_t = \dfrac{k}{1+be^{-ax_t}}$	$\begin{cases} k > 0 \\ b > 0 \end{cases}$	$\begin{cases} a > 0 & \text{增函数} \\ a = 0 & \text{常函数} \\ a < 0 & \text{减函数} \end{cases}$	$\begin{cases} \lim\limits_{x_t \to 0} y_t = \dfrac{k}{b+1} \\ \lim\limits_{x_t \to +\infty} y_t = k \end{cases}$ $(a > 0)$	$\left(\dfrac{\ln b}{a},\ \dfrac{k}{2}\right)$
	$y_t = \dfrac{1}{\alpha + \beta\gamma^{x_t}}$	$\begin{cases} \alpha \geqslant 0 \\ \beta > 0 \end{cases}$	$\begin{cases} 0 < \gamma < 1 & \text{增函数} \\ \gamma = 1 & \text{常函数} \\ \gamma > 1 & \text{减函数} \end{cases}$	$\begin{cases} \lim\limits_{x_t \to 0} y_t = \dfrac{1}{\alpha+\beta} \\ \lim\limits_{x_t \to +\infty} y_t = \dfrac{1}{\alpha} \end{cases}$ $(0 < \gamma < 1)$	$\left(\dfrac{\ln\alpha - \ln\beta}{\ln\gamma},\ \dfrac{1}{2\alpha}\right)$
	$y_t = \dfrac{A+Be^{\mu x_t}}{1+Ce^{\mu x_t}}$	$\begin{cases} A > -B \\ B > 0 \\ C \geqslant 0 \end{cases}$	$\begin{cases} \mu > 0 & \text{增函数} \\ \mu = 0 & \text{常函数} \\ \mu < 0 & \text{减函数} \end{cases}$	$\begin{cases} \lim\limits_{x_t \to 0} y_t = \dfrac{A+B}{1+C} \\ \lim\limits_{x_t \to +\infty} y_t = \dfrac{B}{C} \end{cases}$ $(\mu > 0)$	$\left(-\dfrac{\ln C}{\mu},\ \dfrac{A}{2}+\dfrac{B}{2C}\right)$
Gompertz 曲线	$y_t = ke^{-be^{-ax_t}}$	$k \neq 0$	$\begin{cases} ab > 0 \begin{cases} k > 0 & \text{增函数} \\ k < 0 & \text{减函数} \end{cases} \\ ab = 0 \quad \text{常函数} \\ ab < 0 \begin{cases} k > 0 & \text{减函数} \\ k < 0 & \text{增函数} \end{cases} \end{cases}$	$\begin{cases} \lim\limits_{x_t \to 0} y_t = ke^{-b} \\ \lim\limits_{x_t \to +\infty} y_t = k \end{cases}$ $\left(\begin{matrix} ab > 0,\ k > 0 \\ ab < 0,\ k < 0 \end{matrix}\right)$	$\left(\dfrac{\ln b}{a},\ \dfrac{k}{e}\right)$
	$y_t = Be^{\mu x_t}$	$B > 0$	$\begin{cases} \mu > 0 & \text{增函数} \\ \mu = 0 & \text{常函数} \\ \mu < 0 & \text{减函数} \end{cases}$	$\begin{cases} \lim\limits_{x_t \to 0} y_t = B \\ \lim\limits_{x_t \to +\infty} y_t = \infty \end{cases}$ $(\mu > 0)$	不存在

表 3-2　常见的 S 曲线的边际系数与弹性系数

曲线	函数形式	线性化	边际系数 $\frac{dy_t}{dx_t}$	弹性系数 $\frac{dy_t/y_t}{dx_t/x_t}$
Logistic 曲线	$y_t = \frac{k}{1+be^{-ax_t}}$	$\ln\left(\frac{k}{y_t}-1\right) = \ln b - ax_t$	$\frac{abe^{-ax_t}\,y_t}{1+be^{-ax_t}}$	$\frac{abe^{-ax_t}\,x_t}{1+be^{-ax_t}}$
	$y_t = \frac{1}{\alpha+\beta\gamma^{x_t}}$	$\ln\left(\frac{1}{y_t}-\alpha\right) = \ln\beta + x_t\ln\gamma$	$-\frac{y_t\beta\gamma^{x_t}\ln\gamma}{\alpha+\beta\gamma^{x_t}}$	$-\frac{x_t\beta\gamma^{x_t}\ln\gamma}{\alpha+\beta\gamma^{x_t}}$
	$y_t = \frac{A+Be^{\mu x_t}}{1+Ce^{\mu x_t}}$	$\ln\left(\frac{B}{y_t}-C\right) = -\mu x_t \quad (A=0)$	$\frac{(B-AC)\mu e^{\mu x_t}}{(1+Ce^{\mu x_t})^2}$	$\frac{(B-AC)\mu e^{\mu x_t}x_t}{(1+Ce^{\mu x_t})(A+Be^{\mu x_t})}$
Gompertz 曲线	$y_t = ke^{-be^{-ax_t}}$	$\ln\left[\ln\left(\frac{k}{y_t}\right)\right] = \ln b - ax_t$	$abe^{-ax_t}\,y_t$	$abe^{-ax_t}\,x_t$
	$y_t = Be^{\mu x_t}$	$\ln\left(\frac{B}{y_t}\right) = -\mu x_t$	$B\mu e^{\mu x_t}$	μx_t

注：当 $A \neq 0$ 时，第三种 Logistic 曲线不可以线性化。

令 $y_{t,i}^{(j)}$ 表示第 t 年、经济体 i、业务 j 的保险深度，$\ln x_{t,i}$ 表示第 t 年、经济体 i 的对数人均 GDP,① 其中下标 $t=1999$，…，2017，$i=1$，…，87，$j=0$，1，2 分别代表 1999—2017 年，87 个经济体，寿险、非寿险和总保险业务。

（1）含 1 个随机效应的分层结构。在 Logistic 曲线中引入分层结构的一种最简单的方式是，考虑 3 个模型参数 $\{\alpha, \beta, \gamma\}$ 中任意一个的异质性。以度量 Logistic 曲线的增减模式的参数 γ 为例，仅考虑随机效应 $\{\gamma_t\}$ 的分层结构为：

$$y_{t,i}^{(j)}=\frac{1}{\alpha+\beta\gamma_t^{\ln x_{t,i}}}+u_{t,i}^{(j)},\quad j=0,\ 1,\ 2 \tag{3-1}$$

其中，$\gamma_t \sim N(\mu_\gamma, \sigma_\gamma^2)$，$\mathrm{var}(u_{t,i}^{(j)})=\sigma^2(\hat{y}_{t,i}^{(j)})^{2\zeta}$。

我们放松了过程方差假设，将 ζ 也视为模型超参数，从而该分层模型需要估计 6 个超参数 $\{\alpha, \beta, \mu_\gamma, \sigma_\gamma, \sigma, \zeta\}$。这些超参数包括固定效应参数 $\{\alpha, \beta\}$、随机效应变量的分布参数 $\{\mu_\gamma, \sigma_\gamma\}$ 和模型误差项的分布参数 $\{\sigma, \zeta\}$，这些超参数通过 MLE 或优化技术进行估计。参数 α、β 的异质性可类似处理。

（2）含 2 个随机效应的分层结构。下面考虑 3 个模型参数 $\{\alpha, \beta, \gamma\}$ 中任意两个的异质性。以参数 $\{\alpha, \gamma\}$ 为例，考虑随机效应 $\{\alpha_t, \gamma_t\}$ 的分层结构为：

$$y_{t,i}^{(j)}=\frac{1}{\alpha_t+\beta\gamma_t^{\ln x_{t,i}}}+u_{t,i}^{(j)},\ j=0,\ 1,\ 2 \tag{3-2}$$

其中，$\begin{pmatrix}\alpha_t\\ \gamma_t\end{pmatrix} \sim N\left(\begin{pmatrix}\mu_\alpha\\ \mu_\gamma\end{pmatrix}, \begin{pmatrix}\sigma_\alpha^2 & \sigma_{\alpha,\gamma}\\ \sigma_{\alpha,\gamma} & \sigma_\gamma^2\end{pmatrix}\right)$，$\mathrm{var}(u_{t,i}^{(j)})=\sigma^2(\hat{y}_{t,i}^{(j)})^{2\zeta}$。因此，

① 为了消除可能产生的递增型异方差影响，本章对 1999—2017 年 87 个经济体的人均 GDP 进行了对数处理。

该分层模型需要估计 8 个超参数 $\{\beta, \mu_\alpha, \mu_\gamma, \sigma_\alpha, \sigma_\gamma, \sigma_{\alpha,\gamma}, \sigma, \zeta\}$。参数 $\{\alpha, \beta\}$、$\{\beta, \gamma\}$ 的异质性可类似处理。

(3) 含 3 个随机效应的分层结构。最复杂的一种分层结构是同时考虑 3 个模型参数 $\{\alpha, \beta, \gamma\}$ 的异质性，即：

$$y_{t,i}^{(j)} = \frac{1}{\alpha_t + \beta_t \gamma_t^{\ln x_{t,i}}} + u_{t,i}^{(j)}, \; j = 0, 1, 2 \tag{3-3}$$

其中，$\begin{pmatrix}\alpha_t \\ \beta_t \\ \gamma_t\end{pmatrix} \sim N\left(\begin{pmatrix}\mu_\alpha \\ \mu_\beta \\ \mu_\gamma\end{pmatrix}, \begin{pmatrix}\sigma_\alpha^2 & \sigma_{\alpha,\beta} & \sigma_{\alpha,\gamma} \\ \sigma_{\alpha,\beta} & \sigma_\beta^2 & \sigma_{\beta,\gamma} \\ \sigma_{\alpha,\gamma} & \sigma_{\beta,\gamma} & \sigma_\gamma^2\end{pmatrix}\right)$，$\mathrm{var}(u_{t,i}^{(j)}) = \sigma^2 (\hat{y}_{t,i}^{(j)})^{2\zeta}$。

因此，该分层模型需要估计 11 个超参数 $\{\mu_\alpha, \mu_\beta, \mu_\gamma, \sigma_\alpha, \sigma_\beta, \sigma_\gamma, \sigma_{\alpha,\beta}, \sigma_{\alpha,\gamma}, \sigma_{\beta,\gamma}, \sigma, \zeta\}$。

显然，这 3 种分层模型是分别针对寿险、非寿险和总保险业务设计的年份分层结构，关注每类业务的 S 曲线随时间的动态演变，业务之间的同质性和差异性可以通过它们的回归结果进行识别。进一步，我们也可以同时考虑业务和年份分层结构①。针对两层及以上分层结构，首先需要设定分层顺序，不同分层顺序下模型参数估计结果往往会不同。另外，分层顺序会影响模型精度，通常差异性越大，分层优先级越高。

2. 分层模型的残差分析

在分层模型中，可以通过绘制各种类型的残差诊断图来评估模型的充足性。记 $y_{t,i}^{(j)}$ 的标准化残差为 $r_{t,i}^{(j)}$，其计算公式为：

$$r_{t,i}^{(j)} = \frac{y_{t,i}^{(j)} - \hat{y}_{t,i}^{(j)}}{\sigma (\hat{y}_{t,i}^{(j)})^{\zeta}}, \; j = 0, 1, 2 \tag{3-4}$$

---

① 针对按年份分层、按年份和业务分层、按业务和年份分层三类模型，结合下文给出的可加性和凸性两项衡量分层模型设计合理性的评价标准，本章最终选择了按年份分层模型。

我们可以绘制 $r_{t,i}^{(j)}$ 的直方图、$r_{t,i}^{(j)}$ 的正态分布检验的 Q-Q 图、$r_{t,i}^{(j)}$ 的经验累积分布图和正态分布拟合的累积分布图来检验 $r_{t,i}^{(j)}$ 是否服从正态分布。

此外，研究回归模型得到的标准化残差的均值和趋势，识别不同经济体的残差的异质性有助于挖掘不同经济体保险市场的发展特征。

3. 分层模型的评价与选择

针对嵌套的分层模型，我们可以通过对数似然（ln L）、赤池信息准则（AIC）、贝叶斯信息准则（BIC）等检验统计量比较不同模型的拟合和预测结果的准确性，在权衡模型的复杂性和拟合效果的基础上选择最合适的模型。按照这些统计量的定义，有：

$$AIC = -2\ln L + 2d, \quad BIC = -2\ln L + d\ln(n) \tag{3-5}$$

其中，d 表示分层模型的超参数个数，n 表示样本观测数。

与 ln L 统计量相比，AIC 统计量增加了对模型中超参数个数的对数似然惩罚，BIC 统计量同时增加了对模型超参数个数和样本观测数的双重惩罚，可以更好地权衡模型的复杂性和拟合效果。故在分层模型中，通常采用 BIC 统计量作为评价最优模型的指标。显然，两种统计量都是越小越好。

三、分层模型检验方法的经济含义

1. 保险需求收入弹性

对一个经济体而言，保险市场保费增长与 GDP 增长密切相关。保险商品是一种特殊的或有商品，人们对它的需求往往会随收入水平的提高而增加，但这种增加不可能是无限的。实践中供求因素会限制保险需求收入弹性。一方面，保险费率过高会影响保险需求，促使投保人寻找其他的保险替代品，如损失预防、自我保险等；另一方面，保险供给也会因信息不对称容易引发道德风险和逆向选择而受到限制。这意味着，随着 GDP 的增长，保险需求收入弹性并非固定不变，而且很有可能出现下降趋势①。S 曲线便是可以解释这种变化的一种函数形式。

具体来说，令 $prem_{t,i}^{(j)}$ 表示第 t 年、经济体 i、业务 $j(j=0, 1, 2)$ 的保费收入，$GDP_{t,i}$ 和 $popu_{t,i}$ 分别表示第 t 年、经济体 i 的 GDP 和人口数，则有：

$$y_{t,i}^{(j)}=\frac{prem_{t,i}^{(j)}}{GDP_{t,i}},\quad x_{t,i}=\frac{GDP_{t,i}}{popu_{t,i}} \tag{3-6}$$

可以看出：

$$prem_{t,i}^{(j)}=y_{t,i}^{(j)}\times x_{t,i}\times popu_{t,i} \tag{3-7}$$

其中，$y_{t,i}^{(j)}$ 是 $x_{t,i}$ 的函数。

令 $IE_{t,i}^{(j)}$ 表示第 t 年、经济体 i、业务 $j(j=0, 1, 2)$ 的保险需求收入弹性②，$E_{t,i}^{(j)}$ 表示第 t 年、经济体 i、业务 $j(j=0, 1, 2)$ 的保险深度关于对数人均 GDP 的弹性系数，则有：

$$\begin{aligned}IE_{t,i}^{(j)}&=\frac{dprem_{t,i}^{(j)}/prem_{t,i}^{(j)}}{dGDP_{t,i}/GDP_{t,i}}=\frac{dprem_{t,i}^{(j)}/prem_{t,i}^{(j)}}{dx_{t,i}/x_{t,i}}\\&=1+\frac{dy_{t,i}^{(j)}/dx_{t,i}}{y_{t,i}^{(j)}/x_{t,i}}=1+\frac{E_{t,i}^{(j)}}{\ln x_{t,i}}\end{aligned} \tag{3-8}$$

---

① 这是因为，以前被认为昂贵的保险商品随着人们购买能力的增强变得没那么昂贵了。

② 从式（3-8）可以看出，无论是采用总保费对 GDP，还是采用人均保费对人均 GDP，抑或者是采用总保费对人均 GDP，还是采用人均保费对 GDP 来度量，保险需求收入弹性的结果都是唯一不变的。因此，保险需求收入弹性非常适合于不同经济体保险市场发展与经济增长的比较研究。

以仅考虑随机效应 $\{\gamma_t\}$ 的分层结构为例，结合表 3-2，可以得到：

$$\hat{IE}_{t,i}^{(j)}=1-\frac{\hat{\beta}\hat{\gamma}_t^{\ln x_{t,i}}\ln\hat{\gamma}_t}{\hat{\alpha}+\hat{\beta}\hat{\gamma}_t^{\ln x_{t,i}}} \tag{3-9}$$

显然，当 $0<\hat{\gamma}_t<1$ 时，$\hat{IE}_{t,i}^{(j)}>1$；当 $\hat{\gamma}_t=1$ 时，$\hat{IE}_{t,i}^{(j)}=1$；当 $\hat{\gamma}_t>1$ 时，$\hat{IE}_{t,i}^{(j)}<1$。也就是说，实际中我们可以根据模型参数估计值的大小来判断保险需求收入弹性是大于、等于还是小于 1，进而可以确定不同经济发展情况下，各经济体的寿险产品、非寿险产品及总保险产品到底是低档商品、黏性商品、必需品还是高档商品①。

我们进一步对式（3-9）两边关于 $x_{t,i}$ 求导，可得：

$$\frac{d\hat{IE}_{t,i}^{(j)}}{dx_{t,i}}=-\frac{\hat{\alpha}\hat{\beta}\hat{\gamma}_t^{\ln x_{t,i}}(\ln\hat{\gamma}_t)^2}{x_{t,i}(\hat{\alpha}+\hat{\beta}\hat{\gamma}_t^{\ln x_{t,i}})^2} \tag{3-10}$$

显然，当 $\hat{\alpha}\hat{\beta}>0$ 时，$IE_{t,i}^{(j)}$ 是 $x_{t,i}$ 的减函数；当 $\hat{\alpha}\hat{\beta}<0$ 时，$IE_{t,i}^{(j)}$ 是 $x_{t,i}$ 的增函数。故实际中我们也可以根据模型参数估计值的符号来判断保险需求收入弹性的增减性，进而评估各经济体寿险、非寿险和总保险市场发展状况及其动态演进状况。在分析各经济体保险市场发展的同质性和异质性基础上，探讨全球保险市场发展是否具有趋同现象。

2. 保险深度、边际系数的可加性

由于寿险深度与非寿险深度之和等于保险深度，拟合的保险深

① 经济学中，通常随着收入水平的提高，低档商品的需求会降低，黏性商品的需求不变，普通商品的需求会增加。也就是说，低档商品的需求收入弹性为负，黏性商品的需求收入弹性为 0，普通商品的需求收入弹性为正。特别地，普通商品中的必需品的需求收入弹性小于 1，高档商品的需求收入弹性大于 1。

度也应尽量满足可加性，即：

$$\hat{y}_{t,i}^{(2)}=\hat{y}_{t,i}^{(0)}+\hat{y}_{t,i}^{(1)} \tag{3-11}$$

式（3-11）两边对 $x_{t,i}$ 求导可得，拟合的边际系数也应尽量满足可加性，即：

$$\frac{d\hat{y}_{t,i}^{(2)}}{dx_{t,i}}=\frac{d\hat{y}_{t,i}^{(0)}}{dx_{t,i}}+\frac{d\hat{y}_{t,i}^{(1)}}{dx_{t,i}} \tag{3-12}$$

可加性可视为一种判定模型好坏的标准，用于模型的比较与选择。一种好的分层模型设计应尽可能满足这种可加性。针对前述各种分层模型结构，本章实证分析中将是否满足可加性作为衡量最优分层模型设计合理性的一项评价标准。

3. 弹性系数、收入弹性的凸性

在分层建模中，拟合的弹性系数应尽量满足凸性，即：

$$\hat{E}_{t,i}^{(2)}=\frac{d\hat{y}_{t,i}^{(2)}/dx_{t,i}}{\hat{y}_{t,i}^{(2)}/x_{t,i}}=\frac{\hat{y}_{t,i}^{(0)}}{\hat{y}_{t,i}^{(0)}+\hat{y}_{t,i}^{(1)}}\hat{E}_{t,i}^{(0)}+\frac{\hat{y}_{t,i}^{(1)}}{\hat{y}_{t,i}^{(0)}+\hat{y}_{t,i}^{(1)}}\hat{E}_{t,i}^{(1)} \tag{3-13}$$

进一步，拟合的收入弹性也应尽量满足凸性，即：

$$\hat{IE}_{t,i}^{(2)}=1+\frac{\hat{E}_{t,i}^{(2)}}{\ln x_{t,i}}=\frac{\hat{y}_{t,i}^{(0)}}{\hat{y}_{t,i}^{(0)}+\hat{y}_{t,i}^{(1)}}\hat{IE}_{t,i}^{(0)}+\frac{\hat{y}_{t,i}^{(1)}}{\hat{y}_{t,i}^{(0)}+\hat{y}_{t,i}^{(1)}}\hat{IE}_{t,i}^{(1)} \tag{3-14}$$

类似地，凸性也可视为一种判定模型好坏的标准。本章实证分析中将是否满足凸性也作为一项衡量最优分层模型设计合理性的评价标准。

4. 保险深度、保险密度与人均 GDP 的关系

令 $ID_{t,i}^{(j)}$ 表示第 t 年、经济体 i、业务 $j(j=0，1，2)$ 的保险密度，则有：

$$ID_{t,i}^{(j)}=\frac{prem_{t,i}^{(j)}}{popu_{t,i}}=\frac{prem_{t,i}^{(j)}}{GDP_{t,i}}\times\frac{GDP_{t,i}}{popu_{t,i}}=y_{t,i}^{(j)}\times x_{t,i} \quad (3-15)$$

可以看出，保险密度等于保险深度与人均 GDP 的乘积。因此，可以利用 S 曲线分层模型的回归结果估计和预测保险密度。

第四节 S 曲线的实证检验

一、数据来源及质量评估

本节沿用瑞士再保险研究院对全球保险市场的分类，依据保险市场的发达程度，将全球保险市场分为发达保险市场和新兴保险市场，其中：发达保险市场包括北美洲市场、西欧市场、亚洲发达市场、大洋洲市场；新兴保险市场包括亚洲新兴市场、拉丁美洲与加勒比地区市场、中欧和东欧市场、中东和中亚及土耳其市场、非洲市场[①]。本章实证分析与检验的数据涵盖了这些市场中 1999—2017 年 87 个经济体保险和宏观经济指标数据。

图 3-1 绘制了分层建模使用的寿险深度、非寿险深度、总保险深度与对数人均 GDP 的三维散点图，其中人均 GDP 单位为美元。可以看出，无论是寿险、非寿险，还是总保险业务，每年保险深度与对数人均 GDP 之间的关系近乎呈现 S 曲线形态，且曲线随时间推移均有上移趋势。

---

① 这种分类遵循国际货币基金组织（IMF）对发达经济体和新兴经济体的归属惯例。其中：发达经济体包括美国、加拿大、西欧、以色列、大洋洲、亚洲发达经济体（日本、新加坡、韩国、中国香港地区和中国台湾地区）；其他归为新兴经济体，对应于 IMF 的“新兴和发展中国家”经济体，不含捷克、爱沙尼亚和斯洛伐克。

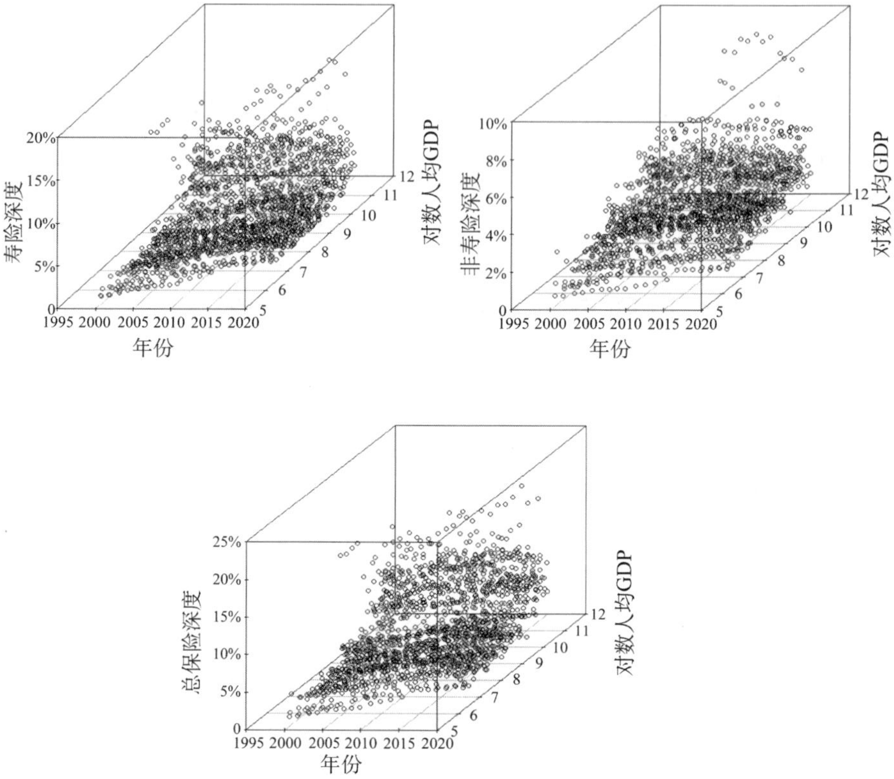

图 3-1　1999—2017 年全球 87 个经济体保险深度与对数人均 GDP 的三维散点图

需要指出，由于原始观测数据可能存在诸如小数点输入错位等情况导致的记录或复制错误，可能会出现离群的异常观测值。为了避免这类常见的异常值对模型回归结果造成影响，本章对瑞士再保险 Sigma 杂志定期公布的保险深度、GDP、人口等多维度数据的记录准确性进行了交叉验证和质量评估，利用保险深度与保费、GDP 之间的相互关系，核实并修正了原始数据的记录错误①。这种处理的目的是确保实证分析中的统计数据满足寿险深度与非寿险深度之和等于

① 例如，2004 年日本 GDP 数据记录有误，应改为 46 830 亿美元。受篇幅所限，本章仅给出了调整离群值的处理方法，并未列出全部离群样本，这种处理方法和结果备索。

总保险深度。

在实际中，离群值是完全有可能出现的，通过诊断离群值可以进一步检查导致这些离群值的原因，有助于揭示更多有价值的信息，进而依据掌握的信息，采取不同的处理方法删除或调整离群值，以提高模型估计的准确性。与直接删除离群值相比，本章采用的方法属于常用的离群值插补方法，其基本思想是以最可能的值来插补离群值可能比全部删除不完全样本所产生的信息丢失要少。

二、最优分层模型选择、参数估计及检验诊断

1. 超参数初始值的选取

在使用非线性分层模型时，首先需要设定模型主要超参数的初始值。针对第三节给出的 7 种 Logistic 曲线分层模型结构[①]，利用表 3-2 给出的 Logistic 曲线的线性化模型，将 87 个经济体的线性模型得到的模型参数的最小二乘估计（OLS）设定为模型主要超参数初始值 $\{\mu_\alpha(\alpha), \mu_\beta(\beta), \mu_\gamma(\gamma)\}$[②]。其中，寿险、非寿险和总保险业务的 $\{\alpha, \ln\beta, \ln\gamma\}$ 的 OLS 估计依次为：{1/18, 5.05, −0.56}，{1/10, 2.59, −0.37}，{1/21.5, 2.98, −0.48}。在此基础上，利用 MLE 及非线性优化技术估计模型的所有超参数，进而估计模型的随机效应，而固定效应参数则直接通过样本数据来估计。

---

① 含 1 个随机效应的分层结构有 3 种，含 2 个随机效应的分层结构有 3 种，含 3 个随机效应的分层结构有 1 种，共 7 种。

② 这种表述是指，在含 1 个随机效应 $\{r_t\}$ 的分层结构中，主要超参数记为 $\{\alpha, \beta, \mu_\gamma\}$；在含 2 个随机效应 $\{\alpha_t, \gamma_t\}$ 的分层结构中，主要超参数记为 $\{\mu_\alpha, \beta, \mu_\gamma\}$；在含 3 个随机效应 $\{\alpha_t, \beta_t, \gamma_t\}$ 的分层结构中，主要超参数记为 $\{\mu_\alpha, \mu_\beta, \mu_\gamma\}$。其他分层结构依次类推。

2. 最优分层模型的选择

针对寿险、非寿险和总保险业务的7种分层结构，表3-3给出了检验S曲线假说的分层模型的检验统计量。实证结果表明，针对寿险和总保险业务，不放松过程方差假设下的含随机效应 $\{\gamma_t\}$ 的BIC统计量最小；针对非寿险业务，放松过程方差假设下的含随机效应 $\{\gamma_t\}$ 的BIC统计量最小。因此，最优分层模型应分别选择它们。此外，表3-3也给出了各种分层模型的超参数个数 d、样本观测数 n，以及模型自由度DF[①]。

表3-3　分层模型的检验统计量

业务类型	过程方差假设	随机效应	d	n	DF	ln L 统计量	AIC 统计量	BIC 统计量
寿险	不放松过程方差（$\zeta=0.5$）	$\{\alpha_t\}$	5	1 581	1 560	−3 655.63	7 321.25	7 348.08
		$\{\beta_t\}$	5	1 581	1 560	−3 655.64	7 321.27	7 348.10
		$\{\gamma_t\}$	5	1 581	1 560	−3 654.60	7 319.20	7 346.03
		$\{\alpha_t, \beta_t\}$	7	1 581	1 560	−3 655.62	7 325.25	7 362.81
		$\{\alpha_t, \gamma_t\}$	7	1 581	1 560	−3 654.59	7 323.19	7 360.75
		$\{\beta_t, \gamma_t\}$	7	1 581	1 560	−3 654.50	7 323.00	7 360.56
		$\{\alpha_t, \beta_t, \gamma_t\}$	10	1 581	1 560	−3 655.63	7 331.27	7 384.93
	放松过程方差（$\zeta\neq0.5$）	$\{\alpha_t\}$	6	1 581	1 560	−3 654.54	7 321.07	7 353.27
		$\{\beta_t\}$	6	1 581	1 560	−3 654.53	7 321.06	7 353.25
		$\{\gamma_t\}$	6	1 581	1 560	−3 654.54	7 321.07	7 353.27
		$\{\alpha_t, \beta_t\}$	8	1 581	1 560	−3 654.51	7 325.02	7 367.94
		$\{\alpha_t, \gamma_t\}$	8	1 581	1 560	−3 653.67	7 323.34	7 366.26
		$\{\beta_t, \gamma_t\}$	8	1 581	1 560	−3 654.53	7 325.06	7 367.99
		$\{\alpha_t, \beta_t, \gamma_t\}$	11	1 581	1 560	−3 654.54	7 331.09	7 390.11
非寿险	不放松过程方差（$\zeta=0.5$）	$\{\alpha_t\}$	5	1 581	1 560	−2 222.88	4 455.75	4 482.57
		$\{\beta_t\}$	5	1 581	1 560	−2 224.37	4 458.75	4 485.58

① 针对1999—2017年87个经济体保险业务，删去72个缺失样本数据，样本观测数为 $87\times19-72=1\,581$，模型自由度的计算公式为 $DF=1\,581-3-19+1=1\,560$。

（续表）

业务类型	过程方差假设	随机效应	d	n	DF	ln L 统计量	AIC 统计量	BIC 统计量
非寿险	不放松过程方差（$\zeta=0.5$）	$\{\gamma_t\}$	5	1 581	1 560	−2 214. 12	4 438. 24	4 465. 07
		$\{\alpha_t, \beta_t\}$	7	1 581	1 560	−2 222. 88	4 459. 77	4 497. 33
		$\{\alpha_t, \gamma_t\}$	7	1 581	1 560	−2 210. 03	4 434. 07	4 471. 63
		$\{\beta_t, \gamma_t\}$	7	1 581	1 560	−2 224. 36	4 462. 73	4 500. 29
		$\{\alpha_t, \beta_t, \gamma_t\}$	10	1 581	1 560	−2 222. 88	4 465. 76	4 519. 42
	放松过程方差（$\zeta\neq0.5$）	$\{\alpha_t\}$	6	1 581	1 560	−2 202. 91	4 417. 82	4 450. 02
		$\{\beta_t\}$	6	1 581	1 560	−2 205. 17	4 422. 34	4 454. 53
		$\{\gamma_t\}$	6	1 581	1 560	−2 195. 43	4 402. 87	4 435. 06
		$\{\alpha_t, \beta_t\}$	8	1 581	1 560	−2 205. 17	4 426. 34	4 469. 27
		$\{\alpha_t, \gamma_t\}$	8	1 581	1 560	−2 188. 82	4 393. 63	4 436. 56
		$\{\beta_t, \gamma_t\}$	8	1 581	1 560	−2 205. 14	4 426. 27	4 469. 20
		$\{\alpha_t, \beta_t, \gamma_t\}$	11	1 581	1 560	−2 205. 18	4 432. 36	4 491. 38
总保险	不放松过程方差（$\zeta=0.5$）	$\{\alpha_t\}$	5	1 581	1 560	−3 895. 48	7 800. 97	7 827. 80
		$\{\beta_t\}$	5	1 581	1 560	−3 896. 75	7 803. 51	7 830. 33
		$\{\gamma_t\}$	5	1 581	1 560	−3 891. 19	7 792. 39	7 819. 22
		$\{\alpha_t, \beta_t\}$	7	1 581	1 560	−3 895. 49	7 804. 98	7 842. 54
		$\{\alpha_t, \gamma_t\}$	7	1 581	1 560	−3 891. 02	7 796. 04	7 833. 60
		$\{\beta_t, \gamma_t\}$	7	1 581	1 560	−3 896. 76	7 807. 52	7 845. 08
		$\{\alpha_t, \beta_t, \gamma_t\}$	10	1 581	1 560	−3 891. 01	7 802. 02	7 855. 68
	放松过程方差（$\zeta\neq0.5$）	$\{\alpha_t\}$	6	1 581	1 560	−3 894. 11	7 800. 21	7 832. 41
		$\{\beta_t\}$	6	1 581	1 560	−3 895. 52	7 803. 04	7 835. 23
		$\{\gamma_t\}$	6	1 581	1 560	−3 890. 53	7 793. 06	7 825. 25
		$\{\alpha_t, \beta_t\}$	8	1 581	1 560	−3 895. 53	7 807. 05	7 849. 98
		$\{\alpha_t, \gamma_t\}$	8	1 581	1 560	−3 890. 53	7 797. 06	7 839. 98
		$\{\beta_t, \gamma_t\}$	8	1 581	1 560	−3 895. 51	7 807. 02	7 849. 94
		$\{\alpha_t, \beta_t, \gamma_t\}$	11	1 581	1 560	−3 895. 53	7 813. 06	7 872. 08

3. 最优分层模型的参数估计

在表 3-3 基础上，表 3-4 给出了寿险、非寿险和总保险业务中含

随机效应 $\{\gamma_t\}$ 的最优分层模型的超参数估计值，表 3-5 进一步给出了相应的最优分层模型的估计结果。

表 3-4　最优分层模型的超参数估计

业务类型	过程方差假设	随机效应变量	固定效应		随机效应		模型误差项	
			$\hat{\alpha}$	$\hat{\beta}$	$\hat{\mu}_\gamma$	$\hat{\sigma}_\gamma$	$\hat{\sigma}$	$\hat{\xi}$
寿险	不放松过程方差（$\zeta=0.5$）	$\{\gamma_t\}$	0. 109 3*** （0. 038 9）	173. 84** （76. 53）	0. 506 9*** （0. 050 8）	0. 005 1	1. 71	0. 500 0
非寿险	放松过程方差（$\zeta\neq 0.5$）	$\{\gamma_t\}$	0. 227 2*** （0. 031 0）	33. 78** （13. 67）	0. 590 6*** （0. 034 4）	0. 011 6	0. 60	0. 745 3
总保险	不放松过程方差（$\zeta=0.5$）	$\{\gamma_t\}$	0. 060 2*** （0. 019 6）	26. 07** （11. 40）	0. 580 3*** （0. 040 1）	0. 008 3	1. 42	0. 500 0

注：括号内为标准误，* $p<0.10$，** $p<0.05$，*** $p<0.01$。

表 3-5　最优分层模型的估计结果

年份	寿险业务			非寿险业务			总保险业务		
	$\hat{\alpha}$	$\hat{\beta}$	$\hat{\gamma}_t$	$\hat{\alpha}$	$\hat{\beta}$	$\hat{\gamma}_t$	$\hat{\alpha}$	$\hat{\beta}$	$\hat{\gamma}_t$
1999	0. 109 3	173. 84	0. 504 7	0. 227 2	33. 78	0. 584 9	0. 060 2	26. 07	0. 575 0
2000	0. 109 3	173. 84	0. 503 2	0. 227 2	33. 78	0. 582 5	0. 060 2	26. 07	0. 572 1
2001	0. 109 3	173. 84	0. 503 2	0. 227 2	33. 78	0. 580 1	0. 060 2	26. 07	0. 571 2
2002	0. 109 3	173. 84	0. 503 3	0. 227 2	33. 78	0. 573 0	0. 060 2	26. 07	0. 569 6
2003	0. 109 3	173. 84	0. 504 2	0. 227 2	33. 78	0. 572 1	0. 060 2	26. 07	0. 571 0
2004	0. 109 3	173. 84	0. 504 5	0. 227 2	33. 78	0. 575 9	0. 060 2	26. 07	0. 573 0
2005	0. 109 3	173. 84	0. 505 6	0. 227 2	33. 78	0. 584 2	0. 060 2	26. 07	0. 576 7
2006	0. 109 3	173. 84	0. 505 8	0. 227 2	33. 78	0. 588 9	0. 060 2	26. 07	0. 578 3
2007	0. 109 3	173. 84	0. 506 5	0. 227 2	33. 78	0. 591 8	0. 060 2	26. 07	0. 580 2
2008	0. 109 3	173. 84	0. 508 0	0. 227 2	33. 78	0. 595 3	0. 060 2	26. 07	0. 583 7
2009	0. 109 3	173. 84	0. 507 6	0. 227 2	33. 78	0. 592 5	0. 060 2	26. 07	0. 581 9
2010	0. 109 3	173. 84	0. 508 5	0. 227 2	33. 78	0. 595 9	0. 060 2	26. 07	0. 584 2
2011	0. 109 3	173. 84	0. 509 9	0. 227 2	33. 78	0. 599 6	0. 060 2	26. 07	0. 587 9

（续表）

年份	寿险业务			非寿险业务			总保险业务		
	$\hat{\alpha}$	$\hat{\beta}$	$\hat{\gamma}_t$	$\hat{\alpha}$	$\hat{\beta}$	$\hat{\gamma}_t$	$\hat{\alpha}$	$\hat{\beta}$	$\hat{\gamma}_t$
2012	0.109 3	173.84	0.509 7	0.227 2	33.78	0.600 1	0.060 2	26.07	0.587 8
2013	0.109 3	173.84	0.509 5	0.227 2	33.78	0.598 3	0.060 2	26.07	0.587 0
2014	0.109 3	173.84	0.509 9	0.227 2	33.78	0.602 3	0.060 2	26.07	0.588 5
2015	0.109 3	173.84	0.508 6	0.227 2	33.78	0.601 1	0.060 2	26.07	0.585 7
2016	0.109 3	173.84	0.508 7	0.227 2	33.78	0.600 1	0.060 2	26.07	0.585 5
2017	0.109 3	173.84	0.509 1	0.227 2	33.78	0.602 9	0.060 2	26.07	0.586 9

由表 3-5 可知 $\hat{\gamma}_t < 1(t \in [1\,999,\ 2\,017])$，这表明寿险深度、非寿险深度和总保险深度都随对数人均 GDP 的增长而增加。回归结果显示，寿险深度的估计区间为 [0.26, 5.78]，非寿险深度的估计区间为 [0.53, 3.40]，总保险深度的估计区间为 [0.81, 9.20]。利用寿险深度、非寿险深度的估计区间间接得到总保险深度的估计区间为 [0.79, 9.18]，与 [0.81, 9.20] 非常接近。相对偏差位于区间 [0.22%, 2.47%]，从可加性角度支持了最优分层模型设计的合理性。

4. 最优分层模型的拟合效果

图 3-2 给出了用最优分层模型得到的 1999—2017 年全球 87 个经济体寿险深度、非寿险深度和总保险深度与对数人均 GDP 之间的非线性关系。

在图 3-2 中，居中的黑点对应于不考虑保险深度与对数人均 GDP 的年份差异，仅利用表 3-4 给出的含随机效应 $\{\gamma_t\}$ 的最优分层模型的主要超参数的估计值 $\{\hat{\alpha},\ \hat{\beta},\ \hat{\mu}_\gamma\}$ 计算的年度平均的非线性关系曲线，对应于不含随机效应的非分层模型的估计结果，其计算公式为：

$$\hat{y}_{t,\ i}^{(j)} = \frac{1}{\hat{\alpha} + \hat{\beta}\hat{\mu}_\gamma^{\ln x_{t,\ i}}},\quad j = 0,\ 1,\ 2 \tag{3-16}$$

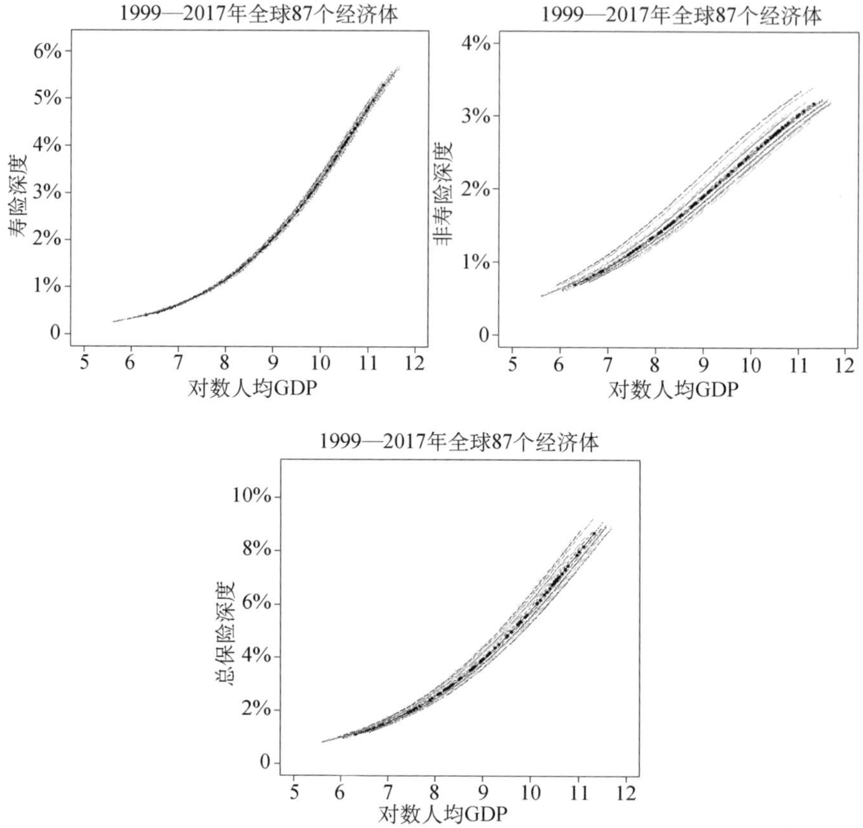

图 3-2　最优分层模型得到的保险深度与对数人均 GDP 的非线性关系

虚线对应于利用表 3-5 给出的最优分层模型参数估计值得到的各年份的非线性关系曲线。显然，各年份非线性关系曲线位于年度平均非线性关系曲线的两侧，表明本章构建的最优分层模型是合适的。图 3-2 也显示，近 20 年来寿险、非寿险和总保险业务的非线性关系都呈现 S 曲线形状。其中，寿险业务 S 曲线动态演进更平稳，而非寿险业务 S 曲线动态演进波动性更大，总保险业务 S 曲线动态演进介于两者之间。这种演进规律与不同类型保险业务承保的风险性质不同相吻合，即在保险经营实务中，寿险业务具有经验生命表，变动性有规律可循，经营稳定性好；而非寿险业务险种类别多，波动性大，变动性固有规律性弱，经营稳定性差。

为了展示最优分层模型的拟合效果，图 3-3 选取 2000 年、2005 年、2010 年和 2015 年寿险、非寿险和总保险业务的样本观测值和最优模型估计值进行对比①，可以看出最优分层模型的拟合效果相当好，从而能很好地揭示全球保险市场发展的动态演进规律。

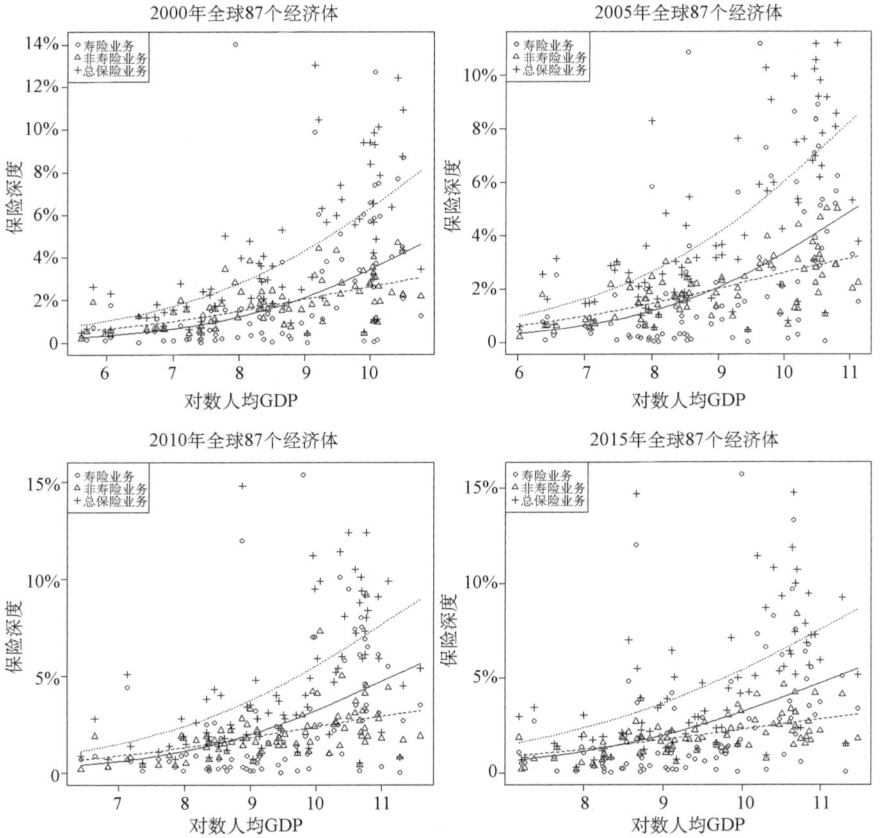

图 3-3　部分年份最优分层模型的拟合效果

① 受篇幅所限，其他年份暂不列示，感兴趣的读者可根据表 3-5 结果自行绘制。

5. 最优分层模型假设的检验诊断

图 3-4 绘制了寿险、非寿险和总保险业务标准化残差 $r_{t,i}^{(j)}$ ($j=0$, 1, 2) 的概率分布，三者的样本均值依次为 0.003 6, －0.000 2，0.000 8，样本标准差依次为 0.999 0，0.995 9，0.996 6。显然，它们的样本均值和标准差与标准正态分布的总体均值和标准差很接近。另外，残差是否服从正态分布的检验方法还有 Shapiro-Wilk 检验和 Kolmogorov-Smirnov 检验，这两种检验结果如表 3-6 所示。检验结果都明显支持标准化残差近似服从正态分布假设。

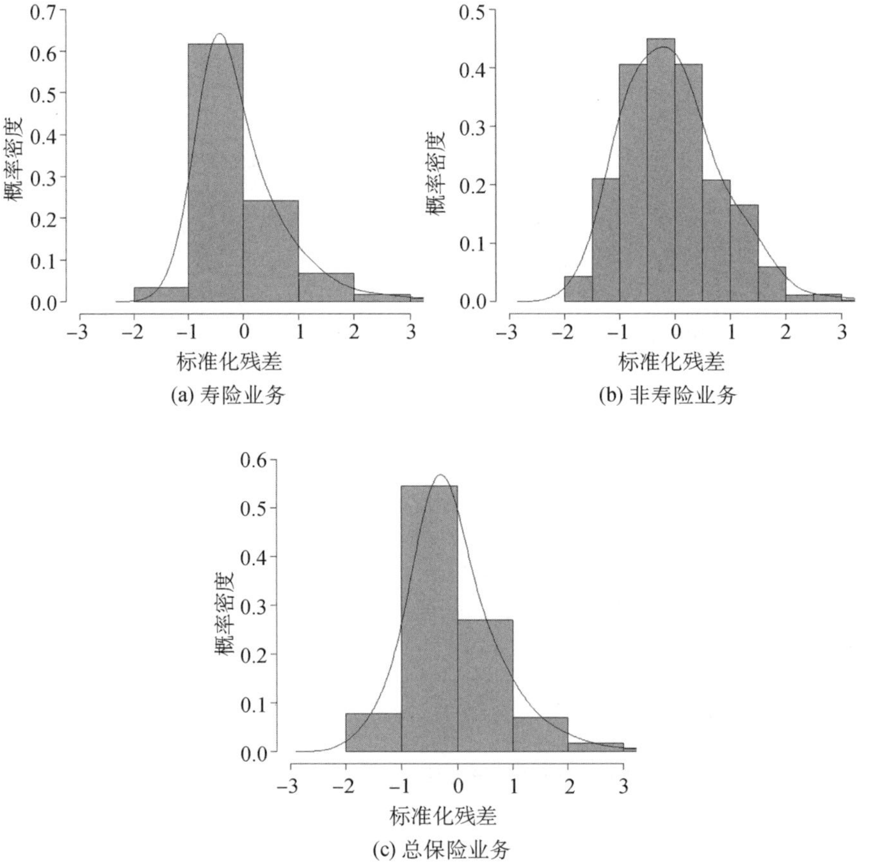

图 3-4　保险业务标准化残差的概率分布

表 3-6 保险业务标准化残差的正态性检验

业务	Shapiro-Wilk 检验		Kolmogorov-Smirnov 检验	
	W 统计量的值	P 值	D 统计量的值	P 值
寿险	0. 746 5	< 2. 2e-16	0. 154 9	< 2. 2e-16
非寿险	0. 913 6	< 2. 2e-16	0. 077 6	1. 086e-08
总保险	0. 840 4	< 2. 2e-16	0. 133 9	< 2. 2e-16

三、对 S 曲线是否成立的解释

利用表 3-5 的最优分层模型的参数估计值可以得到 1999—2017 年 87 个经济体 S 曲线的拐点坐标，如表 3-7 所示。其中寿险业务拐点对应的人均 GDP 从 1999 年的 45 921. 87 美元增加到 2017 年的 56 683. 03 美元；非寿险业务拐点对应的人均 GDP 从 1999 年的 7 761. 47 美元增加到 2017 年的 19 654. 16 美元；总保险业务拐点对应的人均 GDP 从 1999 年的 48 390. 99 美元增加到 2017 年的 93 986. 08 美元。这与 Enz（2000）基于 S 曲线度量的 1998 年全球保险业的 S 曲线得出的结论一致。由于 Logistic 曲线的上下两部分对称于拐点，且拐点坐标位于保险深度和人均 GDP 的定义域的合理范围内，故我们认为度量保险市场发展的 S 曲线假说是成立的。

需要指出，本章在度量保险市场发展与经济增长之间关系时采用的是某一年份各个国家保险深度与对数人均 GDP 之间的 S 曲线，进而度量了 1999—2017 年这种 S 曲线的动态演变。可以看出，目前全世界基本没有国家达到这一拐点。这意味着，未来世界各国的保险市场还有巨大的发展潜力。这一结论与目前发达国家保险市场增长乏力的现状也并不矛盾。这是因为，如第三节所述，S 曲线也可度量一种创新或技术进步随时间的动态演变趋势。总结来看，现实中两种 S 曲线建模都存在。

表 3-7　最优分层模型得到的 1999—2017 年 87 个经济体的 S 曲线拐点

年份	寿险业务		非寿险业务		总保险业务	
	拐点横坐标	拐点纵坐标	拐点横坐标	拐点纵坐标	拐点横坐标	拐点纵坐标
1999	10.78	4.58	9.33	2.20	10.97	8.31
2000	10.74	4.58	9.26	2.20	10.87	8.31
2001	10.73	4.58	9.19	2.20	10.84	8.31
2002	10.74	4.58	8.98	2.20	10.79	8.31
2003	10.76	4.58	8.96	2.20	10.83	8.31
2004	10.78	4.58	9.06	2.20	10.90	8.31
2005	10.81	4.58	9.31	2.20	11.03	8.31
2006	10.81	4.58	9.45	2.20	11.09	8.31
2007	10.84	4.58	9.53	2.20	11.15	8.31
2008	10.88	4.58	9.64	2.20	11.28	8.31
2009	10.87	4.58	9.56	2.20	11.22	8.31
2010	10.90	4.58	9.66	2.20	11.30	8.31
2011	10.94	4.58	9.78	2.20	11.43	8.31
2012	10.94	4.58	9.80	2.20	11.43	8.31
2013	10.93	4.58	9.74	2.20	11.40	8.31
2014	10.95	4.58	9.87	2.20	11.45	8.31
2015	10.90	4.58	9.83	2.20	11.35	8.31
2016	10.91	4.58	9.79	2.20	11.34	8.31
2017	10.92	4.58	9.89	2.20	11.39	8.31

四、保险需求收入弹性的动态演进

图 3-5 给出了最优分层模型估计的寿险、非寿险和总保险业务的边际系数、弹性系数和保险需求收入弹性随对数人均 GDP 变化的趋势。结果显示：第一，边际系数、弹性系数和保险需求收入弹性都是对数人均 GDP 的减函数，表明经济越发达国家的保险需求收入弹性越低，进而支持发展中国家的保险需求收入弹性更高这一共识。第二，87 个经济体中寿险、非寿险和总保险需求收入弹性都大于 1，故各

经济体中保险商品尚属于高档商品。寿险需求收入弹性明显高于非寿险需求收入弹性，三者的需求收入弹性的取值范围依次为［1.25，1.67］、［1.12，1.47］、［1.24，1.53］，与 Enz（2000）基于 1970—1998 年 90 个经济体寿险市场和 88 个经济体非寿险市场混合数据估计的结果（寿险、非寿险最大收入弹性分别为 1.9 和 1.5）相比，全球保险市场的需求收入弹性确实存在下降趋势，且寿险下降趋势更明显，这与实际中寿险市场更易受外部市场环境或经济周期影响的现象是吻合的。第三，寿险、非寿险和总保险业务中边际系数满足可加性，弹性系数和保险需求收入弹性满足凸性，这体现了分层模型检验方法的优势。

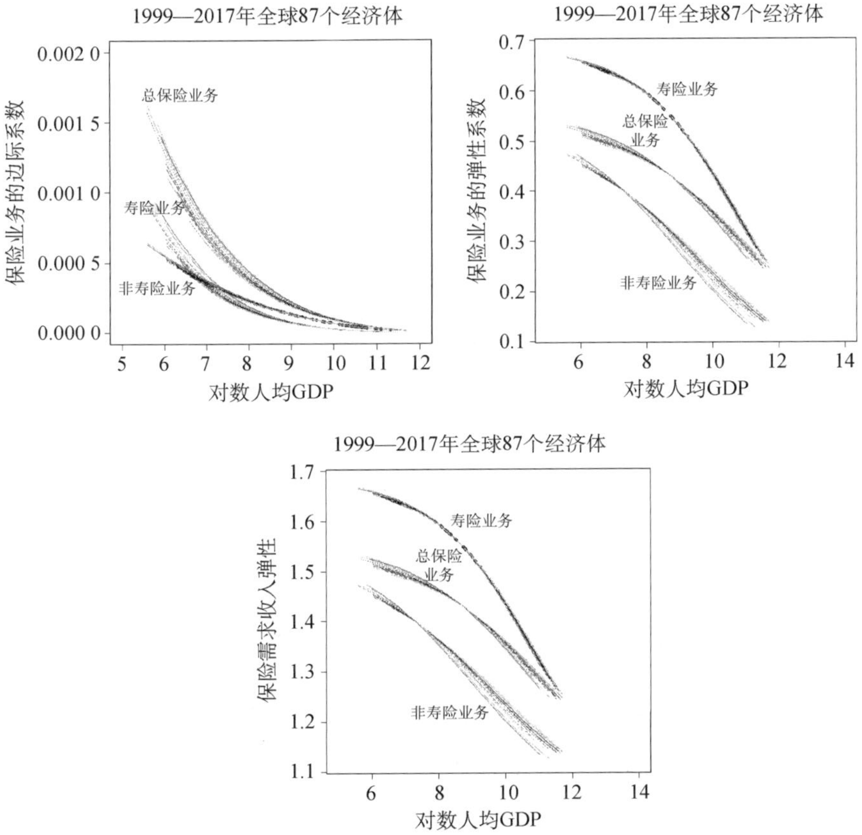

图 3-5　最优分层模型估计的边际系数、弹性系数和保险需求收入弹性

为了进一步探讨保险市场发展的经济体差异、业务差异和动态演变，图 3-6 绘制了保险需求收入弹性的三维拟合图。可以看出，固定年份各经济体保险需求收入弹性存在差异，各经济体保险需求收入弹性随时间推移都呈现出一定程度的下降趋势。

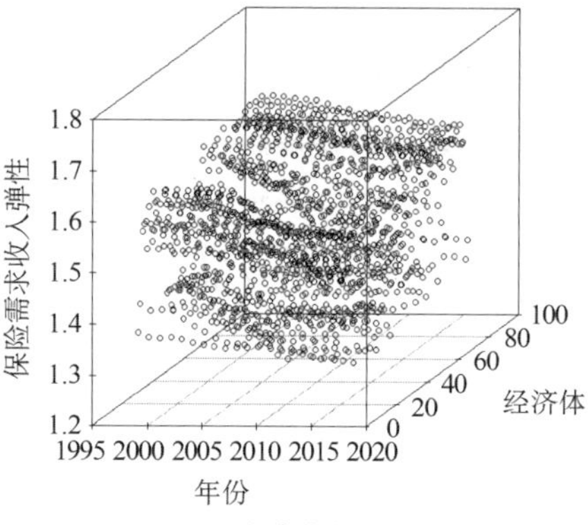

(a) 寿险业务

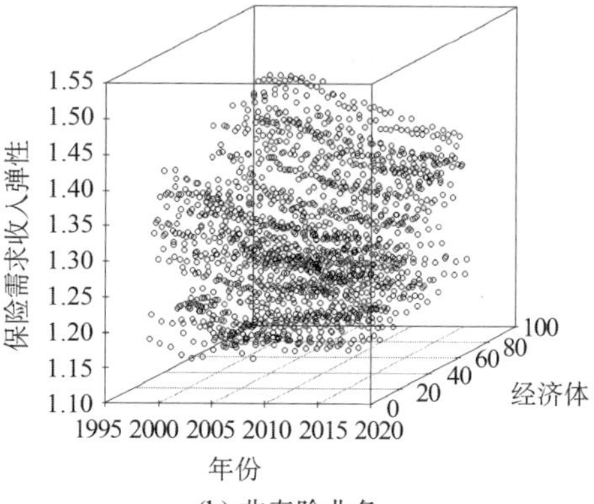

(b) 非寿险业务

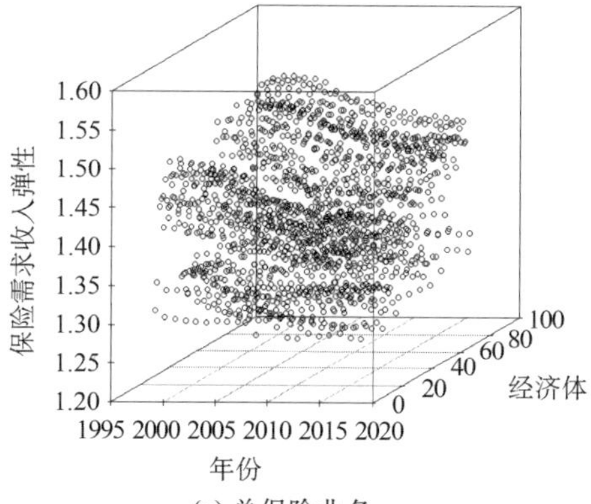

(c) 总保险业务

图 3-6 最优分层模型估计的 1999—2017 年 87 个经济体保险需求收入弹性

为了分析不同经济体保险市场发展是否存在趋同及其与世界平均发展趋势的异同，我们从 4 个发达市场和 5 个新兴市场中选取了 15 个经济体，基于中国市场、亚洲市场、全球市场三个维度，对选取的经济体保险需求收入弹性进行对比分析。图 3-7 绘制了最优分层模型得到的这些经济体保险需求收入弹性的动态演进，其中，居中的黑色实线代表世界平均的保险需求收入弹性。可以看出，在全球化和保险市场竞争日益加剧的环境下，无论是发达经济体还是新兴经济体，保险市场发展都存在向世界平均 S 曲线收敛的趋同现象。发达经济体的下降程度更低，动态演进更平稳；而新兴经济体的下降程度更高，尤其是保险市场正在快速发展的中国、印度，其向平均水平收敛的速度更快。

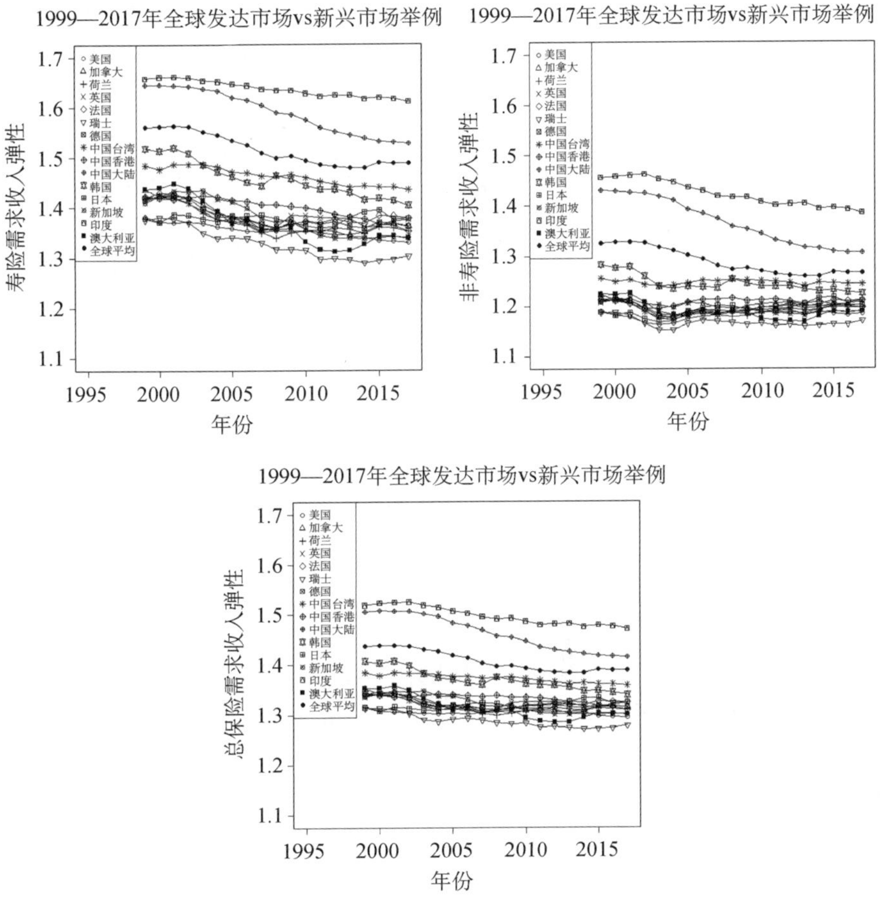

图 3-7　最优分层模型估计的 15 个发达和新兴经济体的保险需求收入弹性对比

五、不同经济体 S 曲线的偏差分析

研究回归残差的均值和趋势有助于挖掘不同经济体保险市场的发展特征。图 3-8 绘制了最优分层模型估计的 1999—2017 年不同经济体的标准化残差。研究发现，能观察到一些经济体强烈的正偏差，另一些经济体经历了由正偏差向负偏差，或者由负偏差向正偏差转变的趋势，还能观察到一些经济体强烈的负偏差。正偏差意味着经济体

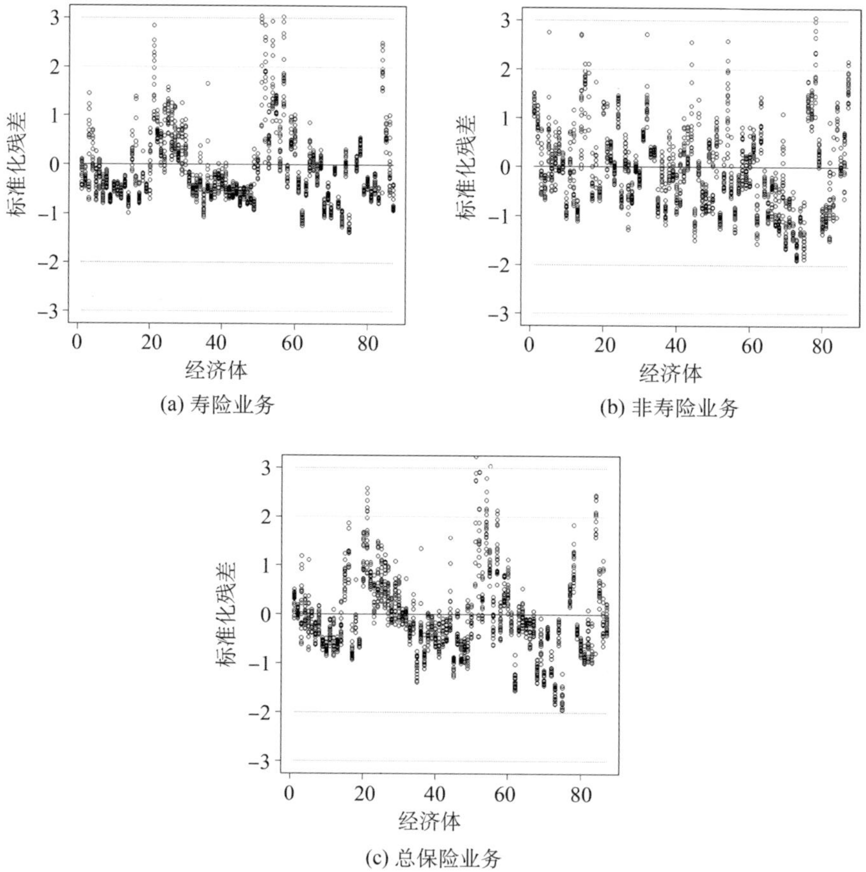

(a) 寿险业务　(b) 非寿险业务　(c) 总保险业务

图 3-8　最优分层模型估计的 87 个经济体的标准化残差

的保险深度高于世界平均保险深度水平，负偏差意味着经济体的保险深度低于世界平均保险深度水平，这归因于除 GDP 之外的其他影响保险深度的因素的综合作用。

我们进一步对选取的 15 个经济体保险市场发展状况进行对比分析。图 3-9 绘制了这些经济体寿险深度、非寿险深度和总保险深度与对数人均 GDP 的动态演进。可以看出，发达经济体的动态演进更偏离世界平均水平，但存在向世界平均 S 曲线收敛趋势；新兴经济体的动态演进更接近世界平均水平。与寿险业务相比，各经济体非寿险市场发展趋势表现出更大的一致性。

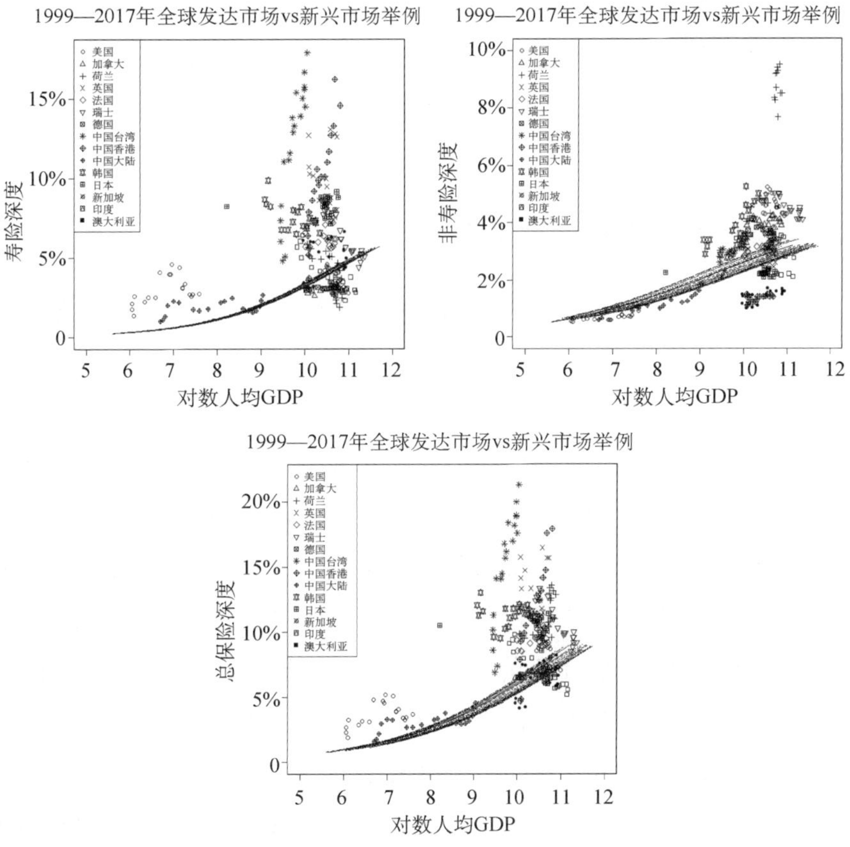

图 3-9　最优分层模型估计的 15 个发达和新兴经济体 S 曲线的偏差对比

S曲线的偏差分析的价值在于，分析曲线外的经济体与世界平均S曲线的偏差，可以挖掘出除GDP之外的社会、政治、文化、人口和市场结构等其他影响保险需求的因素，如老龄化程度、社会保障体系的完善程度、宗教信仰、经济体空间大小、巨灾风险暴露状况、保险市场环境（与保险相关的税法颁布或修正、政府提供的社会保险和政策性保险范围）等。如果某经济体表现出与世界平均S曲线一致的偏差，这可能是源于与其他经济体的结构性差异，那么在假设其与世界平均S曲线的偏离保持不变的情况下，对其保险深度进行长期预测是有效的；如果某经济体与世界平均S曲线的偏差随时间而变化，即除GDP之外还有其他影响保险需求的因素，那么采用S曲线进行长期预测并不充分。S曲线的偏差分析有助于识别不同经济体中哪些因素占主导地位，这值得进一步深入研究。

六、分层模型的稳健性讨论

Box（1953）从统计上首次引入稳健性这一术语，给出稳健的含义：即使过程违背假设，仍能给出好的结果；统计分析的稳健性是指优化设计对不符合规格的模型的敏感性，将稳健性作为对离群值估计的敏感性度量，能提高模型对离群值估计的抵抗能力；模型稳健性是指对统计假设（如线性、正态、独立）不符合的非敏感性（Hansen和Sargent，2008）。稳健性检验是一个证伪的过程，考察的是评价方法和指标解释能力的稳健性，即当改变某些参数时，评价方法和指标是否仍然对评价结果保持一个比较一致、稳定的解释。通俗来讲，就是改变某个特定的参数，进行重复实验来观察实证结果是否随参数设定的改变而发生变化：如果改变参数设定后，结果发现符号和显著性发生了改变，则说明不是稳健的，需要寻找问题所在。

本章提出的检验 S 曲线假说的分层模型在数据、参数或变量、统计假设检验、计量方法和分层结构设计五个方面都体现了稳健性。第一，针对有无离群值两种情况对各种分层模型进行回归，实证结果依然显著，表明分层模型抗离群值的敏感程度很高。第二，针对模型的 3 个参数，我们穷尽了 7 种随机效应变量的选取，实证结果的符号和显著性都没有发生变化。第三，在统计假设检验上，通过是否放松过程方差假设，检验了分层模型对不同统计假设的敏感性。第四，在计量方法上，基于 OLS 回归来选择模型主要参数的初始值，同时涵盖了固定效应参数和随机效应变量的估计，从而更好地度量了异质性，避免了模型过度参数化，也改进了面板数据模型的估计精度。实际上，面板数据模型（含混合模型、固定效应模型、随机效应模型）都是多水平分层模型的特例（Frees，2010）。第五，在分层设计上体现了嵌套结构，故可以使用 ln L 统计量、AIC 统计量和 BIC 统计量来比较不同模型的拟合效果和预测结果的准确性，在权衡模型的复杂性和拟合效果基础上选择最合适的模型。此外，我们也采用同时按业务和年份分层的更复杂的模型结构进行了回归分析，并没有改变本章通过实证检验得出的 S 曲线假说成立这一结论。

第五节　结论与政策含义

保险市场发展与经济增长之间的 S 曲线这种非线性关系是一个重要的假说，但在经验上是否成立一直存在争议。本章利用 1999—2017 年 87 个经济体保险市场和宏观经济指标数据，将数据质量评估、保险业务结构融入基于 Logistic 函数的经典 S 曲线中，通过构建

"一致性"分层模型，避免了实证结果对观测数据和研究方法的高度依赖性。在深度诠释近 20 年来全球各经济体寿险、非寿险和总保险深度及其保险需求收入弹性的同质性、异质性与动态演变的基础上，采用稳健的统计实证方法检验 S 曲线假说是否成立。研究发现，S 曲线假说是成立的。具体而言，全球寿险、非寿险和总保险市场发展与经济增长之间的 S 曲线并非估计偏差，而是具有规律性的事实；三者的需求收入弹性与经济发展程度显著负相关，且寿险需求收入弹性明显高于非寿险，这与寿险市场更易受外部环境和经济周期影响一致；不同经济体保险需求收入弹性存在明显下行和收敛趋势，且新兴经济体下行趋势更大，尤其是保险市场正在快速发展的中国、印度向世界平均水平收敛速度更快；不同经济体保险市场靠近或偏离世界平均 S 曲线的动态演进存在差异，但在全球化和保险市场竞争日益加剧的环境下，无论是发达经济体还是新兴经济体，保险市场发展都存在向世界平均 S 曲线收敛的趋同现象，且与寿险市场相比，各经济体非寿险市场的发展趋势表现出更大的一致性。

本章的政策含义也是非常明显的。首先，本章从全球保险市场发展的视角出发，为保险市场发展的 S 曲线假说是否成立提供了一套稳健的实证检验方法。利用 S 曲线的稳健估计可以为世界平均保险深度水平提供参考，可以评估保险深度基准比率（Benchmark Ratio of Insurance Penetration, BRIP），有助于改进发达经济体和新兴经济体的保险深度和保险密度的长期预测，对确立不同经济体保险市场的发展阶段及其与经济增长的关系也具有重要启示。其次，对理解保费增长全球贡献第一，但保险深度和保险密度都比较低的中国保险市场在全球保险市场中扮演的角色，认清我国保险市场发展阶段也尤为重要。结合本研究，借鉴发达国家保险市场发展的经验与启示，制定更加完备审慎的监管制度、规划更加合理长久的保险发展战略，努力使我国从保险大国转变为保险强国，是一项宏伟的事业。最后，S 曲线在很多社会和经济问题中都出现过，在社会科学和自然科学的诸多领域有着广泛应用。从方法论层面看，本章的研究具有一般性，同样适用于这些领域的 S 曲线假说的实证检验，从而有助于丰富和拓展 S 曲线假说的应用领域。

第四章

中国保险市场发展：重要特征性事实与解释

第一节　引言与文献综述

自1980年恢复保险业务以来，我国保险市场有着长达40年的快速发展，2016年已跃升为全球第二大保险市场。为了进一步丰富社会民生领域的保险产品供给，完善服务实体经济和人民群众生活需要的保险产品体系，充分发挥商业保险的功能，更好地服务现代化经济体系建设，原中国银保监会发布《关于推动银行业和保险业高质量发展的指导意见》（银保监发〔2019〕52号）、原中国银保监会等13个部门联合发布《关于促进社会服务领域商业保险发展的意见》（银保监发〔2020〕4号），对新时代中国保险业由高速增长阶段转向高质量发展阶段提出了更高的要求。

那么，从理论属性上看，中国的保险产品到底呈现出哪些重要的特征性事实？这是一个有待回答的重要问题。从保险产品供给角度来看，各人身保险险种和各财产保险险种的供给在质和量上存在差异吗？怎样度量中国保险业在险种层面的区域差异和公司战略差异？从保险产品需求角度来看，各险种目前到底是必需品还是高档品，抑或是低档品？从保险市场均衡角度来看，中国保险市场目前开发的各类人身保险险种和财产保险险种的发展是否遵循一般规律？各险种在不同地区、不同保险公司以及动态演进方面存在哪些同质性和异质性？各险种未来的创新潜力与发展前景究竟如何？怎样实现各险种与经济之间的良性互动和健康发展？这些都是关乎保险业高质量发展的重要学术和政策问题。

理论上，这些问题与保险经济学在早期阶段取得的理论研究成果息息相关。例如，Mossin（1968）在关于理性保险购买的行为研究中就提出了现代保险需求理论中两个颇为有名的观点：第一，如果保险费用以保险单上精算价值的固定百分比收取，那么对于追求预期效用最大化的被保险人来说，保留部分风险是最优的，即购买不足额保险。第二，如果个体具有递减的绝对风险厌恶系数，那么保险产品就是一种低档品。显然，这两个观点与现实并不相符，学者们也因此将其称为 Mossin 悖论。针对悖论一，学者们通过改变保费定价、个人行为、信息不完全、不同风险的保险需求之间具有不可分性等任何一个假设就可以做出解释（Doherty 和 Schlesinger，1983；Mayers 和 Smith，1983）。针对悖论二，这一结论成立暗含着两个前提假设，即个体只面对一种风险，并且处于风险部分的财富数量随个体财富增加而保持不变。由于现实生活中这样的假设并不成立，从而学者们对这一悖论关注较少。就保险产品的理论属性而言，诺贝尔经济学奖获得者阿罗（Arrow）与德布鲁（Debreu）最早提出了或有商品（Contingent Commodities）[①] 的概念，并提出保险产品是一种特殊的或有商品的理论，保险产品在两种不同的状态下可以看作两种不同的商品。那么，沿用一般商品的划分标准，现实世界中的保险产品究竟是不是低档品？不同保险产品属性存在怎样的区别与联系？保险产品具有确定性商品的一般规律吗？这些都需要通过实证研究来回答。目前国内这方面的实证研究还比较少，系统识别中国保险市场开发的各类保险产品的理论属性的研究可以参考段白鸽等（2021）。

幸运的是，一些学者关于全球保险市场发展与经济增长之间的关系的研究提供了很好的前期探索。他们的研究表明，全球保险市场的保险需求收入弹性存在下降趋势，但数值上仍然是大于 1 的（Enz，2000；Handschke 和 Rozumek，2015；Millo，2016；石晓军和闫竹，2015；

---

① 或有商品是指商品不是我们可以使用或消费的真实物体，而是一种承诺（Promise），即承诺在某种不确定性事件发生的条件下，在一个特定的日期交割的特定的商品或服务（张洪涛，2006）。

段白鸽，2019）。也就是说，实证结果发现，保险产品是高档品，这与前述理论结论是违背的。当然，这只是一种平均意义上的估计结果，不同的保险产品或险种之间可能会存在差异，这方面的异质性值得我们进一步研究。

有鉴于此，本章基于段白鸽等（2021）的研究，利用中国 31 个省、自治区、直辖市 2008—2018 年各人身保险分公司经营的 6 种险种和 1998—2018 年各财产保险分公司经营的 9 种险种的保费收入数据[①]，在对数据记录准确性进行质量评估和交叉验证的基础上，构建了高维固定效应面板数据回归模型来吸收地区、公司层面的更多维度的个体固定效应。分险种检验结果表明，对数人均 GDP 对各险种深度有着显著影响，且都在 1% 的显著性水平上统计显著；分险种稳健标准误检验和基于险种密度估计的稳健性检验进一步验证并支撑了模型结果的稳健性。在此基础上，实证研究进一步通过异质性分析发现了一些保险产品需求、供给和市场均衡层面的重要特征性事实。

本章的创新和贡献主要体现在以下三个方面。第一，本章采用保险公司在各地区的分支机构经营的分险种微观数据，构建了高维固定效应面板数据回归模型来捕捉更多维度的个体和时间固定效应，实证检验了中国保险市场开发的各类人身保险和财产保险险种的发展全貌。第二，本章为现代保险需求理论中存在的 Mossin 悖论提供了来自中国保险市场的一个很好的实证证据，丰富了保险经济学的理论和实证研究，也充实了保险发展与经济增长的关系的研究文献和微观基础。第三，本章的研究基于保险市场均衡的视角[②]，并不仅仅局限于保险需求和供给层面。通过研究各险种需求收入弹性之间的同质性和异质性，总结了中国保险产品的一些重要特征性事实。一

① 由于寿险市场更易受外部环境和经济周期影响，故这里人身保险公司选取的样本期为 2008—2018 年。

② 这是因为本章使用的各险种保费收入数据都是市场均衡的结果。

方面，这有助于更好地理解保险产品这种特殊的或有商品的属性及其与确定性商品之间的区别与联系，进而可以更充分地挖掘个人、家庭、企业、政府和国家层面的保险需求；另一方面，这也有助于引导保险行业更好地探索在社会服务领域的保险产品创新，丰富社会民生领域保险产品供给，进一步完善服务实体经济和满足人民群众生活需要的保险产品体系，提升风险保障水平，持续稳步推动保险业供给侧结构性改革，助力保险市场高质量发展。

本章剩余部分安排如下：第二节是理论假说与实证设计，提出了实证研究中7个待检验的主要假说；第三节是实证分析与稳健性检验；第四节从业务类型、地区、公司和年份等多维度视角开展人身保险和财产保险的各险种需求收入弹性的异质性分析，实证检验理论假说，并对发现的重要特征性事实给出了详细的解释说明；第五节基于全球保险市场发展的视角，进一步探讨中国保险市场险种结构优化的方向；第六节是结论与政策启示。

第二节　理论假说与实证设计

一、理论假说

理论上，关于保险产品的属性存在如下正反两方面的观点。一方面，Mossin（1968）基于冯·诺依曼-摩根斯坦（von Neumann-Morgenstern）提出的预期效用理论分析得出，如果个体的绝对风险厌恶系数是递减的，那么保险产品就是一种低档品。进一步地，在主流经济学的保险需求理论中，通常假设个体是风险厌恶者（Mayers和Smith，1983）。在存在正的附加保费的情况下，随着个体初始财富的增加，递减的绝对风险厌恶者的保险需求会减少，递增的绝对风险厌恶者的保险需求会增加，常绝对风险厌恶者的保险需求保持不变。也就是说，递减的绝对风险厌恶者认为保险产品是一种低档品，递增的绝对风险厌恶者认为保险产品是一种普通品，常绝对风险厌恶者认为保险产品是一种黏性品。由于现实世界中，大多数个体是递减的绝对风险厌恶者，故通常认为保险产品属于低档品。

另一方面，在经济学等社会科学中，研究创新扩散理论的很多学者认为，产品创新、技术扩散、市场发展遵循 S 曲线假说（Griliches，1957；Mansfield，1963；Gort 和 Klepper，1982；Rogers，2003）。表 4-1 给出了常见的 Logistic 函数形式的 S 曲线①。特别地，一些学者基于 S 曲线研究保险市场发展与经济增长之间的关系，得出保险需求收入弹性大于 1 的结论（Enz，2000；Handschke 和 Rozumek，2015；Millo，2016；肖志光，2009；刘学宁，2012；石晓军和闫竹，2015；袁成，2015；段白鸽，2019）。同时，经济学理论也表明，随着收入水平提高，通常低档品需求会降低，黏性品需求保持不变，普通品需求会增加，即低档品需求收入弹性为负；黏性品需求收入弹性为 0；普通品需求收入弹性为正，其中必需品需求收入弹性小于 1，高档品需求收入弹性大于 1。也就是说，实证研究却发现，保险产品是一种高档品，这背离了前述理论结论。

表 4-1　基于 Logistic 函数的 S 曲线

函数形式	单调性	上下界	线性形式	边际系数	弹性系数
$y_t = \frac{k}{1+be^{-ax_t}}$ $(k>0,\quad b>0)$	$\begin{cases} a>0 & \text{增函数} \\ a=0 & \text{常函数} \\ a<0 & \text{减函数} \end{cases}$	$\begin{cases} \lim\limits_{x_t \to 0} y_t = \frac{k}{b+1} \\ \lim\limits_{x_t \to +\infty} y_t = k \end{cases}$ $(a>0)$	$\ln\left(\frac{k}{y_t}-1\right) = \ln b - ax_t$	$\frac{abe^{-ax_t}y_t}{1+be^{-ax_t}}$	$\frac{abe^{-ax_t}x_t}{1+be^{-ax_t}}$

① 物理学中 Fermi 分布、化学中反应模型、医学中肿瘤生长模型和流行病模型、生态学中人口增长模型、农业科学中农作物反应模拟都是以 Logistic 函数为代表的 S 曲线的应用典范。

由于存在上述两种相反的研究结论，我们认为，实证研究得出的保险产品属于高档品的结论实质上是一种平均意义上的估计结果，它没有考虑不同投保主体、不同保险产品或险种等方面的异质性。例如，现实中个人和企业的保险需求动机不同，通常个人同时购买人身保险和财产保险，而企业更多购买的是财产保险，这可能会存在差异。特别地，就个人而言，从保险需求角度来看，与纯粹的财产损失相比，由于人的生命是无价的，人们对防范生老病死等人身风险的本能的自然需求是无限的，随着收入水平提高，人们支付保费的能力会增强，对人寿保险和健康保险的需求会提升。同时，长期的人寿保险和健康保险除具有保障功能之外，还有储蓄功能，甚至有投资功能，这也会进一步扩大人寿保险和健康保险的需求。正因为如此，过去几十年里，学者们更多关注寿险需求（Yaari，1965；Babbel，1985；Lewis，1989；Browne 和 Kim，1993；Chen 等，2001；Zietz，2003；Li 等，2007；Gutter 和 Hatcher，2008；Liebenberg 等，2012；Heo 等，2013；Lin 等，2017；Heo，2020；邵全权，2012；张宗军和令涛，2020）。从保险供给角度来看，人身保险有经验生命表和重大疾病经验发生率表作为依据，从而人身风险变动有规律可循，经营稳定性好，所以人身保险公司愿意提供并且能够提供的保险供给也就更充足。

有鉴于此，本章基于不完全保险市场（Schlesinger 和 Doherty，1985）和保险市场均衡视角，考虑业务类型、险种、地区、公司和时间维度的异质性，提出以下 7 个待检验的假说。

假说 1：由于现实生活中的保险市场是不完全的，且人身保险市场比财产保险市场更能满足人们的纯粹风险保障型与长期储蓄型等多维度的跨期需求，从而人们对人身保险需求的敏感程度会更大，故整体上人身保险的需求收入弹性比财产保险会更大。

假说 2：由于健康保险和意外伤害保险的标的是人的身体，且容易与普通寿险组合销售，故人身保险公司开发的这两种产品的需求收入弹性比财产保险公司开发的会更大。

假说 3：与其他财产保险相比，由于短期健康保险和意外伤害保险的标的是人的身体，机动车辆保险、责任保险和信用保证保险更多受人的行为的影响，因此这些险种的需求收入弹性更接近于人身保险；由于农业保险有国家财政补贴等政策支持，因此农业保险的需求收入弹性比其他财产保险会更大。

假说 4：由于企业和个人的保险需求动机不同，在保险需求理论中通常假设“个体是风险厌恶者，企业是风险中性者”，因此企业比个人对财产保险的各险种需求收入弹性会更小。

假说 5：与人们对确定性商品的偏好类似，通常经济越发达地区的人们对高档的险种需求收入弹性越大，而对低档的和必需的险种需求收入弹性越小；反之则反是。由于人身保险主要由个人购买，而财产保险可以同时由个人和企业购买，且财产保险各险种与地区产业结构的关联性强，财产保险各险种的需求收入弹性的地区异质性相较人身保险更复杂。

假说 6：由于现实中人们往往更信任大型保险公司，因此人们对大型保险公司的险种需求的敏感程度会更小，故人们对大型人身保险公司和大型财产保险公司的高档的险种需求收入弹性往往会更小，而对低档的险种需求收入弹性会更大。

假说 7：由于各经济体保险市场的保险需求收入弹性存在下行趋势，因此险种需求收入弹性也应呈现出下行趋势，但各险种受供需关系的影响不同，实际中可能会存在异质性。

接下来，我们将利用中国各家保险公司在 31 个省、自治区、直辖市经营的 6 种人身保险险种和 9 种财产保险险种的数据，实证检验这 7 个假说是否成立。

二、实证研究设计

1. 高维面板数据回归模型

考虑到保险公司经营的不同险种的差异性，本章实证研究设计采用分险种回归，具体包括人身保险公司经营的普通寿险、分红寿险、投资连结保险、万能保险、意外伤害保险和健康保险6个险种，以及财产保险公司经营的企业财产保险、机动车辆保险、货物运输保险、责任保险、工程保险、信用保证保险、农业保险、短期健康保险和意外伤害保险9个险种。由于各家财产保险公司业务统计表中“其他险种”在地区和公司层面存在差异，故我们在分险种回归中并没有将其纳入实证分析范畴①。

针对上述每一个险种，令 IP_{ijt} 表示保险公司 i 在省份（区、市）j、年份 t 的分公司（或分支机构）经营的该险种的保险深度（简称“险种深度”），$\ln AGDP_{jt}$ 表示省份（区、市）j、年份 t 的对数人均GDP。结合表4-1中的S曲线的线性化处理，构建如下高维固定效应面板数据基准回归模型：

$$y_{ijt} = \beta_0 + \beta \ln AGDP_{jt} + \delta_{ij} + \eta_{it} + \varepsilon_{ijt} \tag{4-1}$$

其中：

$$y_{ijt} = \ln\left[\frac{\max\ (IP_{ijt})}{IP_{ijt}} - 1\right] \tag{4-2}$$

式（4-1）中的控制变量包括：①δ_{ij} 为公司×省份（区、市）层面的高维个体固定效应，用来捕捉保险公司 i 的不随时间变化的特征对险种深度的影响。这里需要注意的是，同一保险公司在不同省份

① 早期年份不同地区各家保险公司分支机构有单列家庭财产保险、飞机及责任险、船舶保险、建筑工程一切险、机器损坏保险、卫星及核能保险中的若干险种的情况。

（区、市）的分公司被赋予了不同的固定效应，意味着保险公司不随时间变化的、仅由在不同省份（区、市）经营保险业务而导致的险种深度差异被这一固定效应吸收。②η_{it} 为公司×年份层面的高维时间固定效应，用来捕捉保险公司随时间变化的特征对险种深度的影响。

进一步，令 $prem_{ijt}$ 和 IE_{ijt} 分别表示保险公司 i 在省份（区、市）j、年份 t 的分公司（或分支机构）经营的该险种的保费收入和保险需求收入弹性，$popu_{jt}$ 表示省份（区、市）j、年份 t 的人口数，则有：

$$\begin{aligned} IE_{ijt} &= \frac{dprem_{ijt}/prem_{ijt}}{dGDP_{jt}/GDP_{jt}} = \frac{d(IP_{ijt}\times AGDP_{jt}\times popu_{jt})}{d(AGDP_{jt}\times popu_{jt})}\times\frac{1}{IP_{ijt}} \\ &= 1+\frac{dIP_{ijt}/IP_{ijt}}{dAGDP_{jt}/AGDP_{jt}} \\ &= 1+\frac{1}{\ln AGDP_{jt}}\times\frac{dIP_{ijt}/IP_{ijt}}{d\ln AGDP_{jt}/\ln AGDP_{jt}} \end{aligned} \tag{4-3}$$

其中，IP_{ijt} 是 $AGDP_{jt}$ 的函数。结合表 4-1 中的弹性系数和式（4-1）所示的回归方程，可以得到：

$$\hat{IE}_{ijt} = 1-\frac{e^{\hat{\beta}_0+\hat{\delta}_{ij}+\hat{\eta}_{it}+\hat{\beta}\ln AGDP_{jt}}}{1+e^{\hat{\beta}_0+\hat{\delta}_{ij}+\hat{\eta}_{it}+\hat{\beta}\ln AGDP_{jt}}}\hat{\beta} = 1-\frac{e^{\hat{y}_{ijt}}}{1+e^{\hat{y}_{ijt}}}\hat{\beta} \tag{4-4}$$

显然，当 $\hat{\beta}>0$ 时，$\hat{IE}_{ijt}<1$；当 $\hat{\beta}=0$ 时，$\hat{IE}_{ijt}=1$；当 $\hat{\beta}<0$ 时，$\hat{IE}_{ijt}>1$。通常，低档品需求收入弹性小于 0，黏性品需求收入弹性等于 0，普通品需求收入弹性大于 0。特别地，普通品中必需品需求收入弹性小于 1，高档品需求收入弹性大于 1。也就是说，实际中我们可以根据模型参数估计的各险种需求收入弹性来确定不同省份（区、市）、不同公司经营的各险种到底是低档品、黏性品、必需品还是高档品，以及这些或有商品的属性随时间的动态演变。

2. 险种深度、险种密度与人均 GDP 的关系

类似地，针对上述每一个险种，令 ID_{ijt} 表示保险公司 i 在省份（区、市）j、年份 t 的分公司（或分支机构）经营的该险种的保险密度（简称“险种密度”）。则有：

$$\begin{aligned}\hat{ID}_{ijt} &= \frac{prem_{ijt}}{popu_{jt}} = \frac{prem_{ijt}}{GDP_{jt}} \times \frac{GDP_{jt}}{popu_{jt}} = \hat{IP}_{ijt} \times AGDP_{jt} \\ &= \frac{\max(IP_{ijt})}{1+e^{\hat{y}_{ijt}}} \times AGDP_{jt}\end{aligned} \tag{4-5}$$

综上所述，利用式（4-1）的回归模型可以同时估计险种深度、险种密度和险种的需求收入弹性。

第三节　实证分析与稳健性检验

一、数据来源及质量评估

本章实证分析中使用的分险种保费收入数据源于《中国保险年鉴》中“地方版”模块的 2008—2018 年各人身保险分公司业务统计表和 1998—2018 年各财产保险分公司业务统计表数据；使用的 1998—2018 年 GDP 和人口数据源于 1999—2019 年《中国统计年鉴》（部分年份由于数据不可得，未计入统计）。

需要指出，一方面，由于原始观测数据可能存在诸如小数点输入错位等记录或复制错误，可能会出现离群的异常观测值，为了避免这类常见的异常值对模型回归结果的影响，本章对回归样本期内《中国保险年鉴》每年公布的“地方版”中各省、自治区、直辖市管辖的保

险公司分支机构的分险种和合计的保费收入数据，以及大连、青岛、宁波、厦门、深圳五个计划单列市的保险公司分支机构的分险种和合计的保费收入数据的记录准确性进行了质量评估和交叉验证，核实并修正了原始数据的记录错误。在逐一核对的基础上，将五个计划单列市的保险公司分支机构的分险种和合计的保费收入汇总到相应的省份（区、市）。另一方面，由于本章实证分析采用的是保险公司层面的微观数据，考虑到近年来保险公司并购等原因导致的更名现象，我们采用的是 2019 年《中国保险年鉴》中的保险公司名称，并结合表 4-2 和表 4-3 中给出的人身保险公司和财产保险公司更名情况，对回归样本期内更名前后的保险公司名称进行了逐一匹配。

表 4-2　人身保险公司更名情况

<table>
<tr><th>曾用名 1</th><th>曾用名 2</th><th>现名称</th><th>成立年份</th><th colspan="2">变更年份</th></tr>
<tr><td>太平洋安泰人寿</td><td>建信人寿保险有限公司</td><td>建信人寿保险股份有限公司</td><td>1998</td><td>2011</td><td>2016</td></tr>
<tr><td>海尔纽约人寿</td><td>海尔人寿</td><td>北大方正人寿</td><td>2002</td><td>2011</td><td>2012</td></tr>
<tr><td>花旗人寿</td><td>联泰大都会人寿</td><td rowspan="2">中美联泰大都会人寿</td><td>2004</td><td>2005</td><td rowspan="2">2011</td></tr>
<tr><td colspan="2">中美大都会人寿</td><td>2004</td><td></td></tr>
<tr><td colspan="2">安联大众人寿</td><td>中德安联人寿</td><td>1998</td><td colspan="2">2006</td></tr>
<tr><td colspan="2">金盛人寿</td><td>工银安盛人寿</td><td>1999</td><td colspan="2">2012</td></tr>
<tr><td colspan="2">恒康天安人寿</td><td>天安人寿</td><td>2000</td><td colspan="2">2009</td></tr>
<tr><td colspan="2">中保康联人寿</td><td>交银康联人寿</td><td>2000</td><td colspan="2">2009</td></tr>
<tr><td colspan="2">信诚人寿</td><td>中信保诚人寿</td><td>2000</td><td colspan="2">2017</td></tr>
<tr><td colspan="2">首创安泰人寿</td><td>中荷人寿</td><td>2002</td><td colspan="2">2010</td></tr>
<tr><td colspan="2">生命人寿</td><td>富德生命人寿</td><td>2002</td><td colspan="2">2014</td></tr>
<tr><td colspan="2">法国佳迪福人寿保险上海代表处</td><td>法国巴黎人寿保险上海代表处</td><td>2003</td><td colspan="2">2008</td></tr>
<tr><td colspan="2">广电日生人寿</td><td>长生人寿</td><td>2003</td><td colspan="2">2009</td></tr>
<tr><td colspan="2">海康人寿</td><td>同方全球人寿</td><td>2003</td><td colspan="2">2015</td></tr>
<tr><td colspan="2">安邦人寿</td><td>大家人寿</td><td>2004</td><td colspan="2">2019</td></tr>
</table>

（续表）

曾用名 1	曾用名 2	现名称	成立年份	变更年份
嘉禾人寿		农银人寿	2005	2012
国泰人寿		陆家嘴国泰人寿	2005	2014
中航三星人寿		中银三星人寿	2005	2015
瑞福德健康保险		和谐健康	2006	2010
正德人寿		君康人寿	2006	2015
中新大东方人寿		恒大人寿	2006	2015
百慕大大新人寿深圳代表处		百慕大泰禾人寿深圳代表处	2006	2017
新光海航人寿		鼎诚人寿	2009	2019

资料来源：作者利用 1999—2019 年《中国保险年鉴》和“13 个精算师”微信公众号 2020 年发布的保险公司更名资料整理。

表 4-3　财产保险公司更名情况

曾用名 1	曾用名 2	现名称	成立年份	变更年份	
皇家太阳联合	太阳联合保险	瑞再企商	1998	2008	2015
联邦保险上海分公司	丘博保险	安达保险	2000	2006	2017
安盟保险成都分公司	安盟保险（中国）	中航安盟	2004	2010	2011
安联保险公司广州分公司	安联财险	京东安联	2004	2010	2018
丰泰保险		安盛天平	1996	2013	
天平车险			2004		
民安财险		亚太财险	1982	2016	
大众保险		史带财险	1995	2014	
三星火险		三星产险	2005	2010	
信达财险		国任财险	2009	2017	
华信财险		富德产险	2012	2013	

资料来源：作者利用 1999—2019 年《中国保险年鉴》和“13 个精算师”微信公众号 2020 年发布的保险公司更名资料整理。

在此基础上，本章最终使用由 2008—2018 年 87 家人身保险公司和 1998—2018 年 89 家财产保险公司在 31 个省、自治区、直辖市分支机构的分险种保费收入构成的非平衡面板数据进行实证分析。

二、变量的描述性统计

基于本章第二节的实证设计和式（4-1）的高维面板数据回归模型，表 4-4 列出了回归模型中分险种回归中的被解释变量和主要解释变量的含义。其中，被解释变量是利用式（4-2）对每一种险种深度进行变换后构造的新变量，这里险种深度等于每家保险公司 i 在 j 省份（区、市）、t 年的分公司（或分支机构）经营的每一险种的保费收入除以每家保险公司 i 的分公司（或分支机构）所在的 j 省份（区、市）、t 年的 GDP；解释变量是 j 省份（区、市）、t 年的对数人均 GDP，与被解释变量一一对应，分别匹配到 t 年每家人身保险公司和财产保险公司的各省份（区、市）分支机构。

表 4-4　变量含义

变量类型	变量名	含义	公司类型
被解释变量	y_general	对普通寿险的险种深度的变换	人身保险
	y_participating	对分红寿险的险种深度的变换	
	y_investlinked	对投资连结保险的险种深度的变换	
	y_universal	对万能保险的险种深度的变换	
	y_laccident	对意外伤害保险的险种深度的变换	
	y_health	对健康保险的险种深度的变换	
	y_sublife	对人寿保险小计的险种深度的变换（含普通、分红、投连、万能 4 个险种）	
	y_totallife	对人身保险合计的险种深度的变换（含以上 6 个险种）	
	y_enterprise	对企业财产保险的险种深度的变换	财产保险
	y_motor	对机动车辆保险的险种深度的变换	
	y_cargo	对货物运输保险的险种深度的变换	
	y_liability	对责任保险的险种深度的变换	
	y_engineering	对工程保险的险种深度的变换	
	y_credit	对信用保证保险的险种深度的变换	
	y_agricultural	对农业保险的险种深度的变换	

（续表）

变量类型	变量名	含义	公司类型
被解释变量	y_shorthealth	对短期健康保险的险种深度的变换	财产保险
	y_paccident	对意外伤害保险的险种深度的变换	
	y_totalproperty	对财产保险合计的险种深度的变换（含以上9个险种）	
解释变量	ln AGDP_l	2008—2018年各省份（区、市）人均GDP（元）的自然对数（匹配到人身保险公司）	人身保险
	ln AGDP_p	1998—2018年各省份（区、市）人均GDP（元）的自然对数（匹配到财产保险公司）	财产保险

表4-5给出了回归模型中主要变量的描述性统计特征。其中，总体维度是指同时考虑公司、省份（区、市）和年份三个维度的异质性，将每家保险公司在不同省份（区、市）、不同年份的分支机构视为不同的样本，得到的主要变量在公司×省份（区、市）×年份的全样本层面的描述性统计特征。组间维度和组内维度是总体维度的两种分解：组间维度是指不考虑时间维度的异质性，只考虑公司×省份（区、市）维度的异质性，将每家保险公司在不同省份（区、市）的分支机构视为不同的样本，得到的主要变量的年度均值在公司×省份（区、市）层面的描述性统计特征；组内维度是指不考虑公司×省份（区、市）维度的异质性，只考虑时间维度的异质性，将每年的样本视为不同的样本，得到的主要变量在公司×省份（区、市）层面的均值在时间层面的描述性统计特征。从中可以看出，各主要变量的均值存在明显差异，组间维度比组内维度的标准差更大，这说明公司×省份（区、市）维度的异质性比时间维度的异质性更大，实证分析中捕捉公司×省份（区、市）维度的异质性更加重要。

表4-5　描述性统计特征

变量		均值	标准差	最小值	最大值	样本数
y_general	总体	6.144	3.121	−1.805	15.618	N = 6 887
	组间		2.330	0.387	15.019	n = 864
	组内		2.228	−1.264	16.654	$\overline{T}$ = 7.971

（续表）

变量		均值	标准差	最小值	最大值	样本数
y_participating	总体	7.065	2.367	2.116	18.366	N = 6 852
	组间		2.416	2.868	17.993	n = 839
	组内		1.018	0.596	14.724	$\overline{T}$ = 8.167
y_investlinked	总体	8.501	3.280	−0.660	14.431	N = 1 745
	组间		2.494	1.742	13.682	n = 262
	组内		2.431	−2.399	15.232	$\overline{T}$ = 6.660
y_universal	总体	8.180	3.254	−1.986	15.241	N = 4 196
	组间		2.890	1.453	15.160	n = 620
	组内		2.028	−0.035	14.607	$\overline{T}$ = 6.768
y_laccident	总体	8.604	2.267	2.789	16.747	N = 7 473
	组间		2.239	4.154	16.747	n = 898
	组内		0.931	2.989	14.872	$\overline{T}$ = 8.322
y_health	总体	7.138	2.357	−4.102	16.768	N = 7 574
	组间		2.084	2.603	15.247	n = 908
	组内		1.235	−1.083	14.952	$\overline{T}$ = 8.341
y_sublife	总体	6.596	2.370	1.861	18.358	N = 7 264
	组间		2.531	2.389	18.358	n = 893
	组内		1.024	1.705	15.933	$\overline{T}$ = 8.134
y_totallife	总体	6.606	2.065	1.818	17.958	N = 7 699
	组间		1.905	2.616	16.112	n = 912
	组内		1.043	0.795	15.007	$\overline{T}$ = 8.442
y_enterprise	总体	6.096	2.342	−2.096	14.840	N = 9 047
	组间		2.427	1.110	14.747	n = 844
	组内		0.864	1.289	12.882	$\overline{T}$ = 10.719
y_motor	总体	4.773	2.012	−3.112	15.685	N = 8 949
	组间		1.976	0.357	12.912	n = 864
	组内		0.881	0.913	12.894	$\overline{T}$ = 10.358
y_cargo	总体	6.665	2.559	−3.825	13.558	N = 8 378
	组间		2.357	0.971	13.385	n = 820
	组内		1.026	−1.200	13.771	$\overline{T}$ = 10.217

（续表）

变量		均值	标准差	最小值	最大值	样本数
y_liability	总体	6.408	2.215	−0.033	14.379	N = 8 890
	组间		2.172	0.777	14.202	n = 911
	组内		1.012	−0.604	13.191	$\overline{T}$ = 9.759
y_engineering	总体	6.815	2.339	−0.606	13.822	N = 6 307
	组间		2.283	0.643	13.822	n = 807
	组内		1.071	1.970	13.088	$\overline{T}$ = 7.815
y_credit	总体	7.910	3.047	−0.808	14.882	N = 5 123
	组间		2.559	0.283	14.833	n = 759
	组内		1.795	2.091	15.614	$\overline{T}$ = 6.750
y_agricultural	总体	6.466	3.291	−1.106	14.932	N = 2 170
	组间		2.960	0.467	14.420	n = 342
	组内		1.491	−2.469	15.166	$\overline{T}$ = 6.345
y_shorthealth	总体	7.191	2.655	−2.434	14.184	N = 5 785
	组间		2.439	0.049	14.184	n = 818
	组内		1.368	0.794	15.024	$\overline{T}$ = 7.072
y_paccident	总体	6.115	2.097	−3.255	14.184	N = 8 619
	组间		2.143	0.096	14.184	n = 928
	组内		0.937	−0.169	12.322	$\overline{T}$ = 9.288
y_totalproperty	总体	5.008	2.098	−3.026	16.634	N = 9 920
	组间		2.442	0.252	16.442	n = 1 011
	组内		0.853	0.852	13.287	$\overline{T}$ = 9.812
ln AGDP_l	总体	10.805	0.517	9.081	11.855	N = 7 717
	组间		0.442	9.954	11.855	n = 914
	组内		0.269	9.932	11.475	$\overline{T}$ = 8.443
ln AGDP_p	总体	10.541	0.732	7.741	14.294	N = 9 945
	组间		0.518	9.189	11.811	n = 1 016
	组内		0.496	8.857	13.675	$\overline{T}$ = 9.788

三、模型设定的检验

针对面板数据，用 Hausman 检验来判断到底应该建立固定效应模型还是随机效应模型，原假设是随机效应模型，备择假设是固定效应模型。其检验结果如表 4-6 所示，可以看出，在 1% 的显著性水平上应该建立固定效应模型。因此，下面将采用高维固定效应模型进行分析。

表 4-6　分险种的 Hausman 检验结果

人身保险险种	χ^2 统计量的值	概率	财产保险险种	χ^2 统计量的值	概率
y_general	1 671. 47	0. 000 0	y_enterprise	120. 64	0. 000 0
y_participating	91. 32	0. 000 0	y_motor	26. 96	0. 000 0
y_investlinked	735. 62	0. 000 0	y_cargo	20. 74	0. 000 0
y_universal	183. 55	0. 000 0	y_liability	9 523. 27	0. 000 0
y_laccident	478. 56	0. 000 0	y_engineering	40. 22	0. 000 0
y_health	3 141. 36	0. 000 0	y_credit	120. 42	0. 003 8
y_sublife	86. 57	0. 000 0	y_agricultural	21. 15	0. 000 0
y_totallife	366. 06	0. 000 0	y_shorthealth	406. 82	0. 000 0
			y_paccident	839. 26	0. 000 0
			y_totalproperty	114. 65	0. 000 0

四、基准回归检验结果

1. 分险种回归检验结果

基于本章第二节给出的模型设定，我们采用高维固定效应面板数据模型来吸收公司×省份（区、市）层面的个体固定效应 δ_{ij}，得到的人身保险公司和财产保险公司的分险种回归检验结果如表 4-7 和表 4-8 所示。

表 4-7　人身保险公司的分险种检验结果

变量	(1) y_general	(2) y_participating	(3) y_investlinked	(4) y_universal	(5) y_laccident	(6) y_health	(7) y_sublife	(8) y_totallife
ln AGDP_l	− 4. 916*** (0. 087)	− 0. 203*** (0. 049)	6. 525*** (0. 153)	4. 931*** (0. 087)	− 1. 024*** (0. 041)	− 2. 582*** (0. 047)	− 0. 615*** (0. 047)	− 1. 045*** (0. 045)
δ_{ij}	YES	YES	YES	YES	YES	YES	YES	YES
η_{it}	NO	NO	NO	NO	NO	NO	NO	NO
常数项	59. 269*** (0. 939)	9. 256*** (0. 528)	− 62. 365*** (1. 668)	− 44. 833*** (0. 934)	19. 661*** (0. 441)	35. 041*** (0. 504)	13. 236*** (0. 511)	17. 902*** (0. 489)
样本数	6 887	6 852	1 745	4 196	7 473	7 574	7 264	7 699
调整 R^2	0. 619	0. 790	0. 709	0. 760	0. 825	0. 786	0. 793	0. 732

注：***、** 和 * 分别表示 1%、5% 和 10% 的显著性水平，括号中是估计参数的标准误；所有回归均控制了公司×省份（区、市）层面的高维固定效应。

表 4-8　财产保险公司的分险种检验结果

变量	(1) y_enterprise	(2) y_motor	(3) y_cargo	(4) y_liability	(5) y_engineering	(6) y_credit	(7) y_agricultural	(8) y_shorthealth	(9) y_paccident	(10) y_totalproperty
ln AGDP_p	0. 354*** (0. 018)	− 0. 500*** (0. 018)	0. 522*** (0. 022)	− 0. 909*** (0. 023)	0. 215*** (0. 052)	− 0. 767*** (0. 060)	− 1. 981*** (0. 077)	− 1. 411*** (0. 051)	− 0. 335*** (0. 026)	− 0. 444*** (0. 018)
δ_{ij}	YES	YES	YES	YES	YES	YES	YES	YES	YES	YES
η_{it}	NO	NO	NO	NO	NO	NO	NO	NO	NO	NO
常数项	2. 374*** (0. 192)	10. 020*** (0. 194)	1. 177*** (0. 232)	16. 026*** (0. 244)	4. 497*** (0. 555)	16. 072*** (0. 642)	27. 481*** (0. 814)	22. 286*** (0. 549)	9. 673*** (0. 275)	9. 683*** (0. 186)
样本数	9 047	8 949	8 378	8 890	6 307	5 123	2 170	5 785	8 619	9 920
调整 R^2	0. 857	0. 805	0. 834	0. 805	0. 760	0. 607	0. 821	0. 732	0. 781	0. 828

注：***、** 和 * 分别表示 1%、5% 和 10% 的显著性水平，括号中是估计参数的标准误；所有回归均控制了公司×省份（区、市）层面的高维固定效应。

从表 4-7 和表 4-8 的回归结果可以看出，在控制了公司×省份（区、市）层面的个体固定效应 δ_{ij} 之后，对数人均 GDP 对各险种深度有着非常显著的影响，并且都在 1% 的显著性水平上统计显著。人身保险公司经营的普通寿险、分红寿险、意外伤害保险、健康保险、小计的人寿保险业务和合计的人身保险业务，以及财产保险公司经营的机动车辆保险、责任保险、信用保证保险、农业保险、短期健康保险、意外伤害保险和合计的财产保险业务的回归系数显著为负，表明这些险种深度与对数人均 GDP 是同方向变化的①；人身保险公司经营的投资连结保险和万能保险，以及财产保险公司经营的企业财产保险、货物运输保险和工程保险的回归系数显著为正，表明这些险种深度与对数人均 GDP 是反方向变化的。

2. 分险种稳健标准误回归检验结果

在基于分险种微观数据的面板回归模型中，为了防止过多使用组内样本信息可能导致的低估标准误从而高估显著性的问题，我们进一步引入了稳健标准误回归检验，以进一步验证模型结果的稳健性。

针对人身保险公司和财产保险公司的各险种业务，表 4-9 和表 4-10 给出了仅吸收公司×省份（区、市）层面的高维个体固定效应 δ_{ij} 的稳健标准误检验结果。从中可以发现，与表 4-7 和表 4-8 相比，表 4-9 和表 4-10 中各险种对数人均 GDP 的回归系数保持不变，回归系数的标准误有所增大，从而显著性略有下降，但还是维持在 1% 的显著性水平上。这表明，表 4-7 和表 4-8 的回归结果是相当稳健的。

① 这可以从表 4-1 给出的 S 曲线的单调性和线性形式体现出来。

表 4-9　人身保险公司的分险种稳健标准误检验结果 1

变量	(1) y_general	(2) y_participating	(3) y_investlinked	(4) y_universal	(5) y_laccident	(6) y_health	(7) y_sublife	(8) y_totallife
ln AGDP_l	− 4.916*** (0.169)	− 0.203*** (0.073)	6.525*** (0.230)	4.931*** (0.131)	− 1.024*** (0.071)	− 2.582*** (0.078)	− 0.615*** (0.082)	− 1.045*** (0.074)
δ_{ij}	YES	YES	YES	YES	YES	YES	YES	YES
η_{it}	NO	NO	NO	NO	NO	NO	NO	NO
常数项	59.253*** (1.828)	9.238*** (0.789)	− 62.432*** (2.503)	− 44.873*** (1.408)	19.651*** (0.771)	35.030*** (0.841)	13.207*** (0.889)	17.893*** (0.802)
样本数	6 853	6 815	1 681	4 105	7 451	7 550	7 226	7 675
调整 R^2	0.618	0.786	0.711	0.757	0.824	0.786	0.785	0.731

注：***、** 和 * 分别表示 1%、5% 和 10% 的显著性水平，括号中是估计参数的稳健标准误；所有回归均控制了公司×省份（区、市）层面的高维个体固定效应，且将标准误聚类在公司×省份（区、市）层面。

表 4-10　财产保险公司的分险种稳健标准误检验结果 1

变量	(1) y_enterprise	(2) y_motor	(3) y_cargo	(4) y_liability	(5) y_engineering	(6) y_credit	(7) y_agricultural	(8) y_shorthealth	(9) y_paccident	(10) y_totalproperty
ln AGDP_p	0.354*** (0.039)	− 0.500*** (0.038)	0.522*** (0.042)	− 0.909*** (0.046)	0.215*** (0.081)	− 0.767*** (0.119)	− 1.981*** (0.134)	− 1.411*** (0.117)	− 0.335*** (0.045)	− 0.444*** (0.038)
δ_{ij}	YES	YES	YES	YES	YES	YES	YES	YES	YES	YES
η_{it}	NO	NO	NO	NO	NO	NO	NO	NO	NO	NO
常数项	2.358*** (0.409)	9.999*** (0.404)	1.160*** (0.444)	16.006*** (0.483)	4.476*** (0.869)	16.010*** (1.270)	27.388*** (1.421)	22.241*** (1.253)	9.654*** (0.479)	9.655*** (0.396)
样本数	9 010	8 892	8 327	8 840	6 261	5 023	2 121	5 711	8 566	9 860
调整 R^2	0.855	0.803	0.833	0.803	0.757	0.604	0.818	0.727	0.777	0.822

注：***、** 和 * 分别表示 1%、5% 和 10% 的显著性水平，括号中是估计参数的稳健标准误；所有回归均控制了公司×省份（区、市）层面的高维个体固定效应，且将标准误聚类在公司×省份（区、市）层面。

为了吸收更多维度的固定效应，表 4-11 和表 4-12 进一步给出了同时吸收公司×省份（区、市）层面的高维个体固定效应 δ_{ij} 和公司×年份层面的高维时间固定效应 η_{it} 的稳健标准误检验结果。从中可以看出，在同时控制高维个体和时间双固定效应之后，各险种对数人均 GDP 的回归系数的显著性明显下降。这意味着，吸收保险公司随时间变化的特征并不是必要的。因此，本章第四节将采用仅吸收公司×省份（区、市）层面的高维个体固定效应 δ_{ij} 的检验结果来估计各险种的需求收入弹性，从而确定各险种的保险产品属性，并进一步解释 Mossin 悖论。

五、基于险种密度估计结果的稳健性检验

类似于式（4-1）给出的实证研究设计，我们也可以构建如下险种密度与对数人均 GDP 的高维固定效应面板数据回归模型，来直接估计险种密度。

$$\ln ID_{ijt} = \alpha_0 + \alpha \ln AGDP_{jt} + \delta_{ij} + \eta_{it} + \varepsilon_{ijt} \tag{4-6}$$

其中，$\ln ID_{ijt}$ 表示险种密度的自然对数。由于 ID_{ijt} 通常是右偏的，故我们采用对数形式以更好地满足变量服从正态分布的模型假设。主要解释变量和控制变量的含义同式（4-1）。

显然，式（4-6）中的系数 α 可以度量险种需求收入弹性，也可以视为考虑公司、省份（区、市）和年份的异质性之后险种需求收入弹性的分布的均值估计。有鉴于此，我们通过比较这一弹性系数与基准回归模型得到的险种需求收入弹性的均值来进一步检验基准回归模型的稳健性。

表 4-13 和表 4-14 给出了利用高维固定效应面板数据模型来吸收公司×省份（区、市）层面的个体固定效应 δ_{ij}，得到的人身保险公司和财产保险公司各险种的险种密度回归检验结果。可以看出，两表中系

表 4-11　人身保险公司的分险种稳健标准误检验结果 2

变量	(1) y_general	(2) y_participating	(3) y_investlinked	(4) y_universal	(5) y_laccident	(6) y_health	(7) y_sublife	(8) y_totallife
ln AGDP_l	0.503** (0.241)	0.758*** (0.184)	0.049 (0.462)	−0.022 (0.367)	0.220 (0.197)	0.172 (0.190)	0.466*** (0.171)	0.371** (0.163)
δ_{ij}	YES	YES	YES	YES	YES	YES	YES	YES
η_{it}	YES	YES	YES	YES	YES	YES	YES	YES
常数项	0.672 (2.601)	−1.158 (1.980)	7.899 (5.021)	8.330** (3.939)	6.190*** (2.122)	5.256** (2.051)	1.521 (1.848)	2.580 (1.757)
样本数	6 759	6 734	1 594	4 014	7 361	7 465	7 132	7 587
调整 R^2	0.899	0.895	0.900	0.893	0.881	0.893	0.893	0.874

注：***、** 和 * 分别表示 1%、5% 和 10% 的显著性水平，括号中是估计参数的稳健标准误；所有回归均控制了公司×省份（区、市）层面的高维个体固定效应，以及公司×年份层面的高维时间固定效应，且将标准误聚类在公司×省份（区、市）层面。

表 4-12　财产保险公司的分险种稳健标准误检验结果 2

变量	(1) y_enterprise	(2) y_motor	(3) y_cargo	(4) y_liability	(5) y_engineering	(6) y_credit	(7) y_agricultural	(8) y_shorthealth	(9) y_paccident	(10) y_totalproperty
ln AGDP_p	0.282** (0.134)	−0.174* (0.094)	0.111 (0.137)	0.260 (0.170)	−0.522** (0.235)	1.030*** (0.349)	1.099* (0.642)	0.480 (0.364)	0.540*** (0.165)	−0.100 (0.087)
δ_{ij}	YES	YES	YES	YES	YES	YES	YES	YES	YES	YES
η_{it}	YES	YES	YES	YES	YES	YES	YES	YES	YES	YES
常数项	3.115** (1.413)	6.536*** (0.991)	5.496*** (1.436)	3.635** (1.795)	12.408*** (2.534)	−3.144 (3.710)	−5.257 (6.810)	1.996 (3.892)	0.344 (1.750)	6.017*** (0.912)
样本数	8 780	8 744	8 121	8 637	6 119	4 856	1 990	5 552	8 395	9 646
调整 R^2	0.902	0.888	0.871	0.868	0.789	0.788	0.854	0.829	0.857	0.908

注：***、** 和 * 分别表示 1%、5% 和 10% 的显著性水平，括号中是估计参数的稳健标准误；所有回归均控制了公司×省份（区、市）层面的高维个体固定效应，以及公司×年份层面的高维时间固定效应，且将标准误聚类在公司×省份（区、市）层面。

表 4-13　人身保险公司各险种的险种密度的检验结果

变量	(1) ID_general	(2) ID_participating	(3) ID_investlinked	(4) ID_universal	(5) ID_laccident	(6) ID_health	(7) ID_sublife	(8) ID_totallife
ln AGDP_l	5.868*** (0.086)	1.206*** (0.049)	−5.476*** (0.151)	−3.854*** (0.086)	2.024*** (0.041)	3.571*** (0.046)	1.616*** (0.047)	2.046*** (0.045)
δ_{ij}	YES	YES	YES	YES	YES	YES	YES	YES
η_{it}	NO	NO	NO	NO	NO	NO	NO	NO
常数项	−63.459*** (0.929)	−11.502*** (0.528)	55.550*** (1.640)	38.538*** (0.927)	−23.558*** (0.441)	−38.851*** (0.502)	−15.413*** (0.511)	−19.768*** (0.489)
样本数	6 888	6 853	1 746	4 197	7 474	7 575	7 265	7 700
调整 R^2	0.640	0.779	0.686	0.731	0.822	0.794	0.788	0.729

注：***、** 和 * 分别表示 1%、5% 和 10% 的显著性水平，括号中是估计参数的标准误；所有回归均控制了公司×省份（区、市）层面的高维固定效应。

表 4-14　财产保险公司各险种的险种密度的检验结果

变量	(1) ID_enterprise	(2) ID_motor	(3) ID_cargo	(4) ID_liability	(5) ID_engineering	(6) ID_credit	(7) ID_agricultural	(8) ID_shorthealth	(9) ID_paccident	(10) ID_totalproperty
ln AGDP_p	0.654*** (0.018)	1.464*** (0.018)	0.484*** (0.022)	1.903*** (0.023)	0.790*** (0.051)	1.756*** (0.060)	2.926*** (0.076)	2.380*** (0.051)	1.334*** (0.026)	1.413*** (0.018)
δ_{ij}	YES	YES	YES	YES	YES	YES	YES	YES	YES	YES
η_{it}	NO	NO	NO	NO	NO	NO	NO	NO	NO	NO
常数项	−8.330*** (0.190)	−14.093*** (0.194)	−8.210*** (0.229)	−22.294*** (0.243)	−11.381*** (0.554)	−21.781*** (0.639)	−32.570*** (0.807)	−28.471*** (0.544)	−16.187*** (0.273)	−13.412*** (0.185)
样本数	9 048	8 950	8 379	8 891	6 308	5 124	2 171	5 786	8 620	9 921
调整 R^2	0.843	0.781	0.822	0.813	0.752	0.612	0.816	0.735	0.770	0.809

注：***、** 和 * 分别表示 1%、5% 和 10% 的显著性水平，括号中是估计参数的标准误；所有回归均控制了公司×省份（区、市）层面的高维固定效应。

数 α 的估计结果与下文表 4-15 和表 4-16 给出的各险种需求收入弹性的分布特征的第 2 列均值非常接近，这进一步佐证了基准回归模型是相当稳健的。

第四节 保险需求收入弹性的异质性分析

实际中观测到的各险种需求收入弹性同时受保险市场供求关系的影响，是市场均衡作用的结果。下面将进一步分析保险市场中各险种的异质性，挖掘各险种的创新潜力，实证检验前文提出的 7 个假说，期待能发现一些重要的特征性事实，帮助我们更好地理解保险产品的或有商品属性，进而引导保险行业在社会服务和民生领域更好地探索保险产品创新。

一、各险种需求收入弹性的分布特征

利用表 4-7 和表 4-8 的回归结果[①]和式（4-4）所示的保险需求收入弹性的估计公式，图 4-1 和图 4-2 依次给出了 2008—2018 年人身保险公司和 1998—2018 年财产保险公司的各险种需求收入弹性的频率分布直方图。表 4-15 和表 4-16 进一步给出了各险种需求收入弹性的整体分布特征，可以看出各险种需求收入弹性都呈现出偏态分布。

① 这里，我们并没有给出利用表 4-9 和表 4-10 的稳健标准误回归估计的各险种需求收入弹性的分布特征。理论上，由于需求收入弹性是一阶矩（均值估计），而稳健标准误涉及的是二阶矩（波动性度量），两者估计的需求收入弹性应相等；我们的实证结果也进一步证实了这一点。

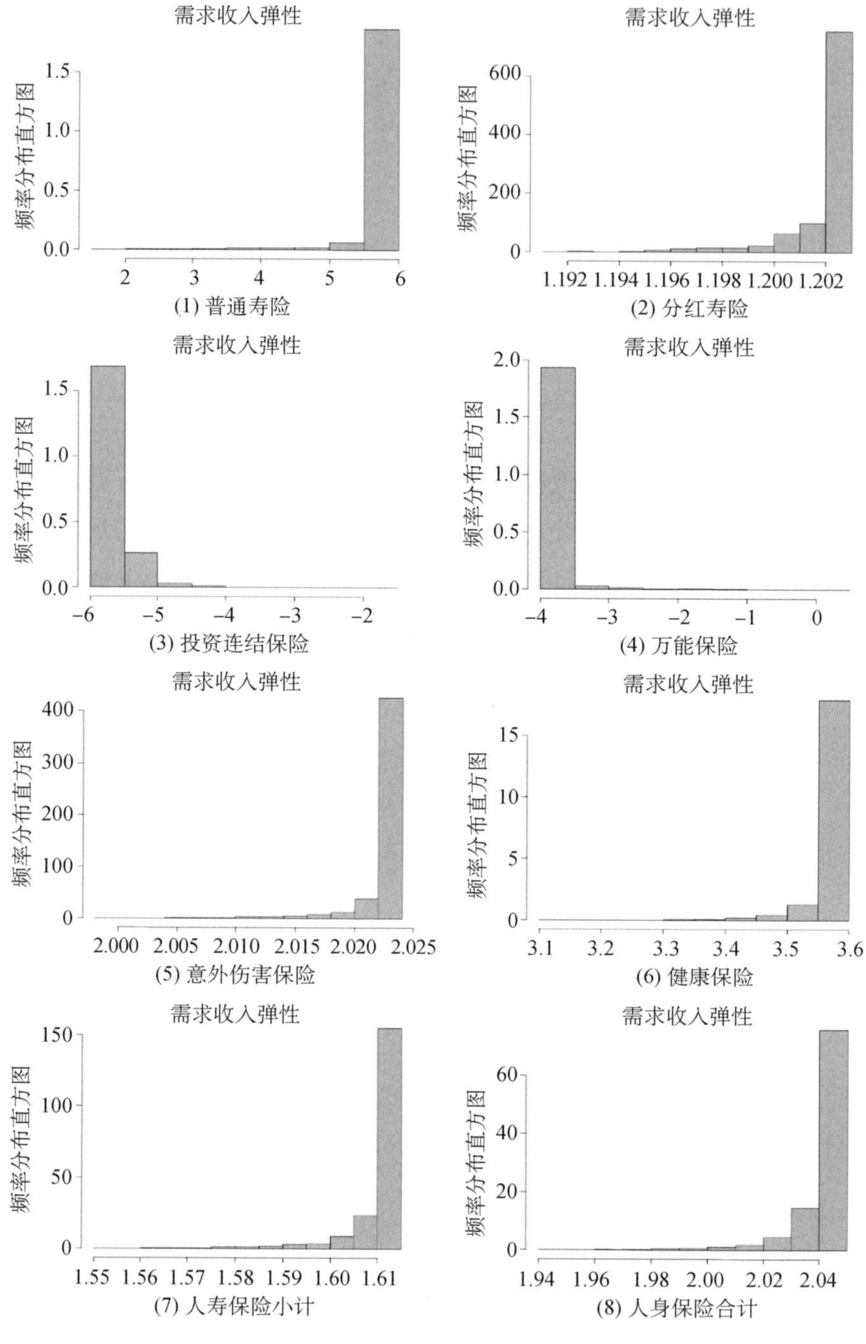

图 4-1　2008—2018 年人身保险公司各险种需求收入弹性

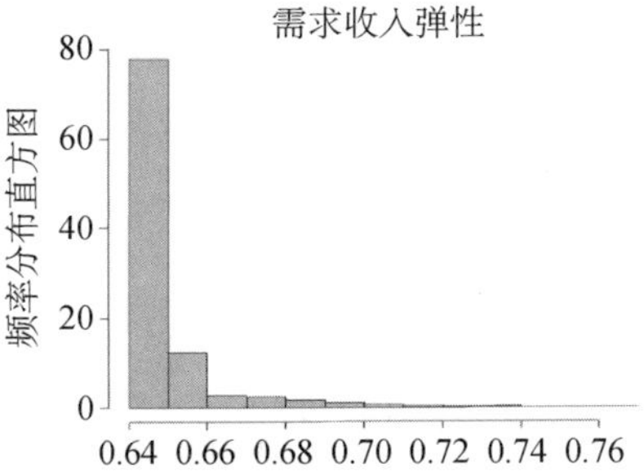

(1) 企业财产保险

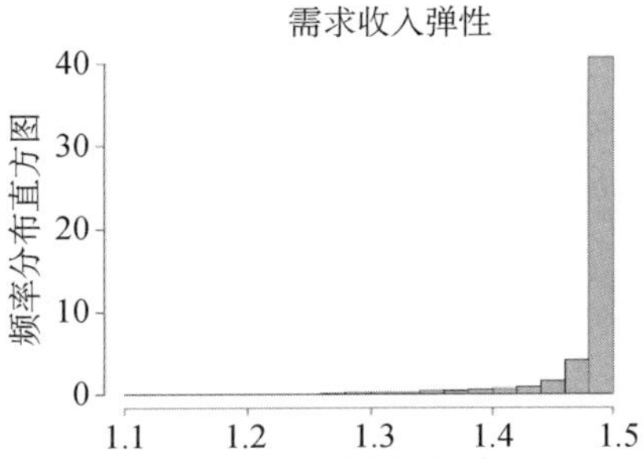

(2) 机动车辆保险

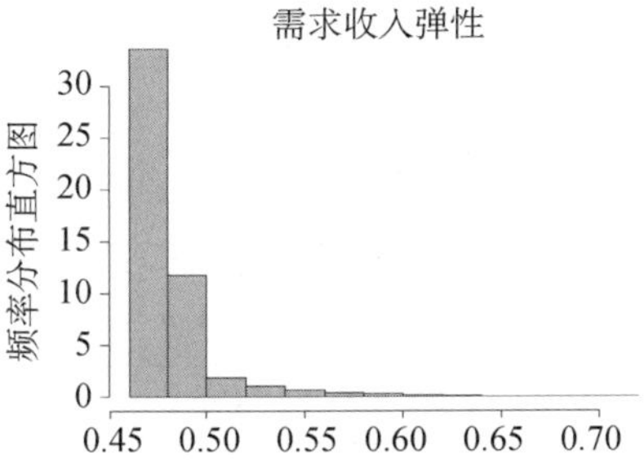

(3) 货物运输保险

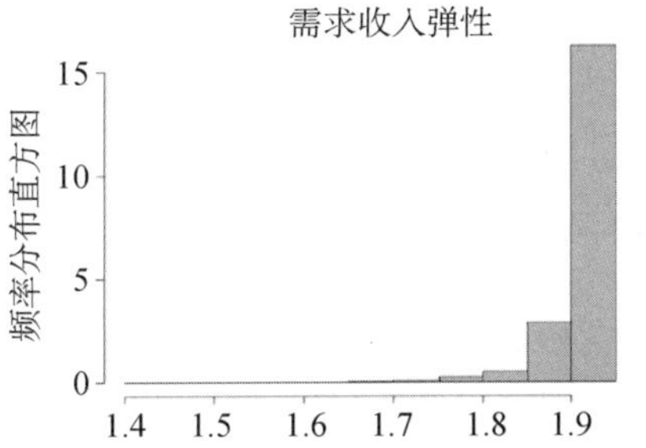

(4) 责任保险

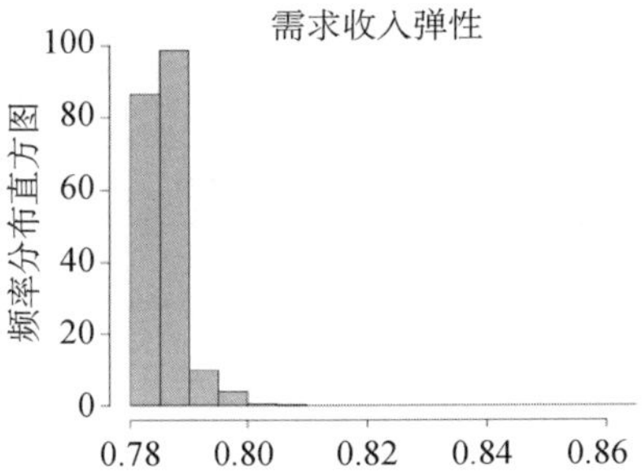

(5) 工程保险

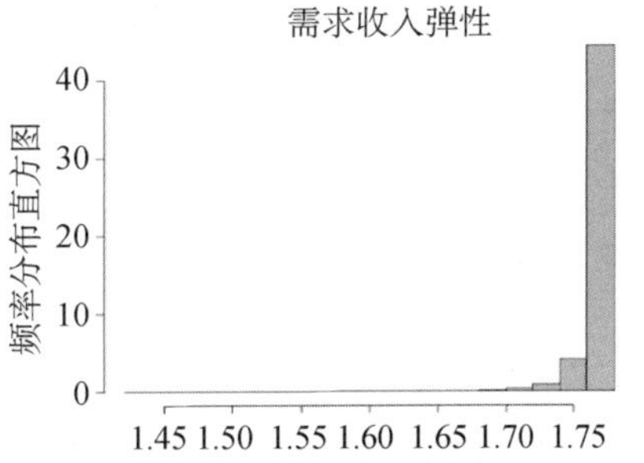

(6) 信用保证保险

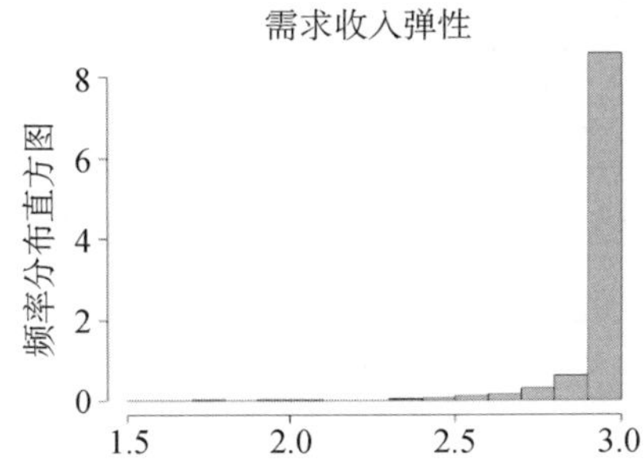

(7) 农业保险

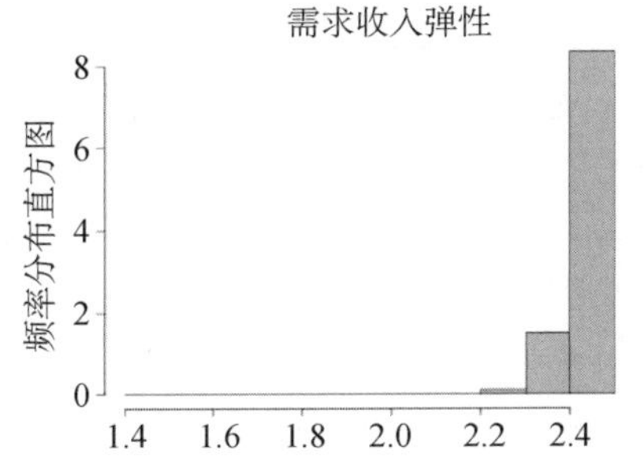

(8) 短期健康保险

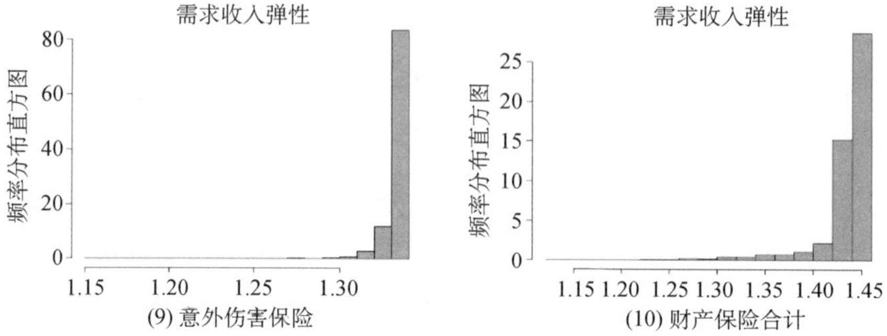

图 4-2　1998—2018 年财产保险公司各险种需求收入弹性

表 4-15　人身保险公司各险种需求收入弹性的分布特征

变量	均值	标准差	最小值	25%分位数	中位数	75%分位数	最大值
y_general	5. 792	0. 395	1. 821	5. 857	5. 906	5. 914	5. 916
y_participating	1. 202	0. 002	1. 191	1. 202	1. 203	1. 203	1. 203
y_investlinked	− 5. 481	0. 200	− 5. 525	− 5. 525	− 5. 524	− 5. 516	− 1. 899
y_universal	− 3. 871	0. 278	− 3. 931	− 3. 930	− 3. 929	− 3. 922	0. 242
y_laccident	2. 023	0. 002	2. 000	2. 023	2. 024	2. 024	2. 024
y_health	3. 569	0. 032	3. 120	3. 573	3. 580	3. 582	3. 582
y_sublife	1. 611	0. 007	1. 552	1. 611	1. 614	1. 614	1. 615
y_totallife	2. 040	0. 010	1. 946	2. 040	2. 044	2. 045	2. 045

表 4-16　财产保险公司各险种需求收入弹性的分布特征

变量	均值	标准差	最小值	25%分位数	中位数	75%分位数	最大值
y_enterprise	0. 651	0. 013	0. 646	0. 646	0. 647	0. 649	0. 769
y_motor	1. 484	0. 034	1. 115	1. 487	1. 496	1. 498	1. 500
y_cargo	0. 485	0. 020	0. 478	0. 478	0. 479	0. 481	0. 711
y_liability	1. 899	0. 028	1. 430	1. 903	1. 907	1. 908	1. 909
y_engineering	0. 786	0. 004	0. 785	0. 785	0. 785	0. 786	0. 864

（续表）

变量	均值	标准差	最小值	25%分位数	中位数	75%分位数	最大值
y_credit	1.764	0.011	1.428	1.765	1.767	1.767	1.767
y_agricultural	2.929	0.145	1.523	2.949	2.977	2.980	2.981
y_shorthealth	2.401	0.044	1.424	2.405	2.410	2.411	2.411
y_paccident	1.332	0.009	1.150	1.332	1.334	1.335	1.335
y_totalproperty	1.431	0.029	1.129	1.435	1.441	1.443	1.444

根据这些分布特征，我们至少发现了如下三个特征性事实。

第一，就险种需求收入弹性而言，投资连结保险和万能保险的需求收入弹性为负①；其他险种的需求收入弹性都为正，且除企业财产保险、货物运输保险和工程保险的需求收入弹性小于 1 之外，其余各险种的需求收入弹性都大于 1。此外，前文给出的前 3 个假说都成立。

第二，就险种属性而言，人身保险公司经营的普通寿险、分红寿险、意外伤害保险、健康保险属于高档品，而投资连结保险和万能保险属于低档品；财产保险公司经营的机动车辆保险、责任保险、信用保证保险、农业保险、短期健康保险和意外伤害保险属于高档品，而企业财产保险、货物运输保险和工程保险属于必需品。这与保险需求理论中通常假设“个体是风险厌恶者，企业是风险中性者”是一致的。相比个人而言，企业的风险厌恶程度更低，从而主要由企业购买的企业财产保险、货物运输保险和工程保险的险种需求收入弹性更小。故前文给出的假说 4 成立。

第三，就险种的凸组合性质而言，小计的人寿保险的弹性均值为 1.611，数值上介于普通寿险、分红寿险、投资连结保险和万能保险

① 这与保险监管部门 2016 年以来曾多次叫停万能险和投资型保险产品，倡导回归风险保障型与长期储蓄型的保险业务的发展理念一致。

之间；合计的人身保险的弹性均值为 2.040，数值上被意外伤害保险和健康保险的弹性均值拉高，但仍介于小计的人寿保险、意外伤害保险和健康保险之间，满足凸组合性质。类似地，合计的财产保险的弹性均值为 1.431，也介于财产保险公司经营的 9 个险种之间，满足凸组合性质。

下面进一步探讨各险种需求收入弹性在不同省份（区、市）、年份和公司层面的异质性。

二、各险种需求收入弹性的地区异质性

图 4-3 和图 4-4 分别给出了 31 个省、自治区、直辖市人身保险和财产保险的各险种需求收入弹性的均值和 95% 的置信区间。

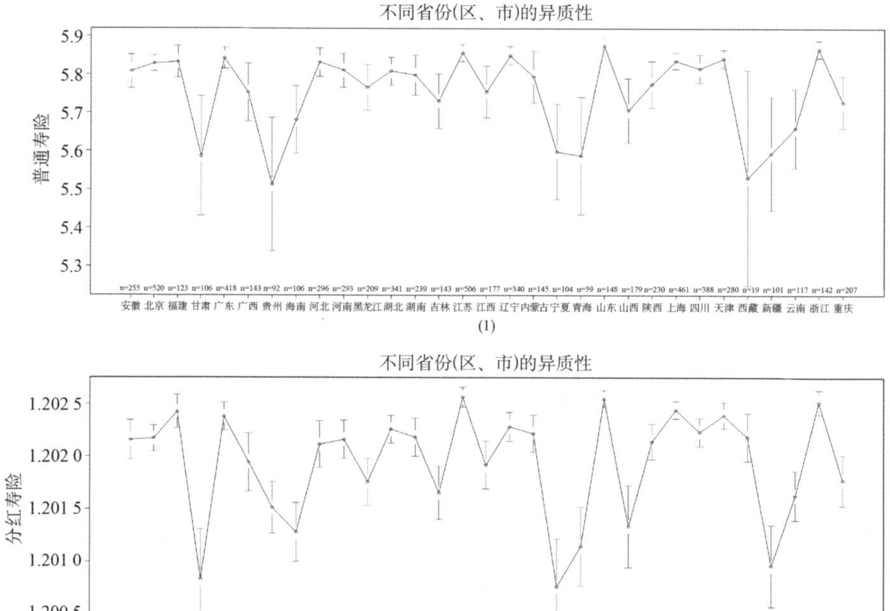

不同省份(区、市)的异质性

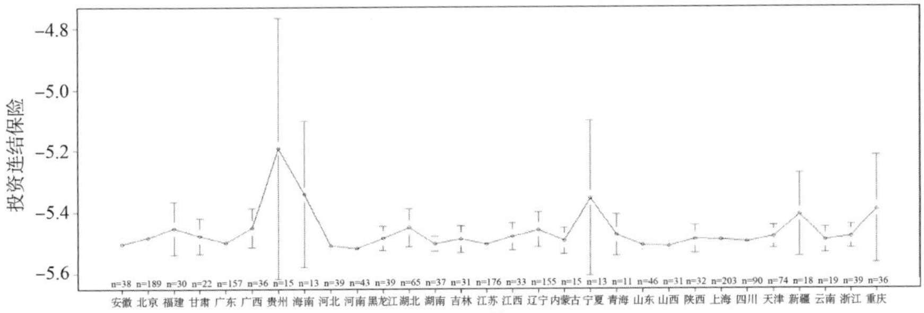

(3)

不同省份(区、市)的异质性

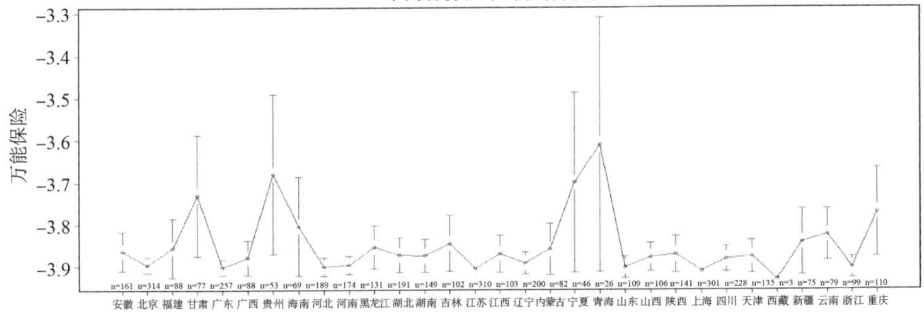

(4)

不同省份(区、市)的异质性

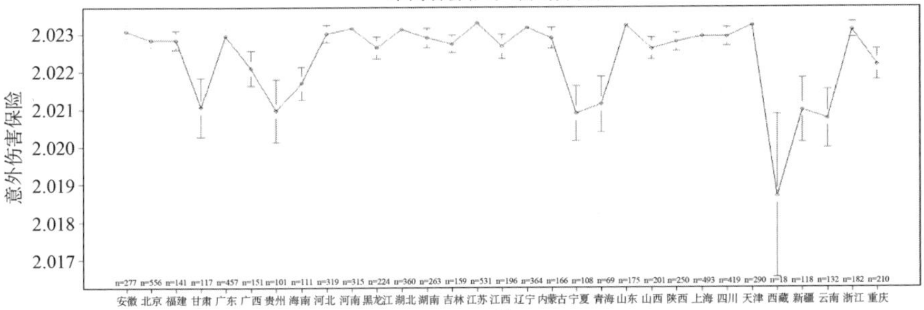

(5)

不同省份(区、市)的异质性

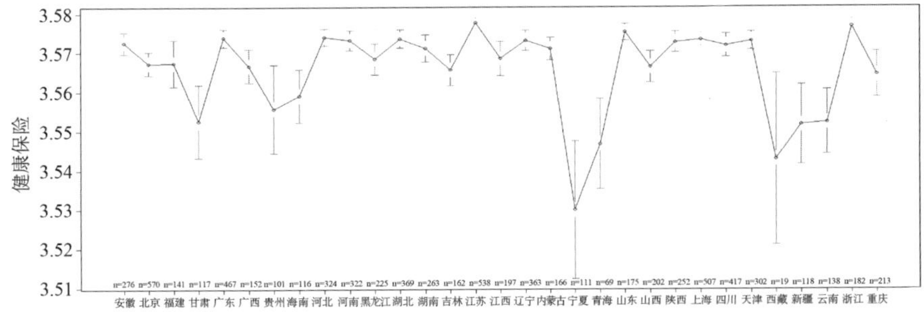

(6)

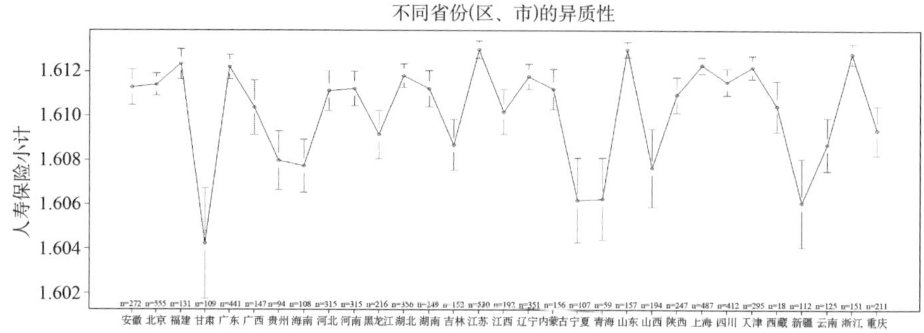

(7)

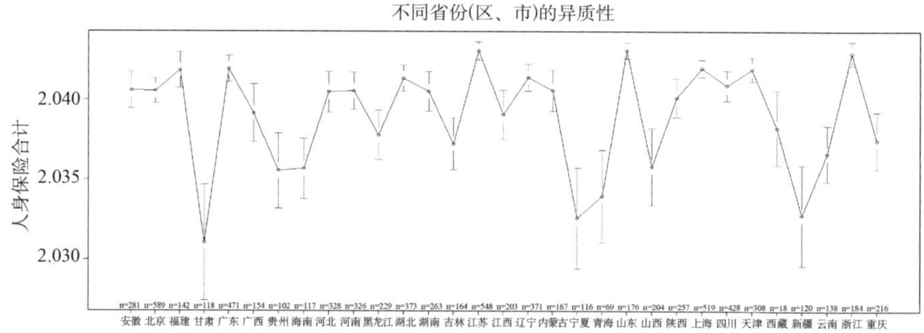

(8)

图 4-3　2008—2018 年人身保险公司各险种需求收入弹性的地区差异

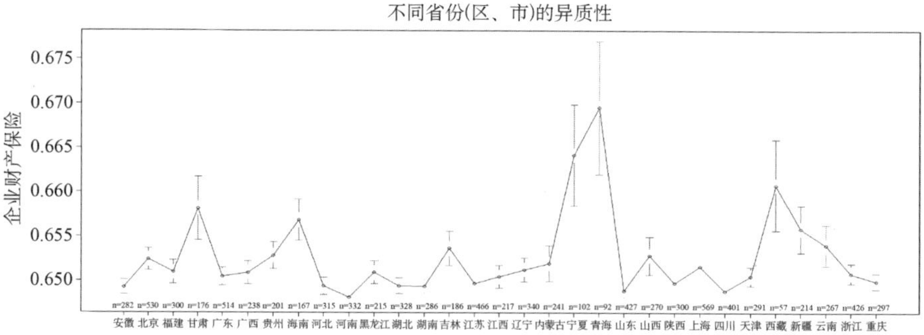

(1)

不同省份(区、市)的异质性

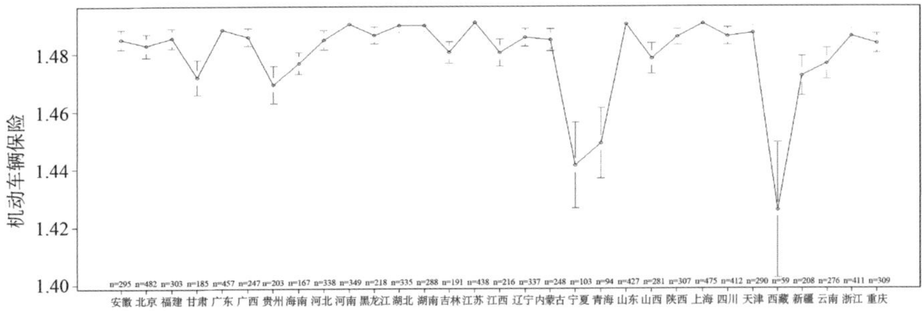

(2)

不同省份(区、市)的异质性

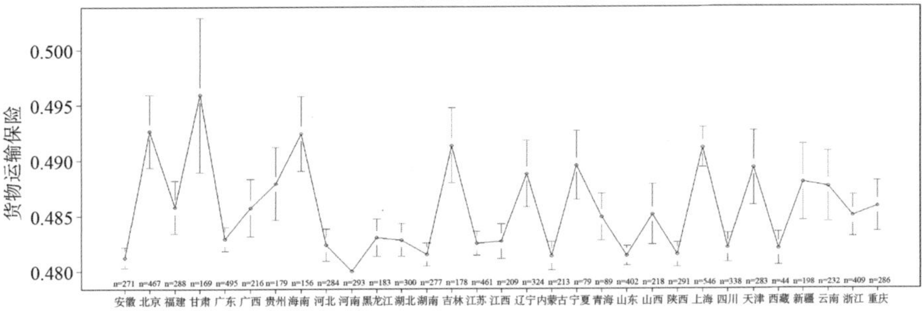

(3)

不同省份(区、市)的异质性

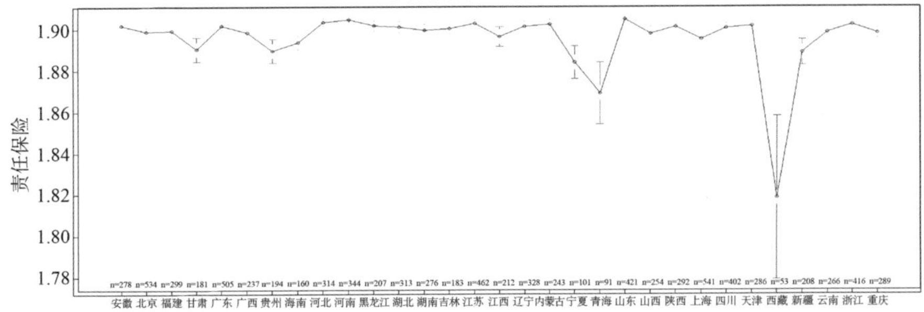

(4)

不同省份(区、市)的异质性

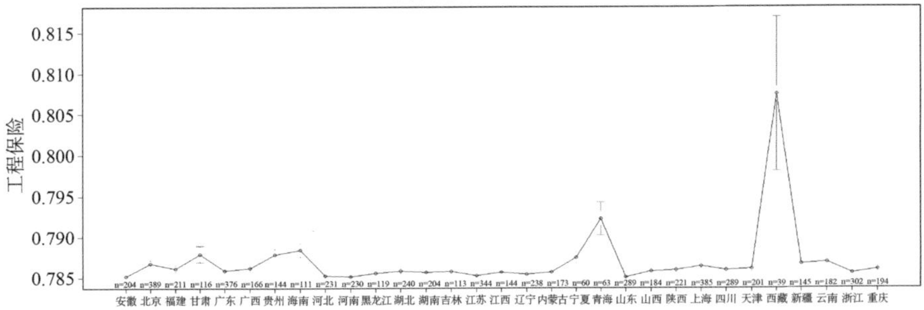

(5)

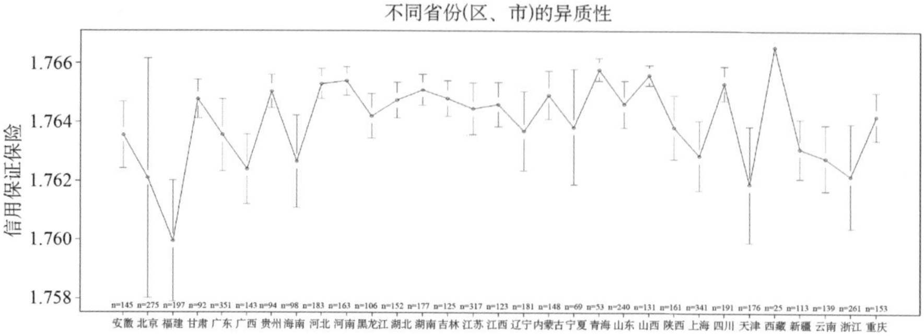
不同省份(区、市)的异质性
信用保证保险
1.766
1.764
1.762
1.760
1.758
n=145 n=275 n=197 n=92 n=351 n=143 n=94 n=98 n=183 n=163 n=106 n=152 n=177 n=125 n=317 n=123 n=181 n=148 n=69 n=53 n=240 n=131 n=161 n=341 n=191 n=176 n=25 n=113 n=139 n=261 n=153
安徽 北京 福建 甘肃 广东 广西 贵州 海南 河北 河南 黑龙江 湖北 湖南 吉林 江苏 江西 辽宁 内蒙古 宁夏 青海 山东 山西 陕西 上海 四川 天津 西藏 新疆 云南 浙江 重庆

(6)

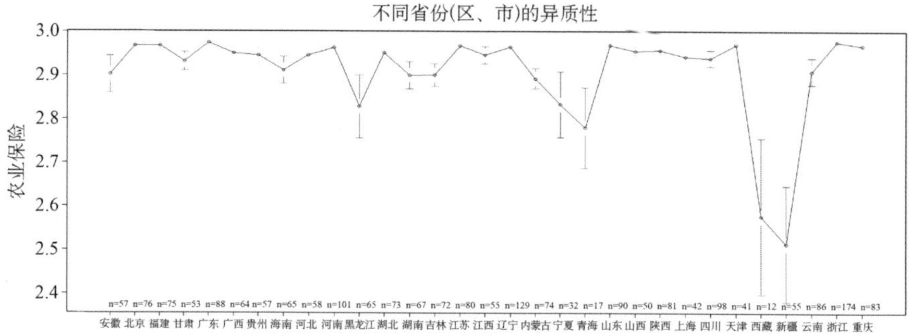
不同省份(区、市)的异质性
农业保险
3.0
2.9
2.8
2.7
2.6
2.5
2.4
n=57 n=76 n=75 n=53 n=88 n=64 n=57 n=65 n=58 n=101 n=65 n=73 n=67 n=72 n=80 n=55 n=129 n=74 n=32 n=17 n=90 n=50 n=81 n=42 n=98 n=41 n=12 n=55 n=86 n=174 n=83
安徽 北京 福建 甘肃 广东 广西 贵州 海南 河北 河南 黑龙江 湖北 湖南 吉林 江苏 江西 辽宁 内蒙古 宁夏 青海 山东 山西 陕西 上海 四川 天津 西藏 新疆 云南 浙江 重庆

(7)

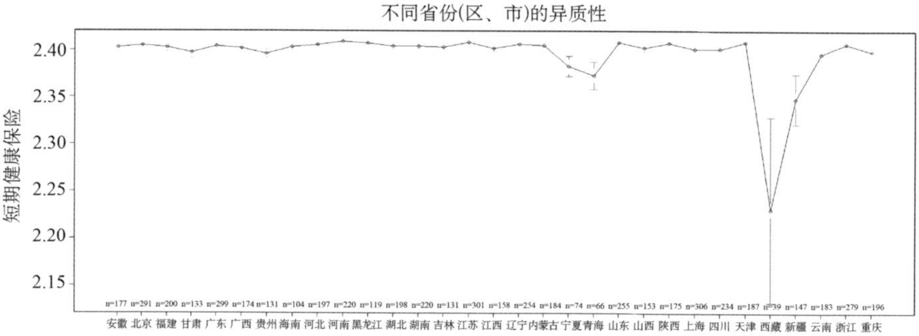
不同省份(区、市)的异质性
短期健康保险
2.40
2.35
2.30
2.25
2.20
2.15
n=177 n=291 n=200 n=133 n=299 n=174 n=131 n=104 n=197 n=220 n=119 n=198 n=220 n=131 n=301 n=158 n=254 n=184 n=74 n=66 n=255 n=153 n=175 n=306 n=234 n=187 n=39 n=147 n=183 n=279 n=196
安徽 北京 福建 甘肃 广东 广西 贵州 海南 河北 河南 黑龙江 湖北 湖南 吉林 江苏 江西 辽宁 内蒙古 宁夏 青海 山东 山西 陕西 上海 四川 天津 西藏 新疆 云南 浙江 重庆

(8)

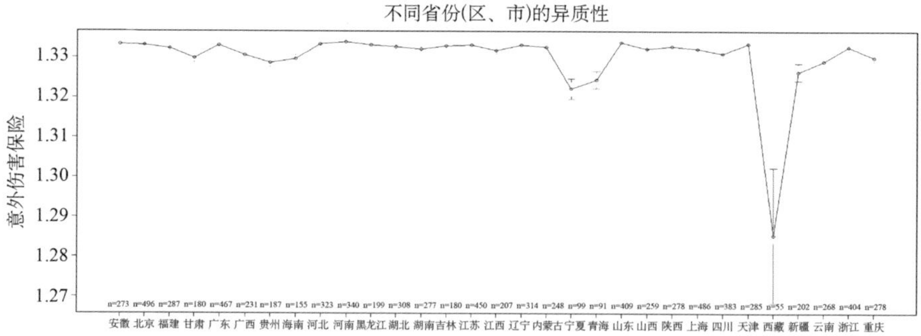
不同省份(区、市)的异质性
意外伤害保险
1.33
1.32
1.31
1.30
1.29
1.28
1.27
n=273 n=496 n=287 n=180 n=467 n=231 n=187 n=155 n=323 n=340 n=199 n=308 n=277 n=180 n=450 n=207 n=314 n=248 n=99 n=91 n=409 n=259 n=278 n=486 n=383 n=285 n=55 n=202 n=268 n=404 n=278
安徽 北京 福建 甘肃 广东 广西 贵州 海南 河北 河南 黑龙江 湖北 湖南 吉林 江苏 江西 辽宁 内蒙古 宁夏 青海 山东 山西 陕西 上海 四川 天津 西藏 新疆 云南 浙江 重庆

(9)

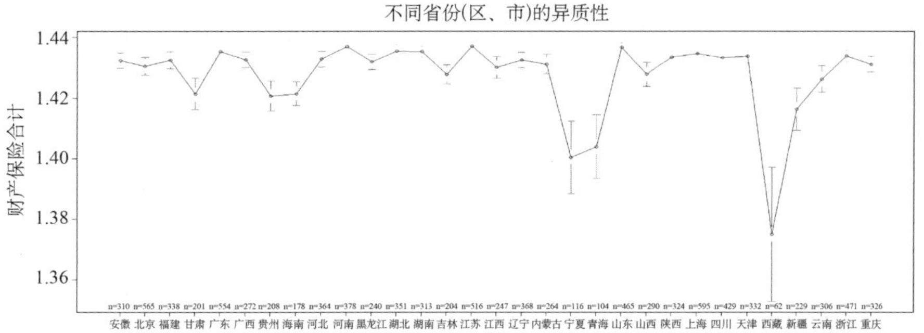

(10)

图 4-4　1998—2018 年财产保险公司各险种需求收入弹性的地区差异

从中可以看出，各险种需求收入弹性有着明显的地区异质性，这一特征性事实主要表现在以下两个方面。第一，在均值估计方面，经济越发达地区的人们对属于高档品的人身保险和财产保险的险种需求收入弹性越大，而对属于低档品的人身保险的需求收入弹性越小；经济越落后地区的人们对两类商品的需求收入弹性恰好相反。相比之下，主要由企业购买的企业财产保险、货物运输保险和工程保险，以及具有一定政策性的信用保证保险和农业保险，除受地区发展程度的影响之外，还易受地区产业结构的影响，从而这些险种的需求收入弹性与其他财产保险险种有着明显的异质性。故前文给出的假说 5 成立。第二，在波动性度量方面，整体来看，经济越发达地区的险种需求越稳定，从而险种需求收入弹性的波动性越小；反之则反是。

三、各险种需求收入弹性的公司异质性

我们选取 2018 年原保险保费收入排名前 15 的中资、外资人身保

险公司和财产保险公司进行公司层面的异质性分析①。图 4-5 和图 4-6 分别给出了这些人身保险公司和财产保险公司经营的各险种的需求收入弹性的均值和 95% 的置信区间。

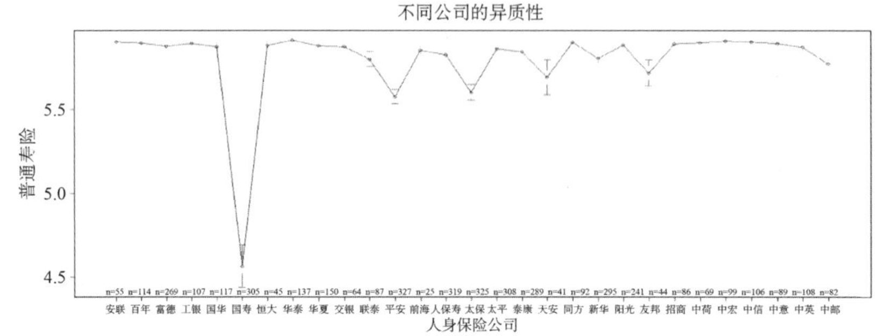

(1)

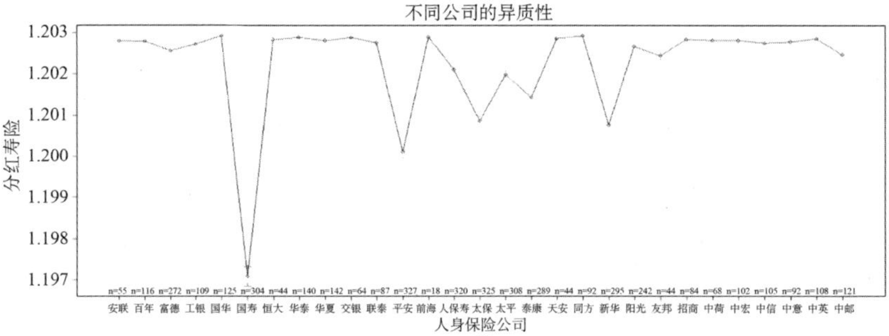

(2)

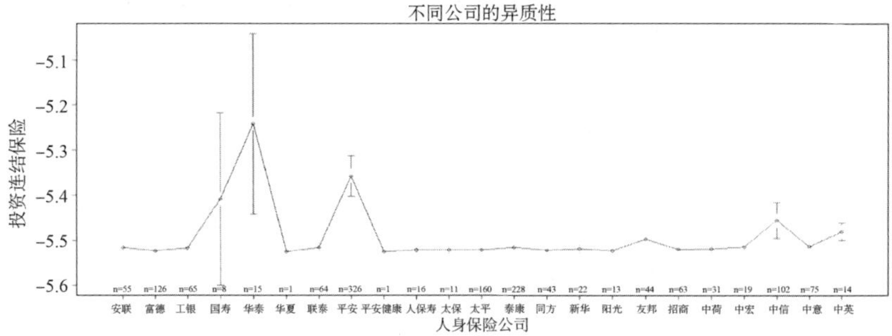

(3)

① 保费收入排名的依据来自国家金融监督管理总局网站发布的“2018 年人身保险公司原保险保费收入情况表”和“2018 年财产保险公司原保险保费收入情况表”数据。考虑到图形的美观性，我们仅给出了 30 家人身保险公司和 30 家财产保险公司的异质性，感兴趣的读者可与作者联系获取其他保险公司的异质性。此外，由于一些保险公司并没有经营所有的险种，所以两图中存在个别险种的公司总数小于 30 的情况。

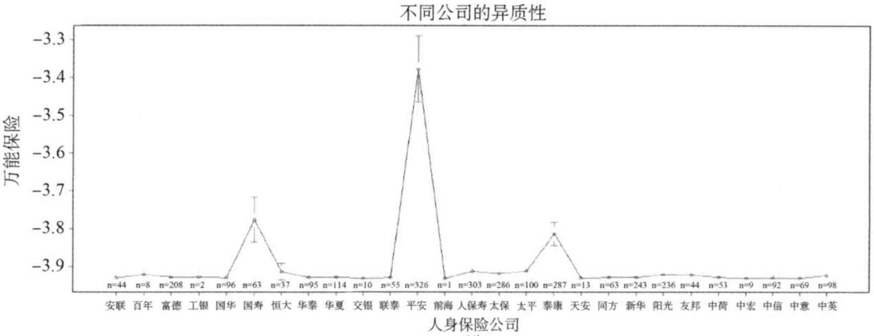
不同公司的异质性
万能保险
人身保险公司

(4)

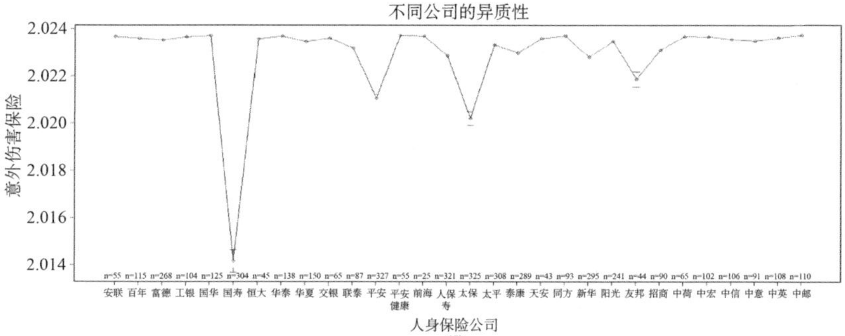
不同公司的异质性
意外伤害保险
人身保险公司

(5)

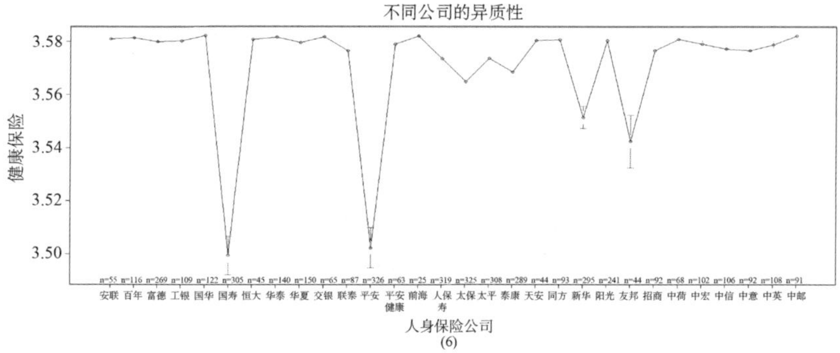
不同公司的异质性
健康保险
人身保险公司

(6)

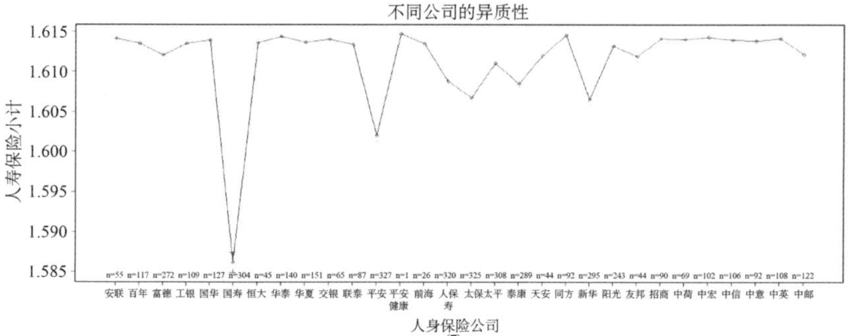
不同公司的异质性
人寿保险小计
人身保险公司

(7)

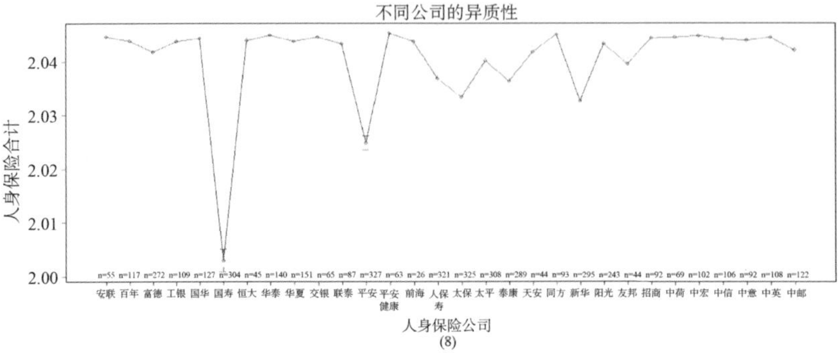

(8)

图 4-5　2008—2018 年人身保险各险种需求收入弹性的公司差异

注：30 家保险公司依次按照汉语拼音字母顺序排列。

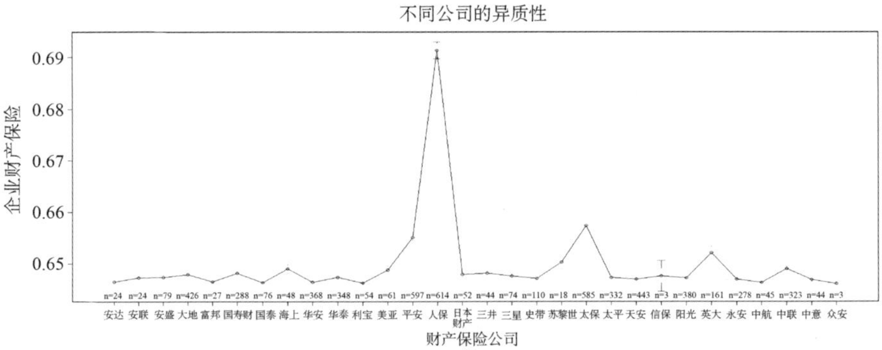

(1)

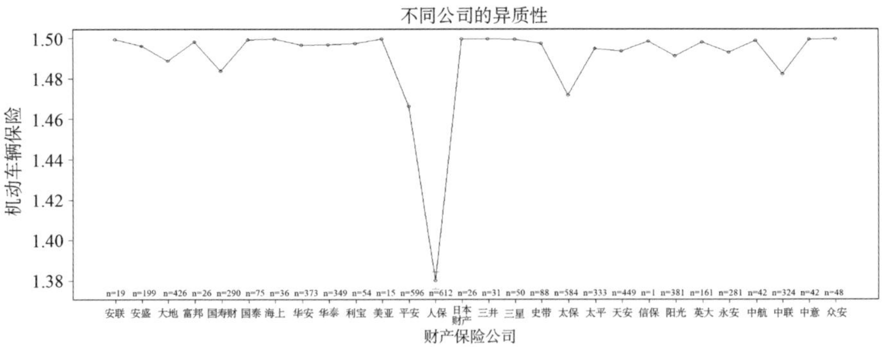

(2)

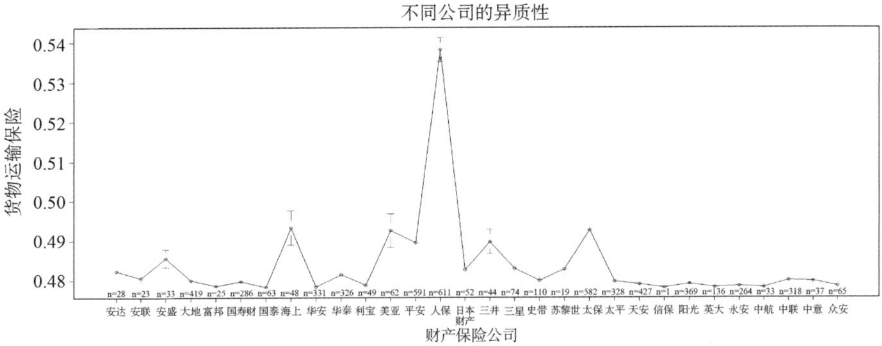
不同公司的异质性
货物运输保险
0.54
0.53
0.52
0.51
0.50
0.49
0.48
安达 安联 安盛 大地 富邦 国寿财 国泰 海上 华安 华泰 利宝 美亚 平安 人保 日本财产 三井 三星 史带 苏黎世 太保 太平 天安 信保 阳光 英大 永安 中航 中联 中意 众安
财产保险公司
(3)

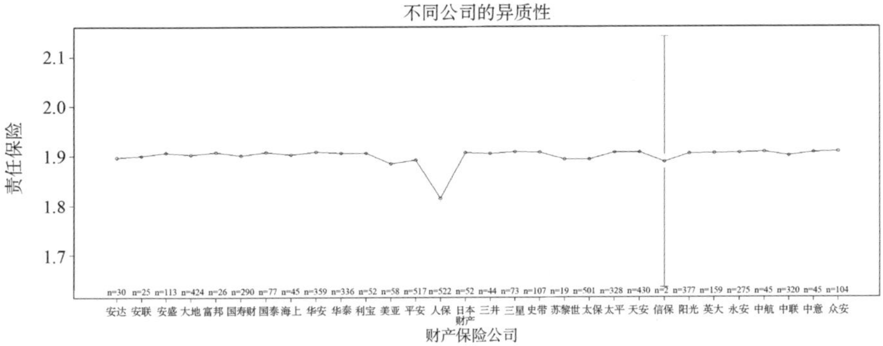
不同公司的异质性
责任保险
2.1
2.0
1.9
1.8
1.7
安达 安联 安盛 大地 富邦 国寿财 国泰 海上 华安 华泰 利宝 美亚 平安 人保 日本财产 三井 三星 史带 苏黎世 太保 太平 天安 信保 阳光 英大 永安 中航 中联 中意 众安
财产保险公司
(4)

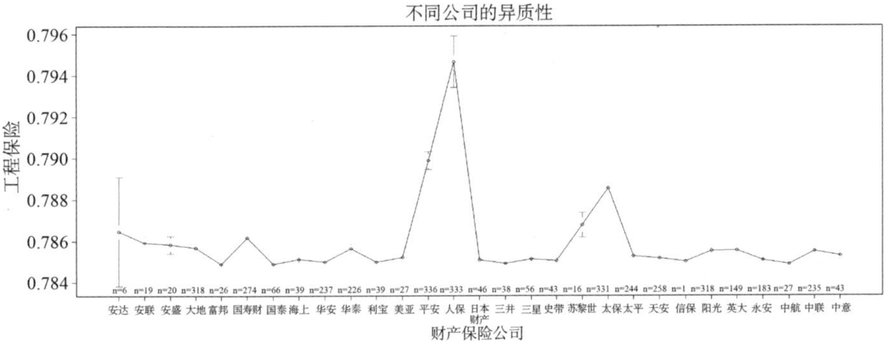
不同公司的异质性
工程保险
0.796
0.794
0.792
0.790
0.788
0.786
0.784
安达 安联 安盛 大地 富邦 国寿财 国泰 海上 华安 华泰 利宝 美亚 平安 人保 日本财产 三井 三星 史带 苏黎世 太保 太平 天安 信保 阳光 英大 永安 中航 中联 中意
财产保险公司
(5)

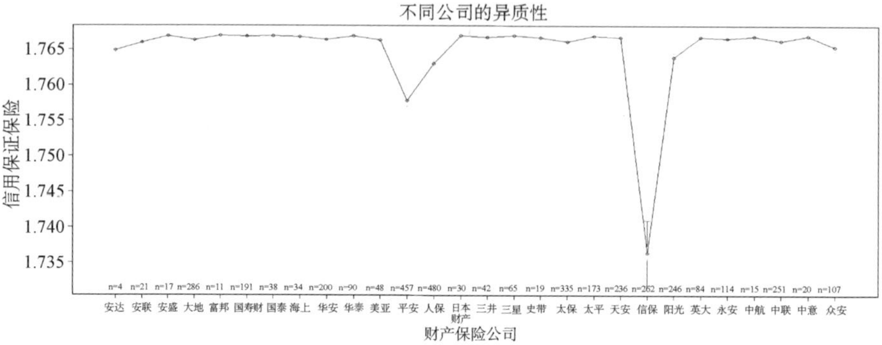
不同公司的异质性
信用保证保险
1.765
1.760
1.755
1.750
1.745
1.740
1.735
n=4 n=21 n=17 n=286 n=11 n=191 n=38 n=34 n=200 n=90 n=48 n=457 n=480 n=30 n=42 n=65 n=19 n=335 n=173 n=236 n=262 n=246 n=84 n=114 n=15 n=251 n=20 n=107
安达 安联 安盛 大地 富邦 国寿财 国泰 海上 华安 华泰 美亚 平安 人保 日本财产 三井 三星 史带 太保 太平 天安 信保 阳光 英大 永安 中航 中联 中意 众安
财产保险公司
(6)

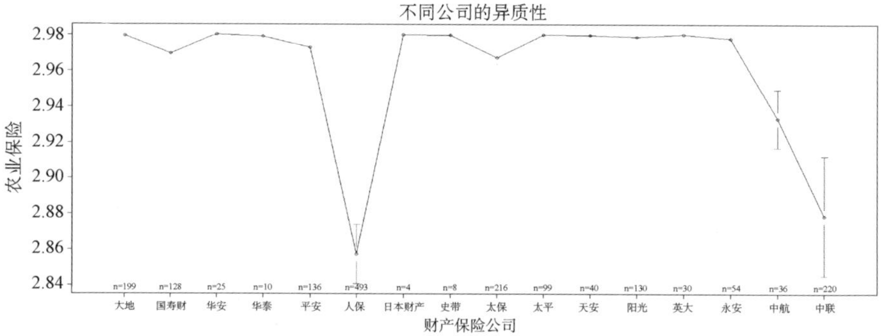
不同公司的异质性
农业保险
2.98
2.96
2.94
2.92
2.90
2.88
2.86
2.84
n=199 n=128 n=25 n=10 n=136 n=493 n=4 n=8 n=216 n=99 n=40 n=130 n=30 n=54 n=36 n=220
大地 国寿财 华安 华泰 平安 人保 日本财产 史带 太保 太平 天安 阳光 英大 永安 中航 中联
财产保险公司
(7)

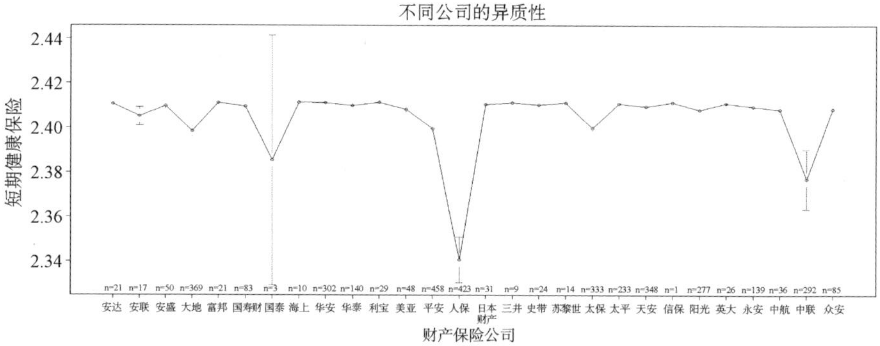
不同公司的异质性
短期健康保险
2.44
2.42
2.40
2.38
2.36
2.34
n=21 n=17 n=50 n=369 n=21 n=83 n=3 n=10 n=302 n=140 n=29 n=48 n=458 n=423 n=31 n=9 n=24 n=14 n=333 n=233 n=348 n=1 n=277 n=26 n=139 n=36 n=292 n=85
安达 安联 安盛 大地 富邦 国寿财 国泰 海上 华安 华泰 利宝 美亚 平安 人保 日本财产 三井 史带 苏黎世 太保 太平 天安 信保 阳光 英大 永安 中航 中联 众安
财产保险公司
(8)

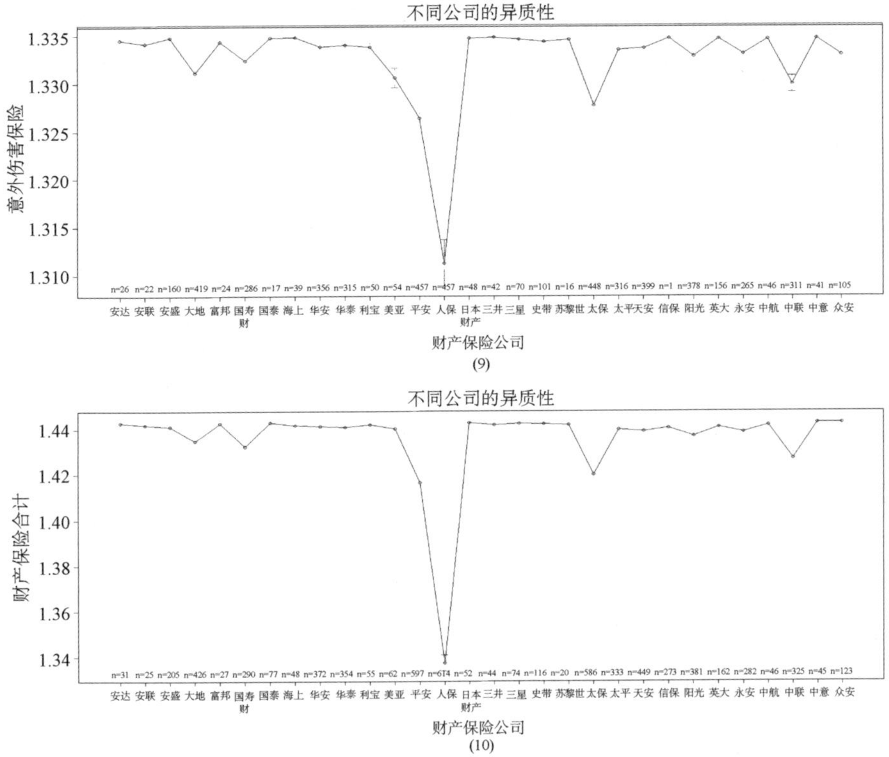

图 4-6　1998—2018 年财产保险各险种需求收入弹性的公司差异

注：30 家保险公司依次按照汉语拼音字母顺序排列。

从中可以看出，各险种需求收入弹性在公司层面存在一定的异质性，这一特征性事实主要表现在以下三个方面。第一，在均值估计方面，国寿股份、平安寿、太保寿等大型保险公司经营的属于高档品的人身保险的需求收入弹性更小，而属于低档品的人身保险的需求收入弹性更大；类似地，人保股份、平安财、太保财等大型保险公司经营的属于高档品的财产保险的需求收入弹性更小，而属于必需品的财产保险的需求收入弹性更大。这说明，前文提出的假说 6 成立。第二，在波动性度量方面，大型保险公司的人身保险和财产保险中各险种需求收入弹性的波动性都更大。第三，在资本结构方面，中资公司经营的属于高档品的人身保险和财产保险的需求收入弹性都更小，而属于低档品的人身保险和属于必需品的财产保险的需求收入弹性都更大，且中资公司经营的各险种的波动性整体上更大些。

我们认为，通常保险公司提供的保险产品种类越多，险种越符合消费者的需要，保险市场的保险供给质量就越高。针对人身风险，由于人身保险的保险标的是人的寿命和身体，险种种类天然比较少，从而人身保险公司应该更加注重特定险种的质量创新和自身竞争的比较优势。这与范庆祝等（2017）研究得出的提高寿险供给质量可以显著促进寿险消费的结论是一致的。针对财产保险，由于财产保险的保险标的是财产及其相关利益，险种种类天然应该更多，而现实中存在太多的纯粹风险没有保险市场，有待开发，从而财产保险公司应该同时注重险种的数量创新和质量创新，挖掘险种的多样性和自身竞争的比较优势，开展差异化的竞争。

四、各险种需求收入弹性的年份异质性

图 4-7 和图 4-8 分别给出了 2008—2018 年人身保险各险种和 1998—2018 年财产保险各险种的需求收入弹性的均值和 95% 的置信区间。

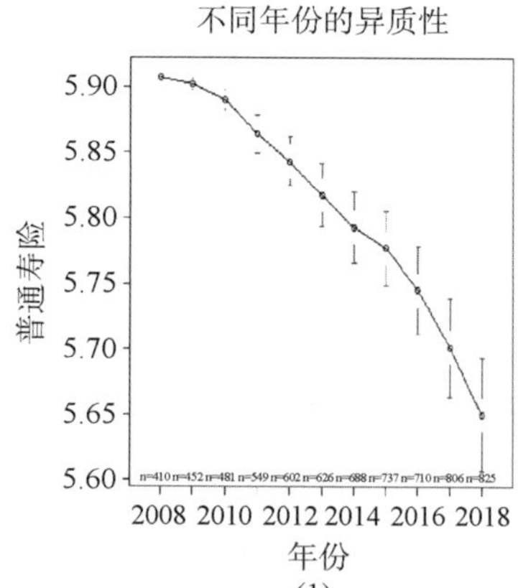

(1)

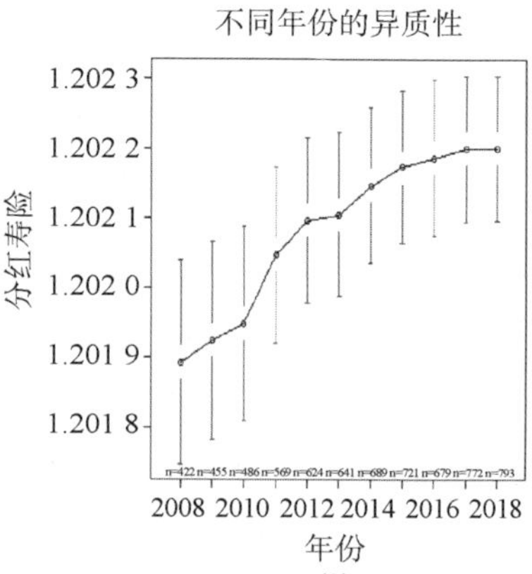

(2)

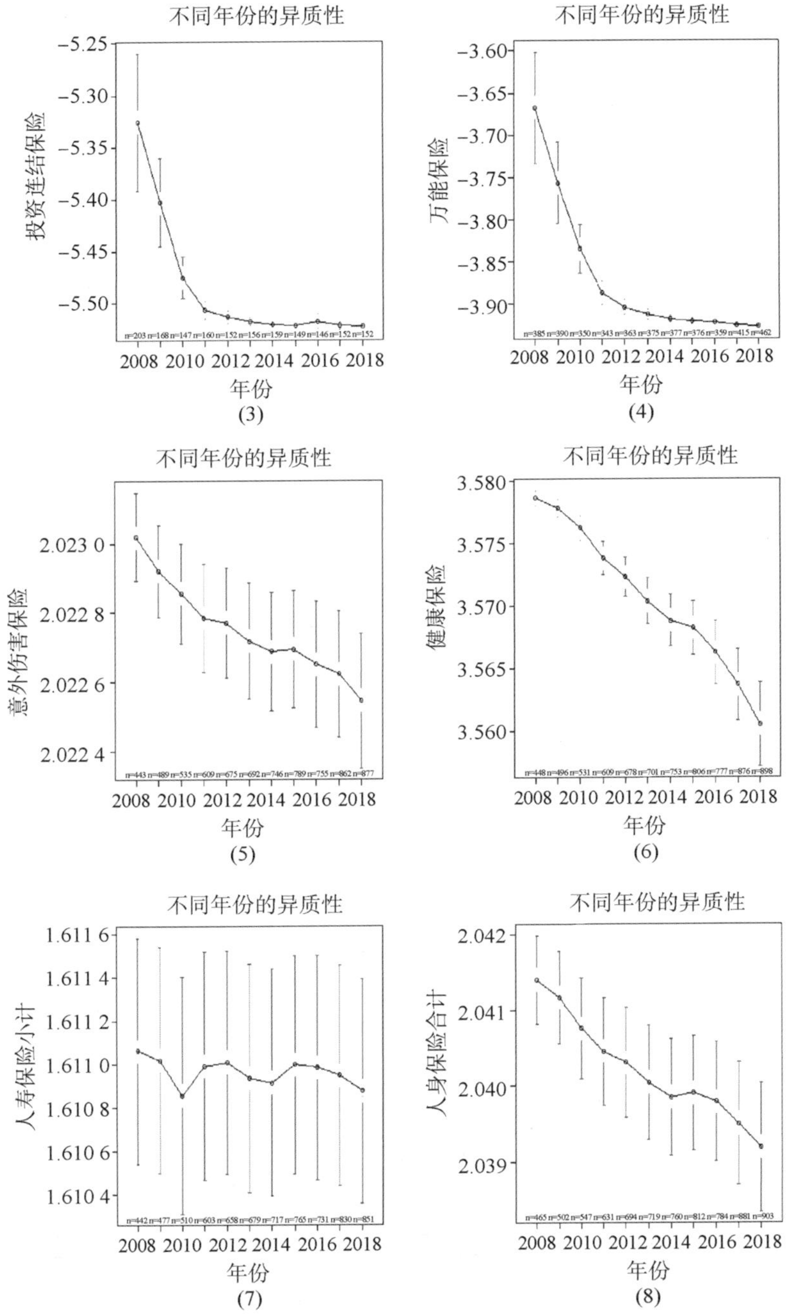

图 4-7　2008—2018 年人身保险公司各险种需求收入弹性的年份差异

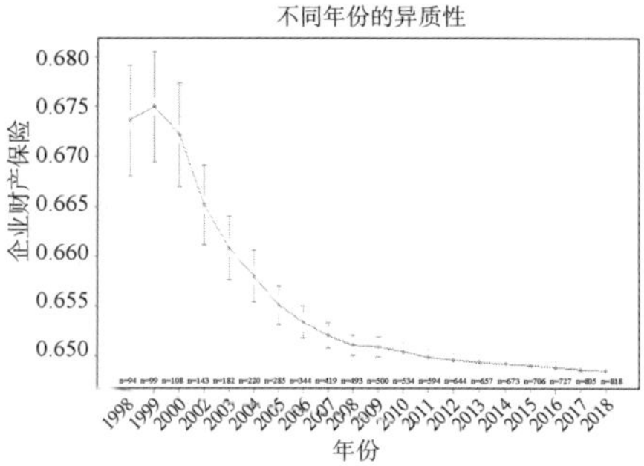
不同年份的异质性
企业财产保险
年份
(1)

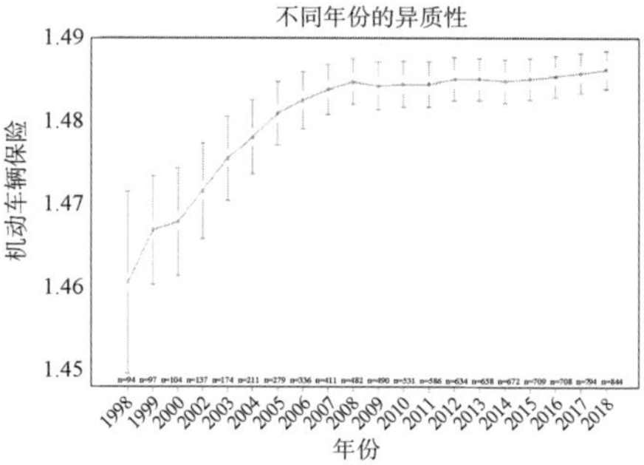
不同年份的异质性
机动车辆保险
年份
(2)

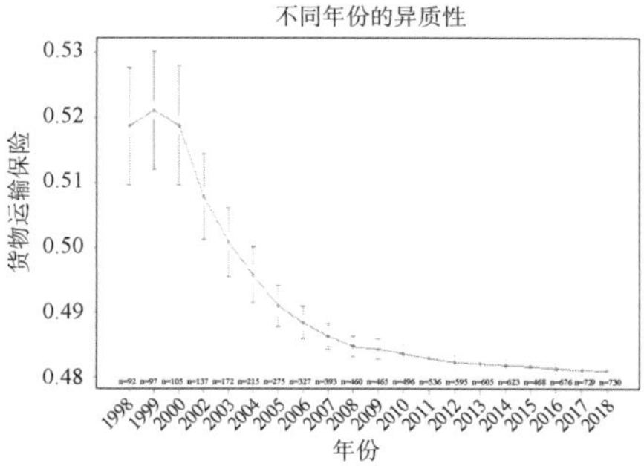
不同年份的异质性
货物运输保险
年份
(3)

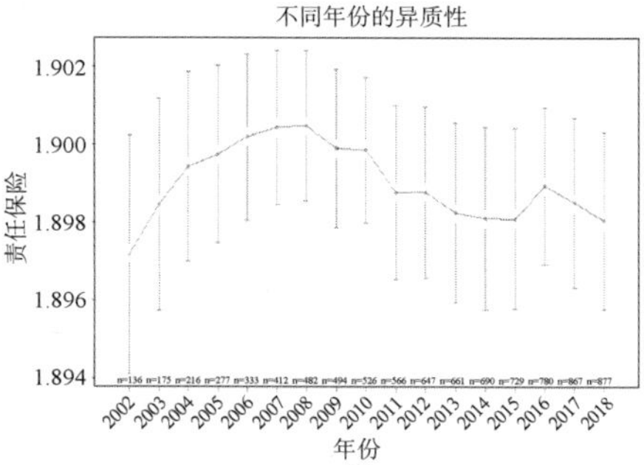
不同年份的异质性
责任保险
年份
(4)

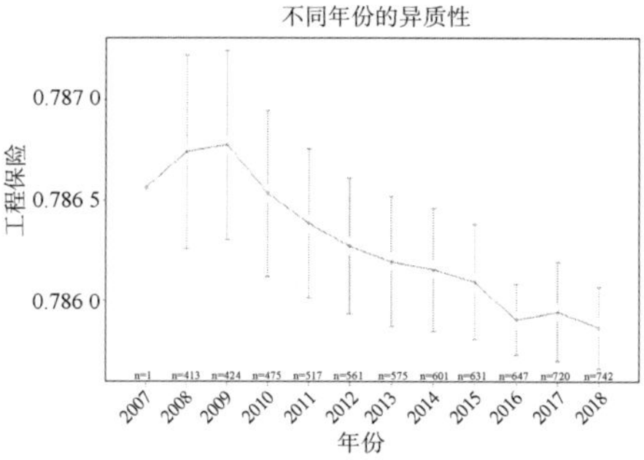
不同年份的异质性
工程保险
年份
(5)

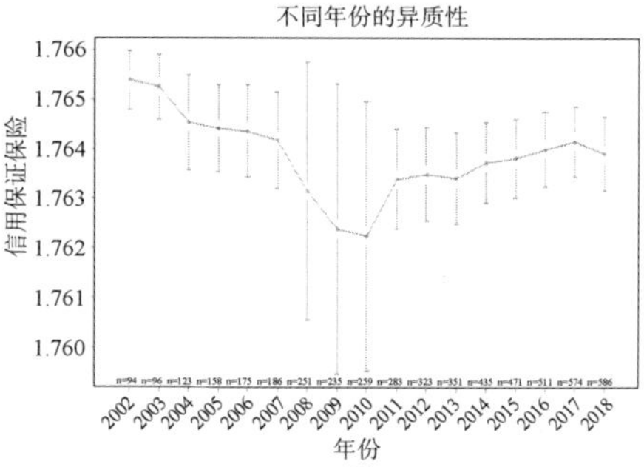
不同年份的异质性
信用保证保险
年份
(6)

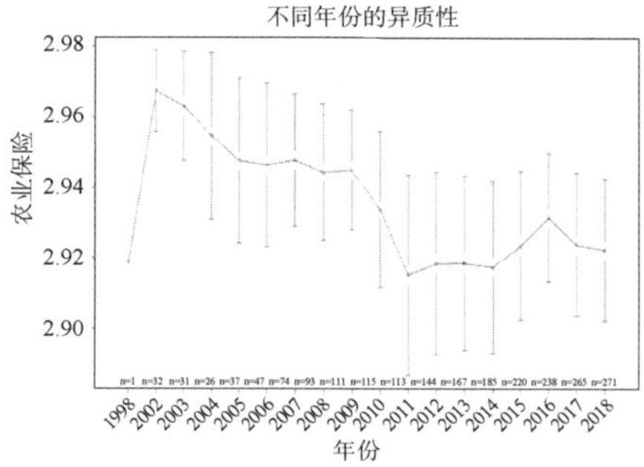
不同年份的异质性
农业保险
年份
(7)

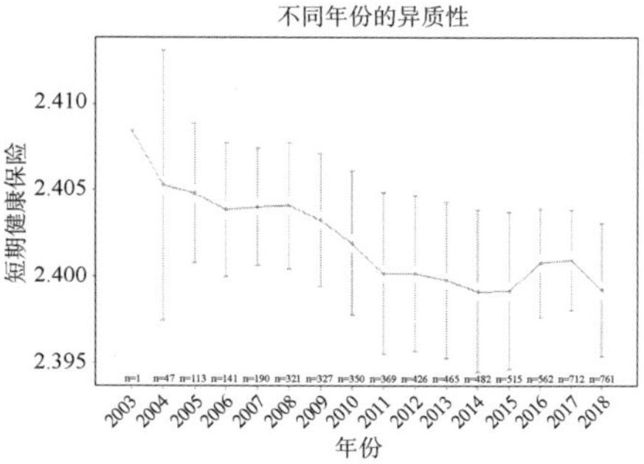
不同年份的异质性
短期健康保险
年份
(8)

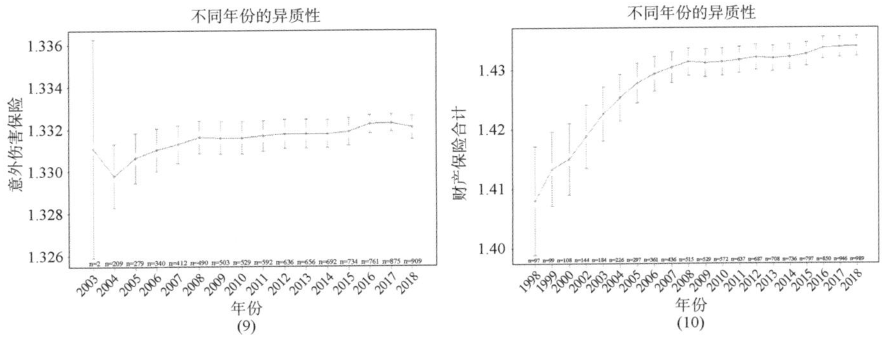

图 4-8　1998—2018 年财产保险公司各险种需求收入弹性的年份差异

从中可以看出，各险种需求收入弹性随时间的动态演变存在一定的异质性，这一特征性事实主要表现在以下两个方面。第一，在均值估计方面，随着时间推移，合计的人身保险的需求收入弹性呈现出下降趋势，而合计的财产保险的需求收入弹性却呈现出上升趋势。这意味着，中国财产保险市场相较人身保险市场的发展阶段有一定的滞后性，财产保险市场整体上处在高速增长阶段，而人身保险市场已经呈现出由高速增长阶段向高质量发展阶段转变的特征。分险种来看，人身保险中分红寿险的需求收入弹性是上升的，其他险种的需求收入弹性整体都是下降的；财产保险中机动车辆保险①和意外伤害保险的需求收入弹性是上升的，企业财产保险、货物运输保险、工程保险、农业保险、短期健康保险的需求收入弹性是下降的，而责任保险的需求收入弹性呈现出先增后减的态势，信用保证保险呈现出先减后增的周期性变化的特征。这说明，前文提出的假说 7 成立。这在一定程度上也能折射出人身和财产保险公司在险种供给的质和量上存在一些差异。第二，在波动性度量方面，随着时间推移，合计的人身

① 合计的财产保险的需求收入弹性随时间推移是上升的，其主要原因是机动车辆保险在整个财产保险中的占比常年在 60% 以上。

保险需求收入弹性的波动性增加，而合计的财产保险需求收入弹性的波动性降低。分险种来看：人身保险公司经营的普通寿险、意外伤害保险和健康保险的波动性增加；人身保险公司经营的投资连结保险和万能保险。财产保险公司经营的企业财产保险、机动车辆保险、货物运输保险、工程保险、意外伤害保险的波动性降低；相比之下，分红保险、责任保险、信用保证保险、农业保险、短期健康保险的波动性很高但趋势上变化不大，这些险种有很好的市场潜力和发展前景，亟待保险公司充分挖掘这些险种的需求，丰富和提升这些险种的产品供给的数量和质量，提升风险保障水平，更好地满足人民群众的生活需要，更好地服务实体经济。

第五节　全球视角下的典型事实和险种结构优化

险种结构作为保险结构的重要组成部分，其演变特征是保险发展的一个重要表现。因此，通过优化险种结构，实现高质量的保险发展是推动经济高质量发展的重要路径。下面从全球保险市场和中国保险市场的均衡视角，系统阐释中国保险市场的险种结构演变的典型事实。

一、全球视角下的险种结构优化

本节以 2018 年全球保险市场的险种结构为比较基准，给出了 2019—2022 年中国保险市场的险种结构演变，如表 4-17 所示。

表 4-17 2019—2022 年中国保险市场的险种结构演变

险种	2018 年全球	2019 年中国	2020 年中国	2021 年中国	2022 年中国
寿险	54. 30%	53. 36%	52. 99%	52. 50%	52. 21%
健康和意外险	14. 64%	19. 33%	20. 65%	21. 51%	20. 71%
机动车辆保险	14. 92%	19. 20%	18. 22%	17. 31%	17. 48%
责任保险	3. 47%	1. 77%	1. 99%	2. 27%	2. 44%
农业保险	0. 65%	1. 58%	1. 80%	2. 17%	2. 60%
财产保险	7. 70%	1. 30%	1. 28%	1. 38%	1. 53%
保证保险	0. 48%	1. 98%	1. 52%	1. 16%	1. 17%
工程保险	0. 44%	0. 28%	0. 31%	0. 32%	0. 31%
其他非寿险	3. 39%	1. 21%	1. 24%	1. 38%	1. 54%
合计	100. 00%	100. 00%	100. 00%	100. 00%	100. 00%

资料来源：2018 年全球保险市场险种结构来自“瑞再研究院”；2019—2022 年中国保险市场险种结构利用国家金融监督管理总局网站公布的“人身险公司经营情况表”和“财产保险公司经营情况表”数据自行计算。

可以看出，相较全球保险市场，中国保险市场健康和意外险、机动车辆保险、农业保险、保证保险的保费收入占比更大，而寿险、责任保险、财产保险、工程保险、其他非寿险的保费收入占比更小。其中：中国健康和意外险的正向差异最大；财产保险的负向差异最大，2022 年中国财产保险的保费收入占比仅为 2018 年全球保险市场的相应占比的 19. 87% ；其他非寿险的负向差异表明，中国财产保险市场在产品供给的数量上仍存在扩充和改进空间。整体上看，呈现正向差异的险种更应关注险种供给的质量提升，呈现负向差异的险种应同时关注险种供给的种类扩充和质量提升。就财产保险创新和优化方向而言，目前中国居民资产中住宅占比已近七成，将住宅保险作为财产保险业务的重要方向加以开拓，加快发展住宅保险产品供给，充分借鉴发达国家经验，利用财产保险的风险分担机制保障住宅安全，具有重要的现实意义。

二、省级层面的险种结构优化

保险需求收入弹性作为衡量消费者保险需求对其收入变化的敏感程度的无量纲指标，通过比较各险种需求收入弹性的省份（区、市）差异、公司差异及其动态演变，可以为险种结构优化指明方向。通常，该指标越大，表明相应的险种目前越有竞争优势；该指标越小，表明对应的险种越需要进行质量创新。

有鉴于此，本节利用段白鸽等（2021）中的微观数据和实证方法，表 4-18 和表 4-19 分别给出了中国 31 个省、自治区、直辖市 2008—2018 年人身保险和 1998—2018 年财产保险的各险种需求收入弹性的均值和 95% 置信区间。

表 4-18　2008—2018 年中国人身保险各险种需求收入弹性的地区差异

省份（区、市）	统计特征	普通寿险	分红寿险	投资连结保险	万能保险	意外伤害保险	健康保险	人寿保险小计	人身保险合计
安徽	均值	5.807 6	1.202 2	-5.503 6	-3.863 3	2.023 1	3.572 5	1.611 3	2.040 6
	95% 置信区间	(5.764 0, 5.851 1)	(1.202 0, 1.202 3)	(-5.525 9, -5.481 3)	(-3.909 9, -3.816 7)	(2.022 9, 2.023 2)	(3.569 7, 3.575 4)	(1.610 5, 1.612 1)	(2.039 4, 2.041 7)
	样本数	255	257	38	161	277	276	272	281
北京	均值	5.828 2	1.202 2	-5.482 3	-3.896 1	2.022 8	3.567 3	1.611 4	2.040 5
	95% 置信区间	(5.806 8, 5.849 6)	(1.202 0, 1.202 3)	(-5.504 4, -5.460 2)	(-3.914 6, -3.877 6)	(2.022 7, 2.023 0)	(3.564 3, 3.570 2)	(1.610 9, 1.611 9)	(2.039 8, 2.041 3)
	样本数	520	506	189	314	556	570	555	589
福建	均值	5.832 4	1.202 4	-5.452 6	-3.856 0	2.022 8	3.567 3	1.612 3	2.041 8
	95% 置信区间	(5.790 7, 5.874 1)	(1.202 3, 1.202 6)	(-5.538 7, -5.366 5)	(-3.926 1, -3.785 9)	(2.022 6, 2.023 1)	(3.561 3, 3.573 3)	(1.611 7, 1.613 0)	(2.040 7, 2.042 9)
	样本数	123	123	30	88	141	141	131	142
甘肃	均值	5.587 0	1.200 8	-5.477 2	-3.731 2	2.021 0	3.552 5	1.604 2	2.031 1
	95% 置信区间	(5.431 2, 5.742 8)	(1.200 4, 1.201 3)	(-5.535 9, -5.418 6)	(-3.874 8, -3.587 5)	(2.020 3, 2.021 8)	(3.543 2, 3.561 8)	(1.601 7, 1.606 7)	(2.027 4, 2.034 7)
	样本数	106	109	22	77	117	117	109	118

（续表）

省份（区、市）	统计特征	普通寿险	分红寿险	投资连结保险	万能保险	意外伤害保险	健康保险	人寿保险小计	人身保险合计
广东	均值	5.8417	1.2024	−5.4995	−3.9015	2.0229	3.5738	1.6122	2.0419
	95%置信区间	(5.8143, 5.8692)	(1.2023, 1.2025)	(−5.5108, −5.4881)	(−3.9197, −3.8833)	(2.0227, 2.0231)	(3.5715, 3.5761)	(1.6117, 1.6128)	(2.0411, 2.0427)
	样本数	418	411	157	257	457	467	441	471
广西	均值	5.7527	1.2019	−5.4504	−3.8786	2.0221	3.5666	1.6104	2.0392
	95%置信区间	(5.6773, 5.8280)	(1.2017, 1.2022)	(−5.5136, −5.3871)	(−3.9199, −3.8373)	(2.0216, 2.0226)	(3.5624, 3.5708)	(1.6092, 1.6116)	(2.0374, 2.0410)
	样本数	143	137	36	88	151	152	147	154
贵州	均值	5.5126	1.2015	−5.1923	−3.6812	2.0209	3.5557	1.6080	2.0355
	95%置信区间	(5.3386, 5.6865)	(1.2013, 1.2018)	(−5.6176, −4.7670)	(−3.8708, −3.4915)	(2.0201, 2.0218)	(3.5445, 3.5669)	(1.6067, 1.6093)	(2.0332, 2.0379)
	样本数	92	91	15	53	101	101	94	102
海南	均值	5.6815	1.2013	−5.3420	−3.8048	2.0217	3.5590	1.6077	2.0357
	95%置信区间	(5.5933, 5.7697)	(1.2010, 1.2016)	(−5.5809, −5.1031)	(−3.9216, −3.6880)	(2.0212, 2.0221)	(3.5522, 3.5657)	(1.6066, 1.6089)	(2.0338, 2.0376)
	样本数	106	98	13	69	111	116	108	117
河北	均值	5.8304	1.2021	−5.5096	−3.9006	2.0230	3.5739	1.6111	2.0405
	95%置信区间	(5.7932, 5.8676)	(1.2019, 1.2023)	(−5.5245, −5.4947)	(−3.9226, −3.8786)	(2.0228, 2.0232)	(3.5718, 3.5761)	(1.6102, 1.6120)	(2.0392, 2.0418)
	样本数	296	293	39	189	319	324	315	328
河南	均值	5.8096	1.2022	−5.5201	−3.8970	2.0231	3.5731	1.6112	2.0405
	95%置信区间	(5.7649, 5.8543)	(1.2020, 1.2023)	(−5.5239, −5.5163)	(−3.9182, −3.8758)	(2.0229, 2.0233)	(3.5706, 3.5757)	(1.6104, 1.6120)	(2.0394, 2.0417)
	样本数	293	301	43	174	315	322	315	326
黑龙江	均值	5.7650	1.2018	−5.4857	−3.8540	2.0226	3.5684	1.6092	2.0378
	95%置信区间	(5.7054, 5.8246)	(1.2015, 1.2020)	(−5.5255, −5.4459)	(−3.9051, −3.8029)	(2.0223, 2.0229)	(3.5644, 3.5723)	(1.6081, 1.6102)	(2.0362, 2.0394)
	样本数	209	210	39	131	224	225	216	229

（续表）

省份（区、市）	统计特征	普通寿险	分红寿险	投资连结保险	万能保险	意外伤害保险	健康保险	人寿保险小计	人身保险合计
湖北	均值	5.807 4	1.202 3	−5.451 2	−3.872 9	2.023 1	3.573 5	1.611 8	2.041 3
	95%置信区间	(5.771 4, 5.843 4)	(1.202 1, 1.202 4)	(−5.514 2, −5.388 2)	(−3.913 2, −3.832 6)	(2.023 0, 2.023 3)	(3.571 2, 3.575 8)	(1.611 3, 1.612 4)	(2.040 5, 2.042 2)
	样本数	341	326	65	191	360	369	356	373
湖南	均值	5.797 4	1.202 2	−5.503 9	−3.874 9	2.022 9	3.571 1	1.611 2	2.040 5
	95%置信区间	(5.745 1, 5.849 8)	(1.202 0, 1.202 4)	(−5.528 2, −5.479 5)	(−3.913 7, −3.836 1)	(2.022 6, 2.023 1)	(3.567 7, 3.574 6)	(1.610 4, 1.612 1)	(2.039 3, 2.041 8)
	样本数	239	243	37	149	263	263	249	263
吉林	均值	5.729 6	1.201 7	−5.489 7	−3.846 1	2.022 7	3.565 5	1.608 7	2.037 2
	95%置信区间	(5.659 0, 5.800 1)	(1.201 4, 1.201 9)	(−5.534 0, −5.445 3)	(−3.912 1, −3.780 1)	(2.022 5, 2.023 0)	(3.561 6, 3.569 5)	(1.607 5, 1.609 8)	(2.035 6, 2.038 9)
	样本数	143	149	31	102	159	162	152	164
江苏	均值	5.855 7	1.202 6	−5.505 6	−3.905 8	2.023 3	3.577 5	1.613 0	2.043 1
	95%置信区间	(5.832 2, 5.879 2)	(1.202 5, 1.202 7)	(−5.519 9, −5.491 4)	(−3.922 7, −3.888 8)	(2.023 2, 2.023 4)	(3.576 2, 3.578 9)	(1.612 6, 1.613 4)	(2.042 5, 2.043 6)
	样本数	506	501	176	310	531	538	530	548
江西	均值	5.753 8	1.201 9	−5.480 4	−3.870 0	2.022 7	3.568 5	1.610 2	2.039 1
	95%置信区间	(5.686 6, 5.820 9)	(1.201 7, 1.202 2)	(−5.525 9, −5.434 9)	(−3.914 3, −3.825 8)	(2.022 3, 2.023 0)	(3.564 1, 3.572 8)	(1.609 2, 1.611 2)	(2.037 6, 2.040 6)
	样本数	177	177	33	103	196	197	192	203
辽宁	均值	5.848 6	1.202 3	−5.458 6	−3.892 4	2.023 2	3.573 0	1.611 8	2.041 4
	95%置信区间	(5.824 1, 5.873 1)	(1.202 1, 1.202 4)	(−5.515 7, −5.401 5)	(−3.918 0, −3.866 8)	(2.023 0, 2.023 3)	(3.570 5, 3.575 6)	(1.611 2, 1.612 4)	(2.040 6, 2.042 2)
	样本数	340	334	155	200	364	363	351	371
内蒙古	均值	5.793 2	1.202 2	−5.494 3	−3.859 6	2.022 9	3.571 0	1.611 2	2.040 6
	95%置信区间	(5.725 5, 5.860 9)	(1.202 0, 1.202 4)	(−5.538 2, −5.450 4)	(−3.920 3, −3.798 8)	(2.022 6, 2.023 2)	(3.568 1, 3.573 8)	(1.610 3, 1.612 1)	(2.039 3, 2.041 9)
	样本数	145	155	15	82	166	166	156	167

（续表）

省份（区、市）	统计特征	普通寿险	分红寿险	投资连结保险	万能保险	意外伤害保险	健康保险	人寿保险小计	人身保险合计
宁夏	均值	5.598 5	1.200 8	−5.355 3	−3.701 3	2.020 9	3.529 9	1.606 2	2.032 6
	95%置信区间	(5.474 7, 5.722 3)	(1.200 3, 1.201 2)	(−5.608 1, −5.102 5)	(−3.914 8, −3.487 9)	(2.020 1, 2.021 6)	(3.512 4, 3.547 5)	(1.604 3, 1.608 1)	(2.029 5, 2.035 7)
	样本数	104	93	13	46	108	111	107	116
青海	均值	5.587 6	1.201 1	−5.475 6	−3.611 7	2.021 1	3.546 8	1.606 3	2.034 0
	95%置信区间	(5.434 8, 5.740 4)	(1.200 8, 1.201 5)	(−5.543 7, −5.407 5)	(−3.912 7, −3.310 7)	(2.020 4, 2.021 9)	(3.535 3, 3.558 2)	(1.604 4, 1.608 1)	(2.031 1, 2.036 9)
	样本数	59	59	11	26	69	69	59	69
山东	均值	5.874 4	1.202 6	−5.509 5	−3.902 3	2.023 2	3.575 2	1.613 0	2.043 1
	95%置信区间	(5.856 4, 5.892 5)	(1.202 5, 1.202 6)	(−5.525 9, −5.493 1)	(−3.927 6, −3.877 0)	(2.023 1, 2.023 3)	(3.573 1, 3.577 3)	(1.612 7, 1.613 4)	(2.042 6, 2.043 6)
	样本数	148	155	46	109	175	175	157	176
山西	均值	5.705 6	1.201 3	−5.512 4	−3.878 0	2.022 6	3.566 4	1.607 7	2.035 8
	95%置信区间	(5.621 8, 5.789 4)	(1.200 9, 1.201 7)	(−5.525 4, −5.499 3)	(−3.912 0, −3.844 1)	(2.022 3, 2.022 9)	(3.562 3, 3.570 4)	(1.605 9, 1.609 4)	(2.033 4, 2.038 2)
	样本数	179	189	31	106	201	202	194	204
陕西	均值	5.773 9	1.202 1	−5.490 6	−3.871 7	2.022 8	3.572 7	1.611 0	2.040 1
	95%置信区间	(5.713 0, 5.834 9)	(1.202 0, 1.202 3)	(−5.536 9, −5.444 3)	(−3.914 9, −3.828 5)	(2.022 5, 2.023 0)	(3.570 0, 3.575 4)	(1.610 1, 1.611 8)	(2.038 9, 2.041 4)
	样本数	230	240	32	141	250	252	247	257
上海	均值	5.835 3	1.202 4	−5.492 2	−3.911 1	2.022 9	3.573 3	1.612 3	2.042 0
	95%置信区间	(5.814 1, 5.856 5)	(1.202 4, 1.202 5)	(−5.511 4, −5.473 0)	(−3.921 5, −3.900 7)	(2.022 8, 2.023 1)	(3.571 6, 3.575 0)	(1.611 9, 1.612 7)	(2.041 4, 2.042 5)
	样本数	461	444	203	301	493	507	487	519
四川	均值	5.814 8	1.202 2	−5.498 6	−3.882 6	2.022 9	3.571 8	1.611 6	2.040 9
	95%置信区间	(5.778 2, 5.851 3)	(1.202 1, 1.202 4)	(−5.520 4, −5.476 7)	(−3.912 8, −3.852 4)	(2.022 7, 2.023 2)	(3.568 8, 3.574 7)	(1.611 0, 1.612 2)	(2.040 0, 2.041 8)
	样本数	388	392	90	228	419	417	412	428

（续表）

省份（区、市）	统计特征	普通寿险	分红寿险	投资连结保险	万能保险	意外伤害保险	健康保险	人寿保险小计	人身保险合计
天津	均值	5.840 9	1.202 4	−5.482 9	−3.876 7	2.023 2	3.573 0	1.612 2	2.041 9
	95%置信区间	(5.817 6, 5.864 2)	(1.202 3, 1.202 5)	(−5.521 4, −5.444 5)	(−3.916 8, −3.836 7)	(2.023 1, 2.023 4)	(3.570 6, 3.575 3)	(1.611 7, 1.612 7)	(2.041 2, 2.042 7)
	样本数	280	271	74	135	290	302	295	308
西藏	均值	5.530 2	1.202 2		−3.930 0	2.018 7	3.542 8	1.610 5	2.038 3
	95%置信区间	(5.249 7, 5.810 6)	(1.202 0, 1.202 4)		(−3.930 7, −3.929 2)	(2.016 5, 2.020 8)	(3.521 0, 3.564 7)	(1.609 3, 1.611 6)	(2.035 9, 2.040 6)
	样本数	19	18		3	18	19	18	18
新疆	均值	5.594 1	1.201 0	−5.409 8	−3.842 3	2.021 0	3.551 6	1.606 1	2.032 8
	95%置信区间	(5.446 5, 5.741 7)	(1.200 6, 1.201 4)	(−5.545 4, −5.274 1)	(−3.919 4, −3.765 2)	(2.020 1, 2.021 8)	(3.541 5, 3.561 8)	(1.604 1, 1.608 1)	(2.029 6, 2.035 9)
	样本数	101	106	18	75	118	118	112	120
云南	均值	5.659 6	1.201 6	−5.493 5	−3.825 5	2.020 7	3.552 3	1.608 7	2.036 6
	95%置信区间	(5.556 1, 5.763 0)	(1.201 4, 1.201 9)	(−5.534 8, −5.452 1)	(−3.886 8, −3.764 3)	(2.020 0, 2.021 5)	(3.544 0, 3.560 5)	(1.607 5, 1.609 9)	(2.034 9, 2.038 4)
	样本数	117	117	19	79	132	138	125	138
浙江	均值	5.865 8	1.202 5	−5.481 8	−3.902 5	2.023 1	3.576 6	1.612 8	2.042 9
	95%置信区间	(5.843 3, 5.888 4)	(1.202 4, 1.202 6)	(−5.521 3, −5.442 3)	(−3.927 1, −3.877 9)	(2.022 9, 2.023 3)	(3.574 7, 3.578 4)	(1.612 4, 1.613 3)	(2.042 2, 2.043 6)
	样本数	142	147	39	99	182	182	151	184
重庆	均值	5.728 0	1.201 8	−5.392 1	−3.771 6	2.022 2	3.564 4	1.609 4	2.037 5
	95%置信区间	(5.660 1, 5.795 9)	(1.201 5, 1.202 0)	(−5.566 4, −5.217 7)	(−3.876 2, −3.667 0)	(2.021 7, 2.022 6)	(3.558 5, 3.570 2)	(1.608 3, 1.610 5)	(2.035 7, 2.039 2)
	样本数	207	200	36	110	210	213	211	216

注：西藏自治区的投资连结保险数据缺失，代表未经营该险种业务。

表 4-19　1998—2018 年中国财产保险各险种需求收入弹性的地区差异

省份（区、市）	统计特征	企业财产保险	机动车辆保险	货物运输保险	责任保险	工程保险	信用保证保险	农业保险	短期健康保险	意外伤害保险	财产保险合计
安徽	均值	0.649 3	1.484 9	0.481 2	1.901 9	0.785 2	1.763 6	2.902 1	2.402 9	1.333 3	1.432 3
	95% 置信区间	(0.648 4, 0.650 1)	(1.481 5, 1.488 3)	(0.480 3, 0.482 1)	(1.899 9, 1.904 0)	(0.785 1, 0.785 3)	(1.762 4, 1.764 7)	(2.859 9, 2.944 3)	(2.400 1, 2.405 8)	(1.333 0, 1.333 6)	(1.429 8, 1.434 8)
	样本数	282	295	271	278	204	145	57	177	273	310
北京	均值	0.652 4	1.482 8	0.492 6	1.898 9	0.786 8	1.762 1	2.967 4	2.405 3	1.333 2	1.430 5
	95% 置信区间	(0.651 2, 0.653 6)	(1.478 7, 1.486 9)	(0.489 3, 0.495 9)	(1.896 9, 1.900 9)	(0.786 4, 0.787 2)	(1.758 0, 1.766 2)	(2.964 1, 2.970 8)	(2.404 2, 2.406 5)	(1.332 9, 1.333 4)	(1.427 6, 1.433 4)
	样本数	530	482	467	534	389	275	76	291	496	565
福建	均值	0.651 0	1.485 4	0.485 8	1.899 5	0.786 2	1.760 0	2.967 4	2.402 6	1.332 2	1.432 5
	95% 置信区间	(0.649 6, 0.652 3)	(1.481 9, 1.488 8)	(0.483 4, 0.488 2)	(1.896 2, 1.902 7)	(0.785 8, 0.786 6)	(1.757 9, 1.762 0)	(2.959 5, 2.975 4)	(2.399 0, 2.406 3)	(1.331 6, 1.332 8)	(1.429 8, 1.435 3)
	样本数	300	303	288	299	211	197	75	200	287	338
甘肃	均值	0.658 1	1.471 9	0.495 9	1.890 5	0.787 9	1.764 8	2.931 6	2.397 3	1.329 8	1.421 3
	95% 置信区间	(0.654 5, 0.661 7)	(1.465 9, 1.477 9)	(0.488 9, 0.502 9)	(1.884 6, 1.896 4)	(0.786 9, 0.788 9)	(1.764 1, 1.765 4)	(2.910 0, 2.953 1)	(2.392 1, 2.402 4)	(1.328 8, 1.330 8)	(1.416 0, 1.426 6)
	样本数	176	185	169	181	116	92	53	133	180	201
广东	均值	0.650 4	1.488 4	0.482 9	1.901 9	0.785 9	1.763 6	2.974 4	2.404 0	1.333 0	1.435 3
	95% 置信区间	(0.649 4, 0.651 5)	(1.486 1, 1.490 7)	(0.481 8, 0.484 0)	(1.900 3, 1.903 5)	(0.785 7, 0.786 2)	(1.762 3, 1.764 8)	(2.971 6, 2.977 3)	(2.401 3, 2.406 7)	(1.332 7, 1.333 3)	(1.433 5, 1.437 0)
	样本数	514	457	495	505	376	351	88	299	467	554

（续表）

省份（区、市）	统计特征	企业财产保险	机动车辆保险	货物运输保险	责任保险	工程保险	信用保证保险	农业保险	短期健康保险	意外伤害保险	财产保险合计
广西	均值	0.650 9	1.485 8	0.485 7	1.898 6	0.786 2	1.762 4	2.950 3	2.401 9	1.330 6	1.432 6
	95% 置信区间	(0.649 6, 0.652 2)	(1.482 8, 1.488 8)	(0.483 1, 0.488 3)	(1.895 5, 1.901 7)	(0.785 9, 0.786 5)	(1.761 2, 1.763 6)	(2.937 2, 2.963 5)	(2.398 3, 2.405 5)	(1.329 7, 1.331 5)	(1.430 1, 1.435 1)
	样本数	238	247	216	237	166	143	64	174	231	272
贵州	均值	0.652 8	1.469 4	0.487 9	1.889 7	0.787 9	1.765 0	2.944 8	2.396 3	1.328 6	1.420 6
	95% 置信区间	(0.651 3, 0.654 3)	(1.462 9, 1.475 9)	(0.484 6, 0.491 2)	(1.883 9, 1.895 6)	(0.787 3, 0.788 5)	(1.764 5, 1.765 6)	(2.928 2, 2.961 3)	(2.391 9, 2.400 8)	(1.327 6, 1.329 7)	(1.415 7, 1.425 6)
	样本数	201	203	179	194	144	94	57	131	187	208
海南	均值	0.656 8	1.476 8	0.492 4	1.893 8	0.788 4	1.762 7	2.910 6	2.403 2	1.329 6	1.421 4
	95% 置信区间	(0.654 5, 0.659 1)	(1.473 1, 1.480 5)	(0.489 1, 0.495 8)	(1.890 6, 1.897 0)	(0.787 6, 0.789 3)	(1.761 1, 1.764 2)	(2.879 5, 2.941 7)	(2.401 4, 2.405 1)	(1.328 7, 1.330 5)	(1.417 4, 1.425 4)
	样本数	167	167	156	160	111	98	65	104	155	178
河北	均值	0.649 4	1.484 8	0.482 4	1.903 6	0.785 3	1.765 3	2.944 6	2.405 4	1.333 4	1.432 9
	95% 置信区间	(0.648 4, 0.650 3)	(1.481 5, 1.488 1)	(0.480 9, 0.483 8)	(1.901 9, 1.905 4)	(0.785 2, 0.785 4)	(1.764 8, 1.765 8)	(2.932 4, 2.956 8)	(2.403 4, 2.407 3)	(1.333 1, 1.333 7)	(1.430 3, 1.435 5)
	样本数	315	338	284	314	231	183	58	197	323	364
河南	均值	0.648 1	1.490 2	0.480 0	1.904 7	0.785 2	1.765 4	2.963 8	2.409 1	1.333 9	1.436 9
	95% 置信区间	(0.647 6, 0.648 6)	(1.488 2, 1.492 2)	(0.479 3, 0.480 6)	(1.903 5, 1.905 9)	(0.785 1, 0.785 2)	(1.764 9, 1.765 9)	(2.958 4, 2.969 2)	(2.408 5, 2.409 7)	(1.333 8, 1.334 1)	(1.435 4, 1.438 4)
	样本数	332	349	293	344	230	163	101	220	340	378

（续表）

省份（区、市）	统计特征	企业财产保险	机动车辆保险	货物运输保险	责任保险	工程保险	信用保证保险	农业保险	短期健康保险	意外伤害保险	财产保险合计
黑龙江	均值	0.650 9	1.486 4	0.483 0	1.901 9	0.785 6	1.764 2	2.828 0	2.407 6	1.333 2	1.432 0
	95% 置信区间	(0.649 6, 0.652 2)	(1.483 5, 1.489 4)	(0.481 3, 0.484 7)	(1.899 5, 1.904 2)	(0.785 4, 0.785 8)	(1.763 4, 1.765 0)	(2.755 4, 2.900 6)	(2.406 4, 2.408 7)	(1.332 9, 1.333 5)	(1.429 4, 1.434 5)
	样本数	215	218	183	207	119	106	65	119	199	240
湖北	均值	0.649 4	1.489 8	0.482 8	1.901 3	0.785 8	1.764 8	2.952 3	2.404 4	1.332 8	1.435 4
	95% 置信区间	(0.648 5, 0.650 3)	(1.487 4, 1.492 2)	(0.481 3, 0.484 3)	(1.898 7, 1.903 9)	(0.785 6, 0.786 1)	(1.764 2, 1.765 4)	(2.938 1, 2.966 5)	(2.401 3, 2.407 4)	(1.332 3, 1.333 2)	(1.433 3, 1.437 5)
	样本数	328	335	300	313	240	152	73	198	308	351
湖南	均值	0.649 3	1.489 8	0.481 5	1.899 7	0.785 7	1.765 1	2.899 8	2.404 0	1.332 1	1.435 3
	95% 置信区间	(0.648 6, 0.650 1)	(1.487 8, 1.491 9)	(0.480 4, 0.482 5)	(1.896 9, 1.902 4)	(0.785 6, 0.785 9)	(1.764 6, 1.765 6)	(2.868 5, 2.931 0)	(2.402 0, 2.406 1)	(1.331 6, 1.332 7)	(1.433 5, 1.437 0)
	样本数	286	288	277	276	204	177	67	220	277	313
吉林	均值	0.653 6	1.480 5	0.491 3	1.900 5	0.785 8	1.764 8	2.900 2	2.403 4	1.333 0	1.427 7
	95% 置信区间	(0.651 7, 0.655 6)	(1.476 7, 1.484 2)	(0.487 9, 0.494 7)	(1.897 9, 1.903 1)	(0.785 6, 0.786 0)	(1.764 2, 1.765 4)	(2.873 7, 2.926 7)	(2.400 8, 2.405 9)	(1.332 6, 1.333 4)	(1.424 5, 1.430 9)
	样本数	186	191	178	183	113	125	72	131	180	204
江苏	均值	0.649 7	1.490 9	0.482 5	1.903 0	0.785 3	1.764 5	2.968 7	2.408 3	1.333 3	1.437 1
	95% 置信区间	(0.648 9, 0.650 5)	(1.489 0, 1.492 8)	(0.481 4, 0.483 6)	(1.901 4, 1.904 6)	(0.785 2, 0.785 4)	(1.763 6, 1.765 3)	(2.963 8, 2.973 7)	(2.407 6, 2.409 1)	(1.333 0, 1.333 6)	(1.435 7, 1.438 5)
	样本数	466	438	461	462	344	317	80	301	450	516

（续表）

省份（区、市）	统计特征	企业财产保险	机动车辆保险	货物运输保险	责任保险	工程保险	信用保证保险	农业保险	短期健康保险	意外伤害保险	财产保险合计
江西	均值	0.650 4	1.480 4	0.482 7	1.896 5	0.785 7	1.764 6	2.946 8	2.402 1	1.331 9	1.430 1
	95% 置信区间	(0.649 1, 0.651 7)	(1.475 7, 1.485 2)	(0.481 1, 0.484 2)	(1.891 9, 1.901 2)	(0.785 5, 0.785 8)	(1.763 9, 1.765 4)	(2.926 8, 2.966 7)	(2.399 0, 2.405 1)	(1.331 1, 1.332 6)	(1.426 5, 1.433 7)
	样本数	217	216	209	212	144	123	55	158	207	247
辽宁	均值	0.651 2	1.485 7	0.488 8	1.901 6	0.785 4	1.763 7	2.965 4	2.406 6	1.333 2	1.432 5
	95% 置信区间	(0.649 9, 0.652 5)	(1.482 6, 1.488 8)	(0.485 8, 0.491 7)	(1.899 4, 1.903 7)	(0.785 3, 0.785 6)	(1.762 4, 1.765 1)	(2.961 2, 2.969 6)	(2.405 3, 2.408 0)	(1.332 9, 1.333 6)	(1.430 0, 1.435 0)
	样本数	340	337	324	328	238	181	129	254	314	368
内蒙古	均值	0.651 9	1.484 8	0.481 3	1.902 5	0.785 7	1.764 9	2.892 7	2.405 2	1.332 7	1.431 1
	95% 置信区间	(0.649 9, 0.653 9)	(1.481 0, 1.488 6)	(0.480 1, 0.482 6)	(1.900 2, 1.904 8)	(0.785 4, 0.786 0)	(1.764 1, 1.765 7)	(2.868 9, 2.916 4)	(2.403 3, 2.407 1)	(1.332 1, 1.333 2)	(1.427 8, 1.434 4)
	样本数	241	248	213	243	173	148	74	184	248	264
宁夏	均值	0.664 1	1.441 3	0.489 5	1.884 1	0.787 5	1.763 8	2.833 2	2.383 0	1.322 2	1.400 4
	95% 置信区间	(0.658 4, 0.669 9)	(1.426 5, 1.456 1)	(0.486 4, 0.492 6)	(1.876 2, 1.892 1)	(0.786 8, 0.788 1)	(1.761 9, 1.765 8)	(2.757 5, 2.908 9)	(2.372 3, 2.393 7)	(1.319 6, 1.324 8)	(1.388 5, 1.412 3)
	样本数	102	103	79	101	60	69	32	74	99	116
青海	均值	0.669 5	1.449 0	0.484 8	1.869 1	0.792 2	1.765 8	2.780 0	2.373 1	1.324 5	1.403 9
	95% 置信区间	(0.662 0, 0.677 0)	(1.436 8, 1.461 2)	(0.482 7, 0.486 9)	(1.854 1, 1.884 1)	(0.790 2, 0.794 2)	(1.765 4, 1.766 2)	(2.687 8, 2.872 1)	(2.358 6, 2.387 7)	(1.322 3, 1.326 7)	(1.393 4, 1.414 3)
	样本数	92	94	89	91	63	53	17	66	91	104

（续表）

省份（区、市）	统计特征	企业财产保险	机动车辆保险	货物运输保险	责任保险	工程保险	信用保证保险	农业保险	短期健康保险	意外伤害保险	财产保险合计
山东	均值	0. 648 8	1. 490 2	0. 481 3	1. 905 1	0. 785 1	1. 764 6	2. 969 1	2. 408 2	1. 333 8	1. 436 7
	95% 置信区间	(0. 648 2, 0. 649 5)	(1. 488 3, 1. 492 1)	(0. 480 5, 0. 482 2)	(1. 904 1, 1. 906 0)	(0. 785 0, 0. 785 1)	(1. 763 8, 1. 765 4)	(2. 965 5, 2. 972 8)	(2. 407 3, 2. 409 1)	(1. 333 7, 1. 334 0)	(1. 435 2, 1. 438 1)
	样本数	427	427	402	421	289	240	90	255	409	465
山西	均值	0. 652 8	1. 478 4	0. 485 1	1. 897 9	0. 785 8	1. 765 6	2. 956 2	2. 402 5	1. 332 3	1. 427 7
	95% 置信区间	(0. 650 7, 0. 654 9)	(1. 473 1, 1. 483 6)	(0. 482 4, 0. 487 8)	(1. 894 4, 1. 901 4)	(0. 785 6, 0. 786 0)	(1. 765 3, 1. 765 9)	(2. 947 0, 2. 965 4)	(2. 399 0, 2. 405 9)	(1. 331 8, 1. 332 8)	(1. 423 7, 1. 431 8)
	样本数	270	281	218	254	184	131	50	153	259	290
陕西	均值	0. 649 7	1. 485 8	0. 481 5	1. 901 3	0. 786 0	1. 763 8	2. 958 0	2. 407 5	1. 333 0	1. 433 4
	95% 置信区间	(0. 648 9, 0. 650 5)	(1. 483 1, 1. 488 5)	(0. 480 4, 0. 482 6)	(1. 899 1, 1. 903 6)	(0. 785 7, 0. 786 2)	(1. 762 8, 1. 764 9)	(2. 948 2, 2. 967 9)	(2. 406 2, 2. 408 9)	(1. 332 6, 1. 333 3)	(1. 431 4, 1. 435 4)
	样本数	300	307	291	292	221	161	81	175	278	324
上海	均值	0. 651 6	1. 490 4	0. 491 1	1. 895 3	0. 786 4	1. 762 9	2. 942 7	2. 401 1	1. 332 2	1. 434 6
	95% 置信区间	(0. 650 8, 0. 652 4)	(1. 488 8, 1. 492 0)	(0. 489 3, 0. 492 9)	(1. 893 3, 1. 897 3)	(0. 786 2, 0. 786 7)	(1. 761 7, 1. 764 1)	(2. 926 5, 2. 958 9)	(2. 398 6, 2. 403 6)	(1. 331 9, 1. 332 6)	(1. 433 2, 1. 436 0)
	样本数	569	475	546	541	385	341	42	306	486	595
四川	均值	0. 648 8	1. 486 1	0. 482 1	1. 900 6	0. 786 0	1. 765 3	2. 939 5	2. 401 0	1. 331 1	1. 433 1
	95% 置信区间	(0. 648 1, 0. 649 5)	(1. 483 1, 1. 489 1)	(0. 480 8, 0. 483 4)	(1. 898 2, 1. 903 0)	(0. 785 7, 0. 786 2)	(1. 764 7, 1. 765 9)	(2. 921 1, 2. 958 0)	(2. 398 3, 2. 403 7)	(1. 330 4, 1. 331 9)	(1. 430 8, 1. 435 5)
	样本数	401	412	338	402	289	191	98	234	383	429

（续表）

省份（区、市）	统计特征	企业财产保险	机动车辆保险	货物运输保险	责任保险	工程保险	信用保证保险	农业保险	短期健康保险	意外伤害保险	财产保险合计
天津	均值	0.650 5	1.487 1	0.489 3	1.901 7	0.786 1	1.761 9	2.970 2	2.408 2	1.333 6	1.433 5
	95% 置信区间	(0.649 4, 0.651 6)	(1.484 6, 1.489 6)	(0.485 9, 0.492 6)	(1.899 8, 1.903 6)	(0.785 7, 0.786 4)	(1.759 9, 1.763 9)	(2.966 1, 2.974 3)	(2.407 5, 2.408 9)	(1.333 3, 1.333 8)	(1.431 4, 1.435 6)
	样本数	291	290	283	286	201	176	41	187	285	332
西藏	均值	0.660 8	1.425 8	0.482 0	1.818 5	0.807 5	1.766 5	2.576 6	2.230 6	1.285 4	1.375 0
	95% 置信区间	(0.655 6, 0.665 9)	(1.402 3, 1.449 3)	(0.480 5, 0.483 5)	(1.779 0, 1.858 1)	(0.798 0, 0.816 9)	(1.766 4, 1.766 7)	(2.397 2, 2.755 9)	(2.132 2, 2.328 9)	(1.268 4, 1.302 5)	(1.352 8, 1.397 1)
	样本数	57	59	44	53	39	25	12	39	55	62
新疆	均值	0.655 8	1.472 2	0.488 0	1.889 0	0.786 7	1.763 1	2.513 3	2.347 9	1.326 5	1.416 2
	95% 置信区间	(0.653 2, 0.658 5)	(1.465 3, 1.479 1)	(0.484 5, 0.491 4)	(1.882 7, 1.895 2)	(0.786 2, 0.787 2)	(1.762 1, 1.764 1)	(2.379 7, 2.646 8)	(2.321 4, 2.374 3)	(1.324 3, 1.328 8)	(1.409 2, 1.423 1)
	样本数	214	208	198	208	145	113	55	147	202	229
云南	均值	0.654 0	1.476 4	0.487 6	1.898 6	0.787 0	1.762 8	2.909 4	2.395 7	1.329 2	1.426 1
	95% 置信区间	(0.651 7, 0.656 2)	(1.471 0, 1.481 9)	(0.484 4, 0.490 8)	(1.895 5, 1.901 7)	(0.786 5, 0.787 4)	(1.761 7, 1.763 9)	(2.878 5, 2.940 4)	(2.389 6, 2.401 7)	(1.327 7, 1.330 6)	(1.421 7, 1.430 6)
	样本数	267	276	232	266	182	139	86	183	268	306
浙江	均值	0.650 8	1.486 0	0.485 0	1.902 3	0.785 6	1.762 2	2.976 8	2.407 1	1.332 8	1.433 7
	95% 置信区间	(0.649 7, 0.651 9)	(1.483 5, 1.488 4)	(0.483 1, 0.486 8)	(1.900 5, 1.904 1)	(0.785 4, 0.785 8)	(1.760 4, 1.764 0)	(2.975 5, 2.978 2)	(2.406 0, 2.408 1)	(1.332 4, 1.333 1)	(1.431 8, 1.435 6)
	样本数	426	411	409	416	302	261	174	279	404	471

（续表）

省份（区、市）	统计特征	企业财产保险	机动车辆保险	货物运输保险	责任保险	工程保险	信用保证保险	农业保险	短期健康保险	意外伤害保险	财产保险合计
重庆	均值	0.649 9	1.483 5	0.485 8	1.898 2	0.786 1	1.764 2	2.968 0	2.398 8	1.330 1	1.431 0
	95% 置信区间	(0.649 0, 0.650 8)	(1.480 1, 1.486 8)	(0.483 5, 0.488 1)	(1.895 7, 1.900 7)	(0.785 8, 0.786 3)	(1.763 4, 1.765 0)	(2.962 8, 2.973 1)	(2.394 8, 2.402 8)	(1.329 3, 1.330 9)	(1.428 4, 1.433 6)
	样本数	297	309	286	289	194	153	83	196	278	326

三、公司层面的险种结构优化

本节进一步选取2018年原保险保费收入分别排名前15的中资、外资人身保险公司和中资、外资财产保险公司进行公司层面的异质性分析①。表4-20和表4-21分别给出了这些人身保险公司和财产保险公司经营的各险种需求收入弹性的均值和95%置信区间②。

四、险种需求收入弹性的动态演变

表4-22和表4-23分别给出了2008—2018年中国人身保险和财产保险的各险种需求收入弹性的均值和95%置信区间③。

第六节 结论与政策启示

随着中国经济由高速增长阶段转向高质量发展阶段，保险产品供给与需求之间的不平衡、不适应的矛盾日益凸显。社会民生和服务领域的商业保险发展还存在风险保障水平低、功能发挥不充分、覆盖面较窄、优质产品和服务供给不足等问题；新冠疫情进一步推升了

---

① 保费收入排名的依据是国家金融监督管理总局网站发布的“2018年人身保险公司原保险保费收入情况表”和“2018年财产保险公司原保险保费收入情况表”。限于篇幅，本章仅给出了30家人身保险公司和30家财产保险公司的分析结果。

② 表4-20和表4-21中缺失的数据代表相应的保险公司未经营该险种业务，其中，资本结构划分依据《中华人民共和国外商投资法》及实施条例，以及国家金融监督管理总局。2018年人身保险公司和财产保险公司原保险保费收入情况表。

③ 由于1998—2007年部分财产保险险种数据存在较多的缺失，故表4-23只列出了2008—2018年的结果。

表 4-20　2008—2018 年中国人身保险各险种需求收入弹性的公司差异

资本结构	公司	统计特征	普通寿险	分红寿险	投资连结保险	万能保险	意外伤害保险	健康保险	人寿保险小计	人身保险合计
中资	中国人寿	均值	4.564 0	1.197 1	−5.408 7	−3.776 4	2.014 2	3.499 6	1.586 2	2.003 0
		95% 置信区间	(4.438 4, 4.689 6)	(1.196 8, 1.197 3)	(−5.600 1, −5.217 2)	(−3.835 4, −3.717 4)	(2.013 7, 2.014 6)	(3.492 3, 3.506 8)	(1.585 0, 1.587 4)	(2.000 9, 2.005 1)
		样本数	305	304	8	63	304	305	304	304
	平安人寿	均值	5.577 6	1.200 1	−5.357 8	−3.377 4	2.021 0	3.502 4	1.602 0	2.024 8
		95% 置信区间	(5.534 0, 5.621 2)	(1.200 0, 1.200 3)	(−5.402 7, −5.312 9)	(−3.464 9, −3.289 8)	(2.020 9, 2.021 2)	(3.494 9, 3.510 0)	(1.601 3, 1.602 7)	(2.023 5, 2.026 1)
		样本数	327	327	326	326	327	326	327	327
	太平洋人寿保险	均值	5.603 8	1.200 8	−5.521 0	−3.917 6	2.020 2	3.564 9	1.606 7	2.033 5
		95% 置信区间	(5.557 6, 5.650 0)	(1.200 7, 1.201 0)	(−5.527 3, −5.514 6)	(−3.921 0, −3.914 1)	(2.019 9, 2.020 5)	(3.563 0, 3.566 7)	(1.606 2, 1.607 2)	(2.032 7, 2.034 3)
		样本数	325	325	11	286	325	325	325	325
	华夏人寿	均值	5.881 5	1.202 8	−5.524 5	−3.926 9	2.023 5	3.579 6	1.613 6	2.043 8
		95% 置信区间	(5.872 7, 5.890 3)	(1.202 7, 1.202 8)		(−3.928 9, −3.924 9)	(2.023 4, 2.023 5)	(3.579 1, 3.580 0)	(1.613 5, 1.613 7)	(2.043 6, 2.044 0)
		样本数	150	142	1	114	150	150	151	151
	太平人寿	均值	5.863 2	1.202 0	−5.521 6	−3.911 5	2.023 3	3.573 7	1.611 0	2.040 1
		95% 置信区间	(5.854 5, 5.871 9)	(1.201 9, 1.202 0)	(−5.523 2, −5.520 1)	(−3.919 2, −3.903 8)	(2.023 3, 2.023 4)	(3.572 6, 3.574 8)	(1.610 7, 1.611 3)	(2.039 7, 2.040 6)
		样本数	308	308	160	100	308	308	308	308

（续表）

资本结构	公司	统计特征	普通寿险	分红寿险	投资连结保险	万能保险	意外伤害保险	健康保险	人寿保险小计	人身保险合计
中资	新华人寿	均值	5.806 7	1.200 7	−5.519 4	−3.928 4	2.022 8	3.551 6	1.606 5	2.032 7
		95% 置信区间	(5.788 2, 5.825 3)	(1.200 6, 1.200 9)	(−5.527 7, −5.511 1)	(−3.929 4, −3.927 3)	(2.022 7, 2.022 9)	(3.547 4, 3.555 8)	(1.606 0, 1.606 9)	(2.031 9, 2.033 6)
		样本数	295	295	22	243	295	295	295	295
	泰康人寿	均值	5.846 1	1.201 4	−5.515 5	−3.812 5	2.023 0	3.568 5	1.608 4	2.036 4
		95% 置信区间	(5.834 6, 5.857 5)	(1.201 3, 1.201 5)	(−5.520 5, −5.510 4)	(−3.842 5, −3.782 5)	(2.022 9, 2.023 0)	(3.566 9, 3.570 2)	(1.608 1, 1.608 8)	(2.035 8, 2.037 0)
		样本数	289	289	228	287	289	289	289	289
	人保寿险	均值	5.828 0	1.202 1	−5.521 7	−3.912 0	2.022 9	3.573 5	1.608 8	2.036 9
		95% 置信区间	(5.816 3, 5.839 8)	(1.202 0, 1.202 1)	(−5.526 0, −5.517 4)	(−3.916 8, −3.907 2)	(2.022 8, 2.022 9)	(3.572 4, 3.574 7)	(1.608 5, 1.609 0)	(2.036 5, 2.037 4)
		样本数	319	320	16	303	321	319	320	321
	富德生命人寿	均值	5.878 4	1.202 6	−5.523 0	−3.927 1	2.023 5	3.579 8	1.612 1	2.041 8
		95% 置信区间	(5.870 7, 5.886 0)	(1.202 5, 1.202 6)	(−5.524 0, −5.522 1)	(−3.928 4, −3.925 8)	(2.023 5, 2.023 5)	(3.579 5, 3.580 1)	(1.611 9, 1.612 2)	(2.041 6, 2.042 1)
		样本数	269	272	126	208	268	269	272	272
	天安人寿	均值	5.693 8	1.202 8		−3.930 4	2.023 6	3.580 3	1.612 0	2.041 8
		95% 置信区间	(5.587 9, 5.799 7)	(1.202 8, 1.202 9)		(−3.930 6, −3.930 3)	(2.023 5, 2.023 6)	(3.579 9, 3.580 7)	(1.611 2, 1.612 8)	(2.040 8, 2.042 9)
		样本数	41	44		13	43	44	44	44

（续表）

资本结构	公司	统计特征	普通寿险	分红寿险	投资连结保险	万能保险	意外伤害保险	健康保险	人寿保险小计	人身保险合计
中资	中邮人寿	均值	5.775 3	1.202 5			2.023 7	3.582 1	1.612 1	2.042 1
		95% 置信区间	(5.749 9, 5.800 6)	(1.202 4, 1.202 5)			(2.023 7, 2.023 7)	(3.582 1, 3.582 1)	(1.611 8, 1.612 4)	(2.041 7, 2.042 5)
		样本数	82	121			110	91	122	122
	前海人寿	均值	5.855 4	1.202 9		−3.930 6	2.023 7	3.581 9	1.613 4	2.043 8
		95% 置信区间	(5.834 7, 5.876 0)	(1.202 9, 1.202 9)			(2.023 7, 2.023 7)	(3.581 8, 3.582 1)	(1.612 9, 1.614 0)	(2.043 1, 2.044 5)
		样本数	25	18		1	25	25	26	26
	百年人寿	均值	5.898 3	1.202 8		−3.920 6	2.023 6	3.581 2	1.613 5	2.043 9
		95% 置信区间	(5.892 7, 5.903 8)	(1.202 8, 1.202 8)		(−3.928 3, −3.912 9)	(2.023 6, 2.023 6)	(3.581 1, 3.581 4)	(1.613 3, 1.613 7)	(2.043 6, 2.044 1)
		样本数	114	116		8	115	116	117	117
	阳光人寿	均值	5.885 6	1.202 7	−5.523 0	−3.921 2	2.023 5	3.580 4	1.613 2	2.043 3
		95% 置信区间	(5.878 3, 5.892 9)	(1.202 6, 1.202 7)	(−5.526 0, −5.520 1)	(−3.924 3, −3.918 1)	(2.023 5, 2.023 5)	(3.580 1, 3.580 6)	(1.613 1, 1.613 3)	(2.043 2, 2.043 5)
		样本数	241	242	13	236	241	241	243	243
	国华人寿	均值	5.876 2	1.202 9		−3.929 4	2.023 7	3.582 1	1.613 9	2.044 3
		95% 置信区间	(5.856 5, 5.895 8)	(1.202 9, 1.202 9)		(−3.929 9, −3.928 9)	(2.023 7, 2.023 7)	(3.582 0, 3.582 1)	(1.613 8, 1.614 0)	(2.044 2, 2.044 5)
		样本数	117	125		96	125	122	127	127

（续表）

资本结构	公司	统计特征	普通寿险	分红寿险	投资连结保险	万能保险	意外伤害保险	健康保险	人寿保险小计	人身保险合计
外资及合资	工银安盛	均值	5.896 7	1.202 7	−5.516 8	−3.927 5	2.023 7	3.580 0	1.613 5	2.043 8
		95%置信区间	(5.890 2, 5.903 3)	(1.202 7, 1.202 7)	(−5.520 3, −5.513 3)	(−3.941 0, −3.914 1)	(2.023 6, 2.023 7)	(3.579 4, 3.580 7)	(1.613 4, 1.613 7)	(2.043 6, 2.044 0)
		样本数	107	109	65	2	104	109	109	109
	恒大人寿	均值	5.884 0	1.202 8		−3.913 9	2.023 6	3.580 6	1.613 6	2.043 9
		95%置信区间	(5.866 3, 5.901 7)	(1.202 7, 1.202 9)		(−3.936 3, −3.891 5)	(2.023 5, 2.023 6)	(3.579 7, 3.581 5)	(1.613 1, 1.614 0)	(2.043 3, 2.044 5)
		样本数	45	44		37	45	45	45	45
	友邦人寿	均值	5.718 4	1.202 4	−5.497 4	−3.922 4	2.021 9	3.542 4	1.611 8	2.039 6
		95%置信区间	(5.640 7, 5.796 2)	(1.202 4, 1.202 5)	(−5.512 5, −5.482 4)	(−3.925 8, −3.919 0)	(2.021 5, 2.022 2)	(3.532 5, 3.552 3)	(1.611 3, 1.612 3)	(2.038 6, 2.040 6)
		样本数	44	44	44	44	44	44	44	44
	中信保诚人寿	均值	5.905 5	1.202 7	−5.456 1	−3.928 9	2.023 5	3.577 2	1.613 9	2.044 2
		95%置信区间	(5.901 6, 5.909 3)	(1.202 7, 1.202 8)	(−5.495 5, −5.416 7)	(−3.929 7, −3.928 2)	(2.023 5, 2.023 6)	(3.575 5, 3.578 8)	(1.613 7, 1.614 1)	(2.043 9, 2.044 5)
		样本数	106	105	102	92	106	106	106	106
	招商信诺	均值	5.892 1	1.202 8	−5.520 2		2.023 1	3.576 7	1.614 1	2.044 4
		95%置信区间	(5.883 7, 5.900 5)	(1.202 8, 1.202 9)	(−5.522 4, −5.518 0)		(2.023 0, 2.023 2)	(3.575 1, 3.578 2)	(1.614 0, 1.614 3)	(2.044 2, 2.044 6)
		样本数	86	84	63		90	92	90	92

（续表）

资本结构	公司	统计特征	普通寿险	分红寿险	投资连结保险	万能保险	意外伤害保险	健康保险	人寿保险小计	人身保险合计
外资及合资	中意人寿	均值	5.894 5	1.202 8	−5.514 1	−3.930 3	2.023 5	3.576 6	1.613 8	2.043 9
		95% 置信区间	(5.887 4, 5.901 5)	(1.202 7, 1.202 8)	(−5.520 9, −5.507 2)	(−3.930 4, −3.930 2)	(2.023 4, 2.023 5)	(3.574 9, 3.578 3)	(1.613 5, 1.614 1)	(2.043 5, 2.044 4)
		样本数	89	92	75	69	91	92	92	92
	中美联泰	均值	5.802 8	1.202 7	−5.515 6	−3.928 4	2.023 2	3.576 4	1.613 3	2.043 4
		95% 置信区间	(5.759 0, 5.846 7)	(1.202 7, 1.202 8)	(−5.524 2, −5.507 0)	(−3.930 5, −3.926 2)	(2.023 0, 2.023 3)	(3.574 4, 3.578 5)	(1.613 0, 1.613 7)	(2.042 9, 2.043 9)
		样本数	87	87	64	55	87	87	87	87
	中宏人寿	均值	5.911 1	1.202 8	−5.515 3	−3.930 5	2.023 7	3.579 1	1.614 3	2.044 8
		95% 置信区间	(5.907 5, 5.914 7)	(1.202 8, 1.202 9)	(−5.521 5, −5.509 0)	(−3.930 5, −3.930 5)	(2.023 6, 2.023 7)	(3.577 9, 3.580 3)	(1.614 1, 1.614 4)	(2.044 5, 2.045 0)
		样本数	99	102	19	9	102	102	102	102
	交银康联	均值	5.876 2	1.202 9		−3.930 4	2.023 6	3.581 6	1.614 0	2.044 5
		95% 置信区间	(5.866 4, 5.886 0)	(1.202 9, 1.202 9)		(−3.930 5, −3.930 3)	(2.023 6, 2.023 6)	(3.581 4, 3.581 8)	(1.613 9, 1.614 1)	(2.044 4, 2.044 7)
		样本数	64	64		10	65	65	65	65
	中英人寿	均值	5.874 2	1.202 9	−5.481 2	−3.923 0	2.023 6	3.578 8	1.614 1	2.044 5
		95% 置信区间	(5.856 8, 5.891 5)	(1.202 8, 1.202 9)	(−5.501 0, −5.461 5)	(−3.927 5, −3.918 6)	(2.023 6, 2.023 6)	(3.577 7, 3.579 9)	(1.614 0, 1.614 2)	(2.044 3, 2.044 7)
		样本数	108	108	14	98	108	108	108	108

（续表）

资本结构	公司	统计特征	普通寿险	分红寿险	投资连结保险	万能保险	意外伤害保险	健康保险	人寿保险小计	人身保险合计
外资及合资	华泰人寿	均值	5.914 4	1.202 9	−5.241 7	−3.928 1	2.023 7	3.581 5	1.614 4	2.045 0
		95% 置信区间	(5.913 8, 5.915 1)	(1.202 9, 1.202 9)	(−5.442 1, −5.041 2)	(−3.929 4, −3.926 8)	(2.023 7, 2.023 7)	(3.581 4, 3.581 7)	(1.614 3, 1.614 4)	(2.044 9, 2.045 0)
		样本数	137	140	15	95	138	140	140	140
	中德安联	均值	5.904 9	1.202 8	−5.515 4	−3.929 3	2.023 7	3.580 9	1.614 1	2.044 6
		95% 置信区间	(5.900 4, 5.909 3)	(1.202 8, 1.202 8)	(−5.521 7, −5.509 2)	(−3.929 9, −3.928 7)	(2.023 7, 2.023 7)	(3.580 4, 3.581 3)	(1.614 0, 1.614 2)	(2.044 5, 2.044 8)
		样本数	55	55	55	44	55	55	55	55
	中荷人寿	均值	5.900 1	1.202 8	−5.519 3	−3.928 0	2.023 7	3.580 9	1.614 0	2.044 5
		95% 置信区间	(5.893 9, 5.906 4)	(1.202 8, 1.202 8)	(−5.525 7, −5.512 9)	(−3.929 6, −3.926 4)	(2.023 6, 2.023 7)	(3.580 4, 3.581 3)	(1.613 9, 1.614 2)	(2.044 3, 2.044 8)
		样本数	69	68	31	53	65	68	69	69
	平安健康	均值			−5.524 8		2.023 7	3.578 9	1.614 7	2.045 3
		95% 置信区间					(2.023 7, 2.023 7)	(3.577 7, 3.580 2)		(2.045 3, 2.045 4)
		样本数			1		55	63	1	63
	同方全球人寿	均值	5.903 1	1.202 9	−5.522 2	−3.928 8	2.023 7	3.580 7	1.614 5	2.045 1
		95% 置信区间	(5.899 0, 5.907 1)	(1.202 9, 1.202 9)	(−5.524 3, −5.520 2)	(−3.929 9, −3.927 7)	(2.023 7, 2.023 7)	(3.580 0, 3.581 3)	(1.614 5, 1.614 5)	(2.045 0, 2.045 2)
		样本数	92	92	43	63	93	93	92	93

表 4-21　1998—2018 年财产保险各险种需求收入弹性的公司差异

资本结构	公司	统计特征	企业财产保险	机动车辆保险	货物运输保险	责任保险	工程保险	信用保证保险	农业保险	短期健康保险	意外伤害保险	财产保险合计
中资	人保财产保险	均值	0.691 4	1.380 2	0.538 3	1.813 6	0.794 6	1.763 0	2.857 3	2.340 7	1.311 3	1.337 4
		95% 置信区间	(0.689 7, 0.693 0)	(1.376 0, 1.384 4)	(0.535 2, 0.541 4)	(1.808 0, 1.819 1)	(0.793 4, 0.795 9)	(1.762 6, 1.763 4)	(2.840 8, 2.873 8)	(2.330 5, 2.351 0)	(1.308 8, 1.313 7)	(1.333 8, 1.340 9)
		样本数	614	612	611	522	333	480	493	423	457	614
	平安财产保险	均值	0.655 0	1.466 4	0.489 6	1.891 5	0.789 9	1.757 8	2.972 9	2.399 6	1.326 4	1.416 5
		95% 置信区间	(0.654 5, 0.655 6)	(1.464 9, 1.467 8)	(0.488 1, 0.491 1)	(1.889 9, 1.893 2)	(0.789 4, 0.790 3)	(1.757 0, 1.758 6)	(2.970 6, 2.975 2)	(2.398 5, 2.400 6)	(1.325 9, 1.326 9)	(1.415 3, 1.417 8)
		样本数	597	596	591	517	336	457	136	458	457	597
	太平洋财产保险	均值	0.657 3	1.472 0	0.492 7	1.892 8	0.788 6	1.766 1	2.967 4	2.399 8	1.327 7	1.420 0
		95% 置信区间	(0.656 6, 0.658 0)	(1.470 5, 1.473 4)	(0.491 4, 0.494 1)	(1.891 5, 1.894 1)	(0.788 3, 0.788 8)	(1.766 0, 1.766 2)	(2.964 0, 2.970 9)	(2.398 8, 2.400 8)	(1.327 3, 1.328 1)	(1.418 7, 1.421 3)
		样本数	585	584	582	501	331	335	216	333	448	586
	中国人寿财产保险	均值	0.648 2	1.483 7	0.479 9	1.901 1	0.786 1	1.766 9	2.969 5	2.409 4	1.332 4	1.432 3
		95% 置信区间	(0.648 0, 0.648 3)	(1.482 6, 1.484 8)	(0.479 7, 0.480 1)	(1.900 5, 1.901 8)	(0.786 0, 0.786 3)	(1.766 8, 1.766 9)	(2.966 5, 2.972 5)	(2.408 8, 2.410 1)	(1.332 2, 1.332 6)	(1.431 6, 1.433 1)
		样本数	288	290	286	290	274	191	128	83	286	290
	大地财产保险	均值	0.647 9	1.488 7	0.480 1	1.902 7	0.785 7	1.766 3	2.979 5	2.398 3	1.331 1	1.434 8
		95% 置信区间	(0.647 7, 0.648 0)	(1.488 0, 1.489 3)	(0.480 0, 0.480 3)	(1.902 2, 1.903 3)	(0.785 6, 0.785 8)	(1.766 2, 1.766 4)	(2.979 1, 2.980 0)	(2.396 1, 2.400 5)	(1.330 8, 1.331 4)	(1.434 3, 1.435 3)
		样本数	426	426	419	424	318	286	199	369	419	426

（续表）

资本结构	公司	统计特征	企业财产保险	机动车辆保险	货物运输保险	责任保险	工程保险	信用保证保险	农业保险	短期健康保险	意外伤害保险	财产保险合计
中资	中华联合财产保险	均值	0.649 0	1.482 3	0.480 1	1.900 0	0.785 5	1.766 3	2.878 9	2.377 0	1.329 9	1.427 3
		95% 置信区间	(0.648 4, 0.649 5)	(1.480 7, 1.484 0)	(0.479 8, 0.480 3)	(1.898 6, 1.901 4)	(0.785 4, 0.785 5)	(1.766 1, 1.766 5)	(2.845 3, 2.912 5)	(2.363 6, 2.390 4)	(1.329 0, 1.330 8)	(1.424 8, 1.429 7)
		样本数	323	324	318	320	235	251	220	292	311	325
	阳光财产保险	均值	0.647 2	1.491 2	0.479 1	1.904 6	0.785 5	1.763 8	2.979 2	2.408 1	1.332 8	1.437 0
		95% 置信区间	(0.647 1, 0.647 3)	(1.490 7, 1.491 6)	(0.479 0, 0.479 2)	(1.904 1, 1.905 1)	(0.785 4, 0.785 6)	(1.763 2, 1.764 5)	(2.978 7, 2.979 7)	(2.407 7, 2.408 5)	(1.332 6, 1.333 0)	(1.436 7, 1.437 4)
		样本数	380	381	369	377	318	246	130	277	378	381
	太平财产保险	均值	0.647 2	1.494 7	0.479 8	1.906 5	0.785 3	1.766 9	2.980 1	2.410 9	1.333 5	1.439 8
		95% 置信区间	(0.647 1, 0.647 4)	(1.494 4, 1.494 9)	(0.479 6, 0.479 9)	(1.906 2, 1.906 7)	(0.785 2, 0.785 3)	(1.766 9, 1.766 9)	(2.980 0, 2.980 3)	(2.410 8, 2.411 0)	(1.333 4, 1.333 6)	(1.439 6, 1.440 0)
		样本数	332	333	328	328	244	173	99	233	316	333
	出口信用保险	均值	0.647 6	1.498 4	0.478 2	1.887 8	0.785 0	1.736 4		2.411 4	1.334 6	1.440 5
		95% 置信区间	(0.644 6, 0.650 6)			(1.634 5, 2.141 1)		(1.731 8, 1.740 9)				(1.440 0, 1.441 1)
		样本数	3	1	1	2	1	262		1	1	273
	天安财产保险	均值	0.646 9	1.493 5	0.479 0	1.906 4	0.785 1	1.766 7	2.979 9	2.409 7	1.333 6	1.439 1
		95% 置信区间	(0.646 9, 0.647 0)	(1.493 2, 1.493 8)	(0.478 9, 0.479 1)	(1.906 2, 1.906 6)	(0.785 1, 0.785 2)	(1.766 7, 1.766 8)	(2.979 7, 2.980 1)	(2.409 4, 2.410 1)	(1.333 5, 1.333 7)	(1.438 9, 1.439 3)
		样本数	443	449	427	430	258	236	40	348	399	449

（续表）

资本结构	公司	统计特征	企业财产保险	机动车辆保险	货物运输保险	责任保险	工程保险	信用保证保险	农业保险	短期健康保险	意外伤害保险	财产保险合计
中资	华安保险	均值	0.646 4	1.496 5	0.478 4	1.907 9	0.785 0	1.766 4	2.980 3	2.411 1	1.333 8	1.441 2
		95%置信区间	(0.646 3, 0.646 4)	(1.496 3, 1.496 8)	(0.478 3, 0.478 4)	(1.907 9, 1.908 0)	(0.785 0, 0.785 0)	(1.766 2, 1.766 5)	(2.980 3, 2.980 4)	(2.411 1, 2.411 2)	(1.333 6, 1.334 0)	(1.441 0, 1.441 4)
		样本数	368	373	331	359	237	200	25	302	356	372
	众安在线财产保险	均值	0.646 1	1.499 5	0.478 6	1.908 1		1.765 4		2.408 5	1.333 0	1.442 9
		95%置信区间	(0.646 1, 0.646 1)	(1.499 5, 1.499 5)	(0.478 3, 0.478 9)	(1.907 9, 1.908 4)		(1.764 9, 1.765 9)		(2.406 9, 2.410 2)	(1.332 5, 1.333 4)	(1.442 8, 1.443 1)
		样本数	3	48	65	104		107		85	105	123
	永安财产保险	均值	0.647 0	1.492 9	0.478 6	1.905 9	0.785 1	1.766 6	2.978 2	2.409 7	1.333 0	1.438 7
		95%置信区间	(0.646 9, 0.647 1)	(1.492 3, 1.493 4)	(0.478 5, 0.478 7)	(1.905 5, 1.906 2)	(0.785 0, 0.785 1)	(1.766 5, 1.766 7)	(2.977 3, 2.979 0)	(2.409 1, 2.410 2)	(1.332 9, 1.333 2)	(1.438 4, 1.439 1)
		样本数	278	281	264	275	183	114	54	139	265	282
	华泰保险	均值	0.647 4	1.496 8	0.481 6	1.905 7	0.785 6	1.766 9	2.979 3	2.409 8	1.334 0	1.440 9
		95%置信区间	(0.647 1, 0.647 7)	(1.496 3, 1.497 3)	(0.480 8, 0.482 4)	(1.905 0, 1.906 5)	(0.785 4, 0.785 8)	(1.766 9, 1.766 9)	(2.978 3, 2.980 3)	(2.409 0, 2.410 6)	(1.333 8, 1.334 2)	(1.440 4, 1.441 4)
		样本数	348	349	326	336	226	90	10	140	315	354
	英大泰和财产保险	均值	0.652 0	1.497 9	0.478 3	1.905 2	0.785 5	1.766 8	2.980 4	2.411 0	1.334 6	1.440 9
		95%置信区间	(0.650 7, 0.653 4)	(1.497 8, 1.498 0)	(0.478 3, 0.478 3)	(1.904 7, 1.905 7)	(0.785 3, 0.785 8)	(1.766 7, 1.766 8)	(2.980 4, 2.980 5)	(2.410 8, 2.411 2)	(1.334 6, 1.334 7)	(1.440 5, 1.441 3)
		样本数	161	161	136	159	149	84	30	26	156	162

（续表）

资本结构	公司	统计特征	企业财产保险	机动车辆保险	货物运输保险	责任保险	工程保险	信用保证保险	农业保险	短期健康保险	意外伤害保险	财产保险合计
外资及合资	安盛天平	均值	0.647 3	1.496 1	0.485 7	1.906 8	0.785 8	1.766 9		2.409 6	1.334 8	1.441 2
		95% 置信区间	(0.646 8, 0.647 8)	(1.495 9, 1.496 3)	(0.483 4, 0.488 0)	(1.906 0, 1.907 6)	(0.785 4, 0.786 3)	(1.766 8, 1.766 9)		(2.408 6, 2.410 6)	(1.334 7, 1.334 8)	(1.441 1, 1.441 4)
		样本数	79	199	33	113	20	17		50	160	205
	国泰财产保险	均值	0.646 3	1.499 1	0.478 4	1.907 6	0.784 9	1.766 9		2.385 4	1.334 8	1.443 1
		95% 置信区间	(0.646 2, 0.646 4)	(1.498 7, 1.499 6)	(0.478 3, 0.478 5)	(1.907 2, 1.908 0)	(0.784 9, 0.784 9)	(1.766 9, 1.766 9)		(2.329 4, 2.441 5)	(1.334 5, 1.335 0)	(1.442 8, 1.443 4)
		样本数	76	75	63	77	66	38		3	17	77
	中航安盟财产保险	均值	0.646 4	1.498 7	0.478 3	1.907 7	0.784 9	1.766 9	2.933 2	2.408 4	1.334 6	1.441 7
		95% 置信区间	(0.646 3, 0.646 4)	(1.498 5, 1.499 0)	(0.478 2, 0.478 4)	(1.907 4, 1.908 0)	(0.784 9, 0.784 9)	(1.766 8, 1.766 9)	(2.916 9, 2.949 5)	(2.406 8, 2.410 1)	(1.334 5, 1.334 7)	(1.441 2, 1.442 2)
		样本数	45	42	33	45	27	15	36	36	46	46
	利宝互助保险	均值	0.646 2	1.497 4	0.478 8	1.905 9	0.785 0			2.411 3	1.333 8	1.441 9
		95% 置信区间	(0.646 2, 0.646 3)	(1.496 8, 1.498 0)	(0.478 6, 0.479 1)	(1.904 9, 1.906 9)	(0.784 9, 0.785 0)			(2.411 2, 2.411 3)	(1.333 3, 1.334 2)	(1.441 5, 1.442 3)
		样本数	54	54	49	52	39			29	50	55
	美亚财产保险	均值	0.648 8	1.499 5	0.492 7	1.884 4	0.785 2	1.766 3		2.408 2	1.330 6	1.440 3
		95% 置信区间	(0.648 0, 0.649 6)	(1.499 5, 1.499 5)	(0.488 5, 0.496 9)	(1.876 8, 1.892 0)	(0.785 0, 0.785 4)	(1.766 2, 1.766 4)		(2.407 1, 2.409 3)	(1.329 6, 1.331 6)	(1.439 4, 1.441 1)
		样本数	61	15	62	58	27	48		48	54	62

（续表）

资本结构	公司	统计特征	企业财产保险	机动车辆保险	货物运输保险	责任保险	工程保险	信用保证保险	农业保险	短期健康保险	意外伤害保险	财产保险合计
外资及合资	安联保险	均值	0.647 3	1.499 4	0.480 6	1.900 0	0.785 9	1.766 0		2.405 0	1.334 1	1.442 0
		95% 置信区间	(0.646 9, 0.647 6)	(1.499 3, 1.499 4)	(0.479 9, 0.481 3)	(1.897 7, 1.902 2)	(0.785 6, 0.786 2)	(1.765 9, 1.766 1)		(2.401 0, 2.409 0)	(1.334 0, 1.334 3)	(1.441 8, 1.442 3)
		样本数	24	19	23	25	19	21		17	22	25
	三星财产保险	均值	0.647 6	1.499 4	0.483 0	1.907 9	0.785 1	1.766 9			1.334 6	1.442 6
		95% 置信区间	(0.647 3, 0.647 9)	(1.499 4, 1.499 5)	(0.482 4, 0.483 7)	(1.907 7, 1.908 1)	(0.785 0, 0.795 2)	(1.766 9, 1.766 9)			(1.334 6, 1.334 6)	(1.442 4, 1.442 7)
		样本数	74	50	74	73	56	65			70	74
	富邦财险	均值	0.646 5	1.498 1	0.478 7	1.907 4	0.784 9	1.766 9		2.411 1	1.334 3	1.442 6
		95% 置信区间	(0.646 3, 0.646 7)	(1.497 8, 1.498 4)	(0.478 5, 0.478 9)	(1.907 1, 1.907 7)	(0.784 9, 0.784 9)	(1.766 9, 1.766 9)		(2.411 0, 2.411 1)	(1.334 2, 1.334 5)	(1.442 5, 1.442 8)
		样本数	27	26	25	26	26	11		21	24	27
	中意财产保险	均值	0.646 8	1.499 3	0.479 9	1.906 3	0.785 3	1.767 0			1.334 7	1.442 8
		95% 置信区间	(0.646 6, 0.647 1)	(1.499 2, 1.499 3)	(0.479 3, 0.480 4)	(1.905 7, 1.906 9)	(0.785 1, 0.785 4)	(1.766 9, 1.767 0)			(1.334 6, 1.334 7)	(1.442 6, 1.443 0)
		样本数	44	42	37	45	43	20			41	45
	东京海上保险	均值	0.649 0	1.499 5	0.493 4	1.902 9	0.785 1	1.766 8		2.411 4	1.334 8	1.441 8
		95% 置信区间	(0.648 1, 0.649 8)	(1.499 5, 1.499 6)	(0.489 1, 0.497 7)	(1.901 0, 1.904 9)	(0.785 0, 0.785 2)	(1.766 7, 1.766 8)		(2.411 3, 2.411 4)	(1.334 8, 1.334 8)	(1.441 2, 1.442 3)
		样本数	48	36	48	45	39	34		10	39	48

（续表）

资本结构	公司	统计特征	企业财产保险	机动车辆保险	货物运输保险	责任保险	工程保险	信用保证保险	农业保险	短期健康保险	意外伤害保险	财产保险合计
外资及合资	苏黎世保险	均值	0. 650 3		0. 482 8	1. 893 0	0. 786 8			2. 411 2	1. 334 5	1. 442 0
		95% 置信区间	(0. 649 0, 0. 651 6)		(0. 481 4, 0. 484 2)	(1. 889 3, 1. 896 7)	(0. 786 2, 0. 787 4)			(2. 411 1, 2. 411 3)	(1. 334 5, 1. 334 6)	(1. 441 6, 1. 442 3)
		样本数	18		19	19	16			14	16	20
	三井住友海上保险	均值	0. 648 2	1. 499 5	0. 489 8	1. 904 7	0. 784 9	1. 766 7		2. 411 3	1. 334 8	1. 442 0
		95% 置信区间	(0. 647 7, 0. 648 6)	(1. 499 4, 1. 499 5)	(0. 486 7, 0. 493 0)	(1. 903 6, 1. 905 7)	(0. 784 9, 0. 784 9)	(1. 766 7, 1. 766 8)		(2. 411 2, 2. 411 4)	(1. 334 7, 1. 334 8)	(1. 441 5, 1. 442 4)
		样本数	44	31	44	44	38	42		9	42	44
	安达保险	均值	0. 646 5		0. 482 5	1. 897 0	0. 786 5	1. 764 9		2. 410 5	1. 334 5	1. 442 8
		95% 置信区间	(0. 646 4, 0. 646 6)		(0. 481 0, 0. 483 9)	(1. 892 8, 1. 901 2)	(0. 783 8, 0. 789 1)	(1. 764 6, 1. 765 2)		(2. 410 1, 2. 411 0)	(1. 334 4, 1. 334 7)	(1. 442 5, 1. 443 0)
		样本数	24		28	30	6	4		21	26	31
	日本财产保险	均值	0. 647 9	1. 499 6	0. 482 7	1. 906 6	0. 785 1	1. 766 9	2. 980 1	2. 410 5	1. 334 7	1. 442 8
		95% 置信区间	(0. 647 4, 0. 648 4)	(1. 499 5, 1. 499 6)	(0. 481 8, 0. 483 7)	(1. 906 2, 1. 907 1)	(0. 785 0, 0. 795 2)	(1. 766 9, 1. 766 9)	(2. 980 0, 2. 980 2)	(2. 410 0, 2. 411 1)	(1. 334 6, 1. 334 8)	(1. 442 6, 1. 443 0)
		样本数	52	26	52	52	46	30	4	31	48	52
	史带财产保险	均值	0. 647 1	1. 497 4	0. 480 0	1. 907 9	0. 785 0	1. 766 7	2. 979 9	2. 410 4	1. 334 3	1. 442 2
		95% 置信区间	(0. 646 9, 0. 647 4)	(1. 496 9, 1. 497 8)	(0. 479 4, 0. 480 6)	(1. 907 7, 1. 908 1)	(0. 785 0, 0. 795 1)	(1. 766 5, 1. 766 8)	(2. 979 7, 2. 980 1)	(2. 409 9, 2. 410 8)	(1. 334 2, 1. 334 4)	(1. 441 9, 1. 442 5)
		样本数	110	88	110	107	43	19	8	24	101	116

表 4-22　2008—2018 年中国人身保险各险种需求收入弹性的动态演变

年份	统计特征	普通寿险	分红寿险	投资连结保险	万能保险	意外伤害保险	健康保险	人寿保险小计	人身保险合计
2008	均值	5. 906 7	1. 201 9	− 5. 325 8	− 3. 667 7	2. 023 0	3. 578 6	1. 611 1	2. 041 4
	95% 置信区间	(5. 903 8, 5. 909 6)	(1. 201 7, 1. 202 0)	(− 5. 391 8, − 5. 259 7)	(− 3. 733 8, − 3. 601 5)	(2. 022 9, 2. 023 1)	(3. 578 0, 3. 579 2)	(1. 610 5, 1. 611 6)	(2. 040 8, 2. 042 0)
	样本数	410	422	203	385	443	448	442	465
2009	均值	5. 901 4	1. 201 9	− 5. 403 3	− 3. 757 0	2. 022 9	3. 577 8	1. 611 0	2. 041 2
	95% 置信区间	(5. 897 2, 5. 905 6)	(1. 201 8, 1. 202 1)	(− 5. 445 7, − 5. 360 9)	(− 3. 805 0, − 3. 709 0)	(2. 022 8, 2. 023 1)	(3. 577 1, 3. 578 5)	(1. 610 5, 1. 611 5)	(2. 040 6, 2. 041 8)
	样本数	452	455	168	390	489	496	477	502
2010	均值	5. 890 2	1. 201 9	− 5. 475 4	− 3. 835 1	2. 022 9	3. 576 2	1. 610 9	2. 040 8
	95% 置信区间	(5. 882 7, 5. 897 8)	(1. 201 8, 1. 202 1)	(− 5. 495 8, − 5. 454 9)	(− 3. 864 3, − 3. 805 8)	(2. 022 7, 2. 023 0)	(3. 575 3, 3. 577 2)	(1. 610 3, 1. 611 4)	(2. 040 1, 2. 041 4)
	样本数	481	486	147	350	535	531	510	547
2011	均值	5. 864 2	1. 202 0	− 5. 506 6	− 3. 887 2	2. 022 8	3. 573 8	1. 611 0	2. 040 5
	95% 置信区间	(5. 849 7, 5. 878 7)	(1. 201 9, 1. 202 2)	(− 5. 514 9, − 5. 498 3)	(− 3. 901 5, − 3. 873 0)	(2. 022 6, 2. 022 9)	(3. 572 5, 3. 575 1)	(1. 610 5, 1. 611 5)	(2. 039 7, 2. 041 2)
	样本数	549	569	160	343	609	609	603	631
2012	均值	5. 843 3	1. 202 1	− 5. 513 8	− 3. 904 2	2. 022 8	3. 572 3	1. 611 0	2. 040 3
	95% 置信区间	(5. 824 2, 5. 862 4)	(1. 202 0, 1. 202 2)	(− 5. 519 6, − 5. 508 0)	(− 3. 913 0, − 3. 895 5)	(2. 022 6, 2. 022 9)	(3. 570 8, 3. 573 9)	(1. 610 5, 1. 611 5)	(2. 039 6, 2. 041 0)
	样本数	602	624	152	363	675	678	658	694

（续表）

年份	统计特征	普通寿险	分红寿险	投资连结保险	万能保险	意外伤害保险	健康保险	人寿保险小计	人身保险合计
2013	均值	5. 817 4	1. 202 1	− 5. 517 8	− 3. 912 8	2. 022 7	3. 570 4	1. 610 9	2. 040 0
	95% 置信区间	（5. 793 4, 5. 841 4）	（1. 202 0, 1. 202 2）	（− 5. 521 7, − 5. 513 9）	（− 3. 918 8, − 3. 906 9）	（2. 022 5, 2. 022 9）	（3. 568 6, 3. 572 3）	（1. 610 4, 1. 611 5）	（2. 039 3, 2. 040 8）
	样本数	626	641	156	375	692	701	679	719
2014	均值	5. 792 7	1. 202 1	− 5. 520 8	− 3. 918 3	2. 022 7	3. 568 8	1. 610 9	2. 039 9
	95% 置信区间	（5. 765 4, 5. 820 0）	（1. 202 0, 1. 202 3）	（− 5. 523 1, − 5. 518 5）	（− 3. 922 4, − 3. 914 1）	（2. 022 5, 2. 022 9）	（3. 566 8, 3. 570 9）	（1. 610 4, 1. 611 4）	（2. 039 1, 2. 040 6）
	样本数	688	689	159	377	746	753	717	760
2015	均值	5. 777 1	1. 202 2	− 5. 521 7	− 3. 920 6	2. 022 7	3. 568 2	1. 611 0	2. 039 9
	95% 置信区间	（5. 748 7, 5. 805 5）	（1. 202 1, 1. 202 3）	（− 5. 523 4, − 5. 520 0）	（− 3. 924 1, − 3. 917 1）	（2. 022 5, 2. 022 9）	（3. 566 1, 3. 570 4）	（1. 610 5, 1. 611 5）	（2. 039 2, 2. 040 7）
	样本数	737	721	149	376	789	806	765	812
2016	均值	5. 745 2	1. 202 2	− 5. 517 7	− 3. 922 4	2. 022 7	3. 566 3	1. 611 0	2. 039 8
	95% 置信区间	（5. 711 7, 5. 778 6）	（1. 202 1, 1. 202 3）	（− 5. 524 3, − 5. 511 0）	（− 3. 925 4, − 3. 919 3）	（2. 022 5, 2. 022 8）	（3. 563 7, 3. 568 8）	（1. 610 5, 1. 611 5）	（2. 039 0, 2. 040 6）
	样本数	710	679	146	359	755	777	731	784
2017	均值	5. 701 7	1. 202 2	− 5. 522 3	− 3. 925 1	2. 022 6	3. 563 7	1. 610 9	2. 039 5
	95% 置信区间	（5. 664 1, 5. 739 3）	（1. 202 1, 1. 202 3）	（− 5. 525 3, − 5. 519 2）	（− 3. 927 3, − 3. 923 0）	（2. 022 4, 2. 022 8）	（3. 560 8, 3. 566 6）	（1. 610 4, 1. 611 5）	（2. 038 7, 2. 040 3）
	样本数	806	772	152	415	862	876	830	881

（续表）

年份	统计特征	普通寿险	分红寿险	投资连结保险	万能保险	意外伤害保险	健康保险	人寿保险小计	人身保险合计
2018	均值	5.650 3	1.202 2	−5.523 2	−3.927 0	2.022 5	3.560 5	1.610 9	2.039 2
	95% 置信区间	(5.607 4, 5.693 3)	(1.202 1, 1.202 3)	(−5.525 1, −5.521 4)	(−3.928 4, −3.925 6)	(2.022 3, 2.022 7)	(3.557 2, 3.563 9)	(1.610 4, 1.611 4)	(2.038 3, 2.040 0)
	样本数	825	793	152	462	877	898	851	903

表 4-23　2008—2018 年中国财产保险各险种需求收入弹性的动态演变

年份	统计特征	企业财产保险	机动车辆保险	货物运输保险	责任保险	工程保险	信用保证保险	农业保险	短期健康保险	意外伤害保险	财产保险合计
2008	均值	0.651 0	1.484 8	0.484 7	1.900 5	0.786 7	1.763 2	2.944 3	2.404 1	1.331 6	1.431 3
	95% 置信区间	(0.650 0, 0.652 1)	(1.482 0, 1.487 5)	(0.483 1, 0.486 3)	(1.898 5, 1.902 4)	(0.786 3, 0.787 2)	(1.760 5, 1.765 8)	(2.925 1, 2.963 5)	(2.400 4, 2.407 8)	(1.330 9, 1.332 4)	(1.428 9, 1.433 6)
	样本数	493	482	460	482	413	251	93	321	490	515
2009	均值	0.650 9	1.484 3	0.484 4	1.899 9	0.786 8	1.762 4	2.945 0	2.403 3	1.331 6	1.431 1
	95% 置信区间	(0.649 9, 0.651 9)	(1.481 4, 1.487 1)	(0.482 8, 0.485 9)	(1.897 9, 1.901 9)	(0.786 3, 0.787 2)	(1.759 4, 1.765 3)	(2.928 0, 2.961 9)	(2.399 4, 2.407 1)	(1.330 8, 1.332 4)	(1.428 7, 1.433 4)
	样本数	500	490	465	494	424	235	111	327	503	529
2010	均值	0.650 5	1.484 4	0.483 7	1.899 9	0.786 5	1.762 2	2.933 8	2.401 9	1.331 6	1.431 2
	95% 置信区间	(0.649 6, 0.651 4)	(1.481 6, 1.487 2)	(0.482 3, 0.485 0)	(1.898 0, 1.901 7)	(0.786 1, 0.786 9)	(1.759 5, 1.765 0)	(2.911 8, 2.955 8)	(2.397 7, 2.406 1)	(1.330 8, 1.332 4)	(1.428 9, 1.433 5)
	样本数	534	531	496	526	475	259	115	350	529	572

（续表）

年份	统计特征	企业财产保险	机动车辆保险	货物运输保险	责任保险	工程保险	信用保证保险	农业保险	短期健康保险	意外伤害保险	财产保险合计
2011	均值	0.649 9	1.484 4	0.482 9	1.898 8	0.786 4	1.763 4	2.915 3	2.400 2	1.331 7	1.431 6
	95% 置信区间	(0.649 1, 0.650 6)	(1.481 7, 1.487 1)	(0.481 8, 0.484 1)	(1.896 5, 1.901 0)	(0.786 0, 0.786 8)	(1.762 4, 1.764 4)	(2.886 9, 2.943 7)	(2.395 5, 2.404 8)	(1.331 0, 1.332 4)	(1.429 4, 1.433 8)
	样本数	594	586	538	586	517	283	113	369	592	637
2012	均值	0.649 6	1.485 1	0.482 4	1.898 8	0.786 3	1.763 5	2.918 5	2.400 2	1.331 8	1.432 0
	95% 置信区间	(0.648 9, 0.650 3)	(1.482 5, 1.487 7)	(0.481 3, 0.483 4)	(1.896 6, 1.901 0)	(0.785 9, 0.786 6)	(1.762 5, 1.764 4)	(2.892 8, 2.944 3)	(2.395 6, 2.404 7)	(1.331 1, 1.332 5)	(1.429 9, 1.434 1)
	样本数	644	634	595	647	561	323	144	426	636	687
2013	均值	0.649 4	1.485 0	0.482 1	1.898 2	0.786 2	1.763 4	2.918 7	2.399 8	1.331 8	1.431 8
	95% 置信区间	(0.648 7, 0.650 0)	(1.482 5, 1.487 6)	(0.481 2, 0.483 1)	(1.895 9, 1.900 6)	(0.785 9, 0.786 5)	(1.762 5, 1.764 3)	(2.894 0, 2.943 4)	(2.395 2, 2.404 3)	(1.331 1, 1.332 5)	(1.429 7, 1.433 9)
	样本数	657	658	605	661	575	351	167	465	656	708
2014	均值	0.649 2	1.484 8	0.481 8	1.898 1	0.786 2	1.763 7	2.917 5	2.399 1	1.331 8	1.432 1
	95% 置信区间	(0.648 6, 0.649 8)	(1.482 2, 1.487 4)	(0.480 9, 0.482 8)	(1.895 8, 1.900 4)	(0.785 9, 0.786 5)	(1.762 9, 1.764 6)	(2.893 1, 2.941 9)	(2.394 4, 2.403 9)	(1.331 1, 1.332 4)	(1.430 0, 1.434 1)
	样本数	673	672	623	690	601	435	185	482	692	736
2015	均值	0.649 1	1.485 0	0.481 7	1.898 1	0.786 1	1.763 8	2.923 6	2.399 1	1.331 9	1.432 6
	95% 置信区间	(0.648 5, 0.649 7)	(1.482 5, 1.487 6)	(0.480 8, 0.482 6)	(1.895 8, 1.900 4)	(0.785 8, 0.786 4)	(1.763 0, 1.764 6)	(2.902 5, 2.944 7)	(2.394 6, 2.403 7)	(1.331 2, 1.332 5)	(1.430 6, 1.434 5)
	样本数	708	709	648	729	631	471	220	518	734	797

（续表）

年份	统计特征	企业财产保险	机动车辆保险	货物运输保险	责任保险	工程保险	信用保证保险	农业保险	短期健康保险	意外伤害保险	财产保险合计
2016	均值	0.648 9	1.485 4	0.481 4	1.898 9	0.785 9	1.764 0	2.931 6	2.400 8	1.332 2	1.433 6
	95% 置信区间	(0.648 3, 0.649 4)	(1.482 9, 1.487 9)	(0.480 6, 0.482 2)	(1.896 9, 1.900 9)	(0.785 7, 0.786 1)	(1.763 2, 1.764 8)	(2.913 5, 2.949 7)	(2.397 6, 2.403 9)	(1.331 8, 1.332 7)	(1.431 8, 1.435 4)
	样本数	727	708	676	780	647	511	238	562	761	850
2017	均值	0.648 6	1.485 7	0.481 1	1.898 5	0.785 9	1.764 2	2.923 9	2.400 9	1.332 3	1.433 7
	95% 置信区间	(0.648 1, 0.649 2)	(1.483 4, 1.488 1)	(0.480 4, 0.481 8)	(1.896 3, 1.900 7)	(0.785 7, 0.786 2)	(1.763 5, 1.764 9)	(2.903 7, 2.944 2)	(2.398 1, 2.403 8)	(1.331 9, 1.332 7)	(1.432 0, 1.435 5)
	样本数	805	794	729	867	720	574	265	712	875	946
2018	均值	0.648 5	1.486 2	0.481 0	1.898 0	0.785 9	1.763 9	2.922 4	2.399 2	1.332 1	1.433 9
	95% 置信区间	(0.648 1, 0.649 0)	(1.483 9, 1.488 5)	(0.480 3, 0.481 7)	(1.895 8, 1.900 3)	(0.785 7, 0.786 1)	(1.763 2, 1.764 7)	(2.902 2, 2.942 6)	(2.395 3, 2.403 1)	(1.331 5, 1.332 6)	(1.432 2, 1.435 6)
	样本数	818	844	730	877	742	586	271	761	909	989

社会大众的健康意识和风险保障需求。在这样的时代背景下，如何更好地推动保险业供给侧结构性改革，实现保险业的高质量发展，更好地服务现代化经济体系建设，是一项重要的学术和政策研究议题。

本章基于不完全市场理论，着重从中国保险市场均衡角度，利用中国各家保险公司在31个省、自治区、直辖市分支机构经营的分险种微观数据，通过构建高维固定效应面板数据回归模型来吸收公司×省份（区、市）层面的高维个体固定效应、公司×年份层面的高维时间固定效应，实证检验了中国保险市场开发的人身保险和财产保险的各险种的发展效果，分析了各险种的产品属性，并进一步开展了地区、公司和时间维度的异质性研究。

本章的实证分析结果表明：对数人均GDP对各险种深度都有着非常显著的影响，并且都在1%的显著性水平上统计显著；分险种稳健标准误回归检验和直接估计险种密度的稳健性检验进一步验证并支撑了基准回归模型结果的稳健性。分险种需求收入弹性的异质性分析进一步验证了本章提出的7个假说，发现了一些重要特征性事实。第一，从保险产品需求角度来看，中国保险市场上高档品、必需品和低档品并存。第二，从保险产品供给角度来看，人身和财产保险公司在险种供给的质和量上存在一些差异。第三，从保险市场均衡角度来看，各险种的产品属性与其在地区、公司和时间维度的异质性存在着规律性特征。各险种需求收入弹性存在显著的差异；同一险种需求收入弹性在不同地区、公司和年份层面也存在明显的异质性。第四，从保险市场发展阶段来看，目前中国财产保险市场整体上处在高速增长阶段，而人身保险市场已处在由高速增长向高质量发展的转变阶段。

本章的研究表明，异质性是社会科学的熵。目前，中国人身保险市场和财产保险市场在产品供给的质量和数量上仍存在很大的改进空间。因此，人身保险公司更应该注重健康保险、意外伤害保险、定期寿险和终身寿险等风险保障类产品和长期储蓄类产品的质量创新，这与原中国银保监会2020年发布《普通型人身保险精算规定》，完善人身保险精算制度体系，保护保险消费者合法权益，推动人身保险市场高质量发展的监管体系改革工作不谋而合。财产保险公司应该同时注重企业财产保险、机动车辆保险、货物运输保险、责任保险、工程保险、信用保证保险、农业保险、短期健康保险和意外伤害保险等已有风险保障类产品的质量创新，以及教育、育幼、家政、文化、旅游、体育等领域的风险保障类产品的开发和数量扩充，不断挖掘个人、家庭、企业和各级政府部门的保险需求，提升个性化、差异化和定制化产品开发和竞争能力。此外，保险行业应以2020年重大疾病保险的疾病定义和经验发生率表的修订为契机，逐步开展意外伤害保险等各类纯粹风险发生率表的研究工作，结合不同险种的特点细化和完善监管制度，将《普通型人身保险精算规定》《分红保险精算规定》《万能保险精算规定》《投资连结保险精算规定》等人身保险精算制度建设扩展到财产保险领域，搭建涵盖各类产品形态的、基本健全完善的精算制度体系，进一步提升监管的科学性和有效性。

本章的研究也有着重要的政策含义。本章为理解中国保险市场由高速增长阶段向高质量发展阶段转变，引导保险行业更好地探索社会服务领域的保险产品创新和结构优化，推动形成多层次、广覆盖和有差异的保险机构体系提供了学术依据和洞见。

第五章

普惠保险与中国信任品市场高质量发展

第一节 引 言

我国政府一向高度重视食品药品安全、医疗服务领域；但怎奈总有一些不法商家发生“孔雀石绿”、苏丹红、三聚氰胺等事件。但好在都被政府及时发现并严肃处置，守住了食药安全、医疗服务行业信心的底线。

中国的食品安全等系列事件的根源在于，食品、药品、医疗服务等商品和服务作为一种信任品①，关于其真实质量存在严重的信息不对称，容易使得存在信息优势的企业在利润驱使下降低产品和服务质量（道德风险问题），或者使得存在信息劣势的消费者在市场信任缺失情形下降低支付意愿（逆向选择问题），极大地降低了市场效率，最终导致信任品市场失灵。从理论上来说，针对信任品市场失灵问题，有如下两种解决方案：一方面，政府监管有助于维持食品等信任品市场的运转（Garcia 等，2007）；另一方面，基于市场化的解决方案，尤其是金融创新（Financial Innovations），可能是比政府监管更有效地应对市场失灵的解决方案。保险是一项重要的金融创新，也许在过去几十年中，保险理论最重要的发展就是保险可以成为一个有效的私人风险监督机制（Cogan，2016）。例如，责任保险在发达国家已经被广泛运用于解决信任品市场的问题。中国国内的政策讨论和学术研究对第一种解决方案关注较多，相比之下，对基于金融创新的解决方案关注较少，学术研究尚属空白。作为金融创新的重要组成部

① 一般而言，根据消费者对质量的信息把握程度，商品可以分为搜寻品（Search Goods）、经验品（Experience Goods）和信任品（Credence Goods）三类。其中，搜寻品是在消费前就能确认真实质量的商品，经验品是在消费后才能确认真实质量的商品，而信任品则是在消费前甚至消费后都难以确认真实质量的商品（Nelson，1970）。

分，保险合约和市场的引入有助于减少和化解信任品市场上的风险；但经济学理论同时告诉我们，在一个“次优”（约束下的最优，Second-best）的世界里，引入一种新的（保险）市场，未必会提高效率。责任保险能否有效缓解信任品市场失灵？这是一个有着重要学术和政策意义的问题，需要通过实证研究来回答。

中国食品安全责任强制保险这一普惠型保险的试点为回答这个问题提供了一个理想的准自然实验。作为一项重要的金融创新，食品安全责任保险是发达国家进行食品安全管理普遍采用的市场机制。很多中国学者也认为，在全国范围内推行食品安全责任强制保险是促进我国食品安全问题解决的一项重要制度安排（张翼等，2014；何锦强和孙武军，2016）。中国政府也高度重视责任保险制度建设。为加强对中国食品安全的监管，2014 年 8 月 13 日发布的《国务院关于加快发展现代保险服务业的若干意见》（国发〔2014〕29 号）明确提出在与公众利益关系密切的食品安全等领域探索开展强制责任保险试点的要求。2015 年 1 月 21 日国务院食品安全委员会办公室、国家食品药品监管总局、原中国保监会①联合发布《关于开展食品安全责任保险试点工作的指导意见》（食安办〔2015〕1 号），标志着我国食品安全责任保险制度初步建立，相关试点工作目前已在全国范围内启动。此举由政府牵头推出食品安全责任强制保险②，大幅提高了保险覆盖率。

---

① 2018 年 3 月 17 日国务院机构改革方案出炉，将中国银监会和保监会合并为中国银行保险监督管理委员会。鉴于此，本章统一将中国保监会称为原中国保监会。2023 年 3 月，中共中央、国务院印发了《党和国家机构改革方案》，决定在中国银行保险监督管理委员会基础上组建国家金融监督管理总局，不再保留中国银行保险监督管理委员会；2023 年 5 月 18 日，国家金融监督管理总局揭牌。

② 食品安全责任强制保险是由保险公司对投保企业发生食品安全事故造成受害人的人身伤亡、财产损失，在责任限额内予以赔偿的强制性责任保险。其保障的是在保险合同有效期内，被保险企业（如食品生产加工工厂或食品商店）在经营场所内生产、销售食品，或现场提供与其营业性质相符的食品时，因疏忽或过失致使消费者食物中毒或发生其他食源性疾病，或因食物中掺有异物而造成消费者人身损害或财产损失的，依法应由投保企业承担的经济赔偿责任，保险公司将根据合同约定负责赔偿。

不仅是中国，很多其他国家也一直受到食品、医药等信任品市场问题的困扰。例如，美国每年 128 000 名住院治疗的患者中约有 3 000 人死于食源性疾病（Foodborne Diseases）①；食源性疾病除了带来严重的生理影响之外，还造成了惊人的经济后果，美国每年因食源性疾病产生的医疗费用、生产力损失以及过早死亡、疼痛和痛苦的经济成本估计为 777 亿美元，相当于每年食品支出总额的 7%（Cogan，2016）。然而，在美国等其他国家，食品、药品等产品通常被纳入产品责任保险的承保范围，鲜少专门设立食品安全责任保险。为化解食品安全这一重大难题，国外学者也已经开始呼吁美国等国家建立食品安全责任强制保险制度，但一直没有推出，而中国在这方面则走在了世界的前列。

中国食品安全责任强制保险是世界上一个非常难得的、理想的准自然实验。第一，中国食品安全责任强制保险在不同的省、自治区、直辖市的试点时间是不同的，这种外生的推行时间的差异使得我们可以采用双重差分（Difference-in-Differences，DID）的方法，以更好地识别出因果关系。第二，这种责任保险是强制性的，因此关闭掉了逆向选择的渠道，使得本章可以只关注道德风险这一渠道（即只需要检验其是否增加了道德风险）。而西方国家的责任保险并非都是强制性的，这种非强制性的责任保险会同时通过道德风险渠道和逆向选择渠道发挥作用，因而在实证上很难识别出究竟是哪种渠道在起作用，也难以识别出其作用的大小。

具体而言，本章运用 2011—2017 年全国 31 个省、自治区、直辖市试点数据，采用 DID 这一实证方法，识别食品安全责任保险试点与食品安全事故发生概率之间的因果关系。本章的研究发现，引入食品安全责任强制保险这一金融创新，对规范食品企业行为、降低食品

① 根据世界卫生组织（WHO）的定义，“食源性疾病”为“通过摄食方式进入人体内的各种致病因子引起的通常具有感染或中毒性质的一类疾病”。

安全事故发生概率起到了显著的作用，有效地缓解了该信任品市场的失灵。

本章的创新和贡献主要体现在以下三个方面。第一，本章采用准自然实验的方法研究了金融创新如何缓解信任品市场的失灵。第二，中国强制责任保险这种独特的政策背景有助于非常干净地识别出保险市场的道德风险。这是因为，在一个自由选择的保险市场中，逆向选择和道德风险是混在一起的，在实证上很难干净地将两者分离出来。这对保险市场的信息经济学是一个很好的实证检验。第三，本章关于食品市场的研究方法和结论，也同样适用于药品、医疗等信任品市场。

本章其余部分的结构安排如下：第二节是相关文献评述；第三节介绍政策背景，提出理论假说，并给出实证研究设计；第四节是实证分析与稳健性检验，包括基础回归结果、平行趋势检验（Parallel Trend Test），以及对保险公司监督机制的进一步解释和检验；第五节进行总结并提出政策建议和进一步研究的问题。

第二节　相关文献综述

与本章相关的文献主要有如下三类，本节分别加以综述。

第一类文献关注信任品市场的信息不对称与该市场的失灵。Akerlof（1970）、Rothschild 和 Stiglitz（1976）的开创性论文研究了信息不对称导致的逆向选择问题；Hölmstrom（1979）、Shavell（1979）探讨了信息不对称导致的道德风险问题。李想和石磊（2014）采用同时包含逆向选择和道德风险的两期交易模型对食品行业信任危机给出了经济学解释。Tirole（1996）提出集体声誉（Collective Reputation）

理论，区分了一个组织中的个人声誉和组织的声誉。这些理论模型为分析行业信任危机提供了很好的分析框架。有鉴于此，Winfree 和 McCluskey（2005）、Saak（2012）基于集体声誉模型研究了特产食品的地缘信任危机。吴元元（2012）提倡基于信息、声誉与执法优化构建多元化的食品安全社会治理模式。李新春和陈斌（2013）基于混合双寡头模型研究了逆向选择、不道德行为扩散以及法不责众导致管制失效的企业“集体性道德风险”的产生机理，深化了关于产品质量安全与监管制度的理论和政策分析。

第二类文献关注通过政府的高效监管来解决食品、医疗等信任品市场失灵问题。这类文献着重探讨了政府监管模式选择与可行监管举措的理论分析、行业信任危机与监管有效性。

关于政府监管模式选择与可行监管举措的理论分析，除了依靠食品等信任品行业自身拥有的声誉、广告和担保等产品质量信息传递手段之外，Caswell（1992）认为政府应采用企业加贴标签等方式建立有效的信息传递机制，使食品等商品由信任品转化为搜寻品。Hollander 等（1999）研究了政府机构对信任品的质量划分问题。Marette 等（2000）探讨了最低安全标准、要求企业加贴标签、事后惩罚机制三种措施对经验品和信任品的不同作用和实施效果。Regattieri 等（2007）认为政府应建立食品安全可追溯系统，提高食品产业链的完整性、透明度和安全保障程度。

关于中国食品等行业的信任危机与监管有效性，研究指出，监管制度的不力和公众对监管制度的不信任是此类信任品行业危机的重要原因，进而学者们提出以社会监督为核心的信息揭示、扩大监管覆盖面、提升检测技术、加大惩罚力度、提高监管效率、引入第三方独立专业机构等若干化解信任危机的解决方案（王永钦等，2014；刘呈庆等，2009；龚强等，2013；张一林等，2017）。需要特别指出的是：龚强等（2013）研究了如何通过信息揭示来提高食品安全监管的效率；王永钦等（2014）从理论和实证结合的角度研究了中国食品行业的竞争效应和传染效应，识别了中国信任品市场失灵的根源，量化了公众对监管制度的不信任；李想和石磊（2014）、张一林等（2017）探讨了监管缺陷对信任危机的相互影响，前者侧重研究政府监管缺陷对信任危机的影响，后者侧重研究信任危机对政府监管有效性的影响；Hilger（2016）认为信任品导致的专家误判和“柠檬”市场导致的交易中止极其相似，政府强制要求所有卖家以相同价格购入相同的投入品也能解决信任品的问题，但信息问题的存在使得政府很难监督，实施效果往往会大打折扣，需要寻求其他能更好地应对信任品市场失灵的解决方案，如最近越来越受到关注的金融创新解决方案。

第三类文献关注通过金融创新来解决信任品市场失灵或外部性问题，其中保险就是一项重要的金融创新。Ben-Shahar 和 Kyle（2012）从法经济学视角探讨了保险作为一种外包监管（Outsourcing Regulation）模式，通过保险合约的条款设计可以降低逆向选择和道德风险，在消费者保护、食品安全、财务报表等领域具有代替政府安全监管的潜在价值。实施食品安全责任保险有助于保险公司加强对食品企业的监督。

经济学和法经济学的很多文献都探讨了保险公司降低道德风险和逆向选择的措施。例如，利用承保技术提前筛选具有良好的损失控制经验的被保险人来降低逆向选择和道德风险（Baker 和 Griffith，2010）；依据经验费率，针对索赔历史较差的被保险人收取更高保费或者采取不续保条款来降低逆向选择和道德风险（Robinson 和 Zheng，2010）；在保障范围等保险合约设计方面，通过扩大保险范围的除外责任及限制除外责任来降低逆向选择（Baker，2008）；将防损和减损相结合来降低道德风险（Sykes，1994）；采用免赔额（Deductibles）、共保额条款设计的成本分摊和部分保险合约来降低逆向选择和道德风险（Wang 等，2008；Baker 和 Griffith，2010）；采用损失预防建议与控制来降低逆向选择和道德风险（Abraham，2006；Baker和Griffith，2010）；通过加强事后审计来降低逆向选择和道德风险（Picard，2000）。

有关责任保险的法律与经济学的大量研究（Baker和Griffith，2010；Robinson和Zheng，2010；Asmat和Tennyson，2014；Choi和Spier，2014；Ben-Shahar，2015）也表明，责任保险合约设计的诸多特征在实务中是相当有效的，因此责任保险可能不会产生实质性的道德风险。

上述文献更多偏重理论论证，而在实际中责任保险能否降低道德风险？如果答案是肯定的，那么怎样有效地识别和分离出实施责任保险对降低道德风险和逆向选择的净影响？引入食品安全责任强制保险这种金融创新工具能否降低食品安全事故发生概率，从而缓解食品这类信任品市场失灵？这些问题都亟待实证检验。有鉴于此，本章基于段白鸽等（2019）的研究，利用中国在不同地区、不同时间推行的食品安全责任强制保险这一准自然实验，从实证角度严谨地回答这些问题。

第三节　政策背景、理论假说与实证研究设计

一、政策背景

食品行业是重要的信任品行业。自2009年2月28日《中华人民共和国食品安全法》颁布以来，我国食品安全工作取得了积极进展，但影响和制约我国食品安全的深层次矛盾和问题尚未得到根本解决，食品安全形势依然严峻。

《中华人民共和国食品安全法》是为保证食品安全，保障公众身

体健康和生命安全制定的，自2009年6月1日起施行以来，历经2015年4月24日修订、2018年12月29日第一次修正、2021年4月29日第二次修正。其中2015年修订后的《中华人民共和国食品安全法》设立了更加严格的监管处罚制度，包括加重对地方政府的问责等，为激励地方政府积极推行食品安全责任强制保险提供了立法制度安排。

2015年1月21日，原中国保监会会同国务院食品安全委员会办公室、国家食品药品监管总局联合印发了《关于开展食品安全责任保险试点工作的指导意见》，首批纳入试点重点推进的食品企业是：食品生产加工环节的肉制品、食用油、酒类、保健食品、婴幼儿配方乳粉、液态奶、软饮料、糕点等企业；经营环节的集体用餐配送单位、餐饮连锁企业、学校食堂、网络食品交易第三方平台的入网食品经营单位等；当地特有的、属于食品安全事故高发的行业和领域的企业。同时，将食品安全责任保险试点情况纳入地方食品安全工作考核评价体系，企业投保情况也将纳入企业信用记录和分级分类管理指标体系，已投保企业可优先获得行业专项支持和政府扶持政策。截至2015年底，除吉林、云南、西藏、宁夏4省区以外，全国其余省区市均已陆续实施了食品安全责任强制保险试点，为全面推行食品安全责任保险制度积累了经验。

2017年国务院发布的《“十三五”国家食品安全规划》（国发〔2017〕12号）明确提出，将扩大食品安全责任保险试点，完善食品安全责任保险政策，充分发挥保险的风险控制和社会管理功能，探索建立行业组织、保险机构、企业、消费者多方参与，互动共赢的激励约束机制和风险防控机制。

结合发达国家的先进经验和我国保险市场发展的实际情况，原中国保监会指导人保、华安、长安责任等十几家保险公司，在食品生产、加工、销售、消费各环节进行了积极探索，开发了30余款食品安全责任保险产品。与此同时，我国很多保险公司也积极探索了多项食品安全责任保险的创新举措，受到了媒体的关注。例如，2014年12月23日，中国人保财险公司将河南省安阳市汤阴县作为食品安全责任保险的试点县（全国唯一县级食品类示范基地），与汤阴县政府联合启动了食品安全责任保险统保项目，在费率厘定、保费来源、续保优惠、承保方式、宣传发动等方面制订了汤阴县食品安全责任保险方案，在全国率先实现了区域食品安全保险的全覆盖。2016年8月11日，南京市鼓楼区市场监管局携手中国平安财险江苏分公司推出首单小龙虾食品安全责任保险。2017年12月15日，广东省佛山市顺德区政府与中国平安财险公司、乐从供销集团、中国邮政集团公司佛山市顺德区分公司共同启动“互联网＋食品追溯＋阳光车间＋电子支付＋食安保险”项目。此外，据《中国食品安全报》报道①，参与试点的保险公司为了降低赔付成本，会不遗余力地通过“事前风险评估、事中风险控制、事后优化理赔服务”等监督机制，以期降低食品安全事故发生概率。

在保险公司的大力推动下，食品投保企业的保险意识正逐渐增强。以试点的宁波市为例，自2015年起，由中国人寿财险、长安责任保险等5家保险公司组成的共保体，创新成立了“宁波市食品安全责任保险运营服务中心”，共保体的保费规模已由2015年的400万元增至2017年的1 700万元，基本实现了宁波市的区域全覆盖。

二、理论假说

理论上，责任保险对于信任品市场有如下正反两方面的影响。

一方面，保险公司在为投保企业提供保险服务时，首先会对投保企业的风险程度进行评估，针对不同风险等级设置不同的保费，从而

① http://paper.cfsn.cn/content/2016-06/02/content_38771.htm。

投保企业也有激励通过规范自身行为、降低风险来获取保费上的优惠政策。保险公司具有的这一信息优势，使其在风险管理上的能力远优于公共部门。保险作为一种外包监管模式，保险公司拥有“信息搜集与处理、合约设计、精算技术”等监督优势，通过保险合约的条款设计可以降低逆向选择和道德风险（Ben-Shahar 和 Kyle，2012）。就降低逆向选择而言，保险公司会通过各种途径收集与保险标的有关的信息，对投保企业做出更为准确的分类。在本章研究的理想环境中，食品安全责任保险的强制性排除了逆向选择这一渠道。就降低道德风险而言，保险公司也会设计具有针对性的保险条款，即设计的保险条款应尽量使投保企业谨慎行事的边际收益或不谨慎行事的边际成本为正值。在保险实务中，通常的做法是通过免赔额或共保额条款来设计共担风险型的保险合约，采用奖惩系统（Bonus-Malus System，BMS）① 对采取防损措施的投保企业进行奖励。

另一方面，责任保险也可能会引起道德风险问题。食品企业在购买了责任保险之后，可能缺乏激励来提供高质量的产品，这反而加剧了信任品市场的失灵。具体而言，投保企业在支付保费的同时，也将自身承担的不确定性风险转移给保险公司，认为即使出现食品安全问题，也会由保险公司理赔，因此便会放松对自身的监管，铤而走险生产不安全食品。

上述两种相反的影响机制到底哪个占主导？换句话说，运用基于保险的金融创新手段应对食品安全问题，从而缓解食品等信任品市场失灵现象，其有效性仍有待实证检验。有鉴于此，本章提出如下两个假说：

假说 1：引入食品安全责任强制保险试点，由于保险公司发挥的监督作用，能够降低食品安全事故发生概率，从而降低道德风险，有

① 在有些国家，奖惩系统也被称为无赔款优待（No-Claim Discount，NCD）系统。

助于缓解食品这类信任品市场失灵。

假说 2：保险公司无法实时对投保企业进行全面彻底的监控，责任保险没有缓解信任品市场的失灵，甚至加剧了道德风险问题，即责任保险没有降低食品安全事故发生概率。

多年来，我国的食品安全责任保险一直都是以“自愿参险”的形式存在，直至 2013 年，投保率仍不足 1%，且多为食品出口企业。中小型食品生产及经营企业收入不高，往往因为保费过于高昂，从成本角度考虑，不愿意承担这笔额外的费用。而大型企业认为自身已经对质量和风险严格把控，也缺乏投保意识。2015 年《关于开展食品安全责任保险试点工作的指导意见》颁布之后，政府牵头推出食品安全责任强制保险，大幅提高了保险覆盖率，不仅能够消除上述逆向选择问题带来的潜在影响，也为分析保险这类金融创新在缓解信任品市场失灵问题上的具体作用提供了一个理想的研究环境。

接下来，我们将利用中国食品安全责任强制保险试点这一理想的准自然实验，检验这两个假说到底哪个成立。换言之，由于强制责任保险不存在逆向选择问题，我们主要是看这种金融创新究竟是提高还是降低了道德风险，从而能否缓解，以及如何缓解信任品市场的失灵。

三、实证研究设计

本章的实证部分主要是通过研究食品安全责任强制保险对食品安全事故发生概率的影响，来验证金融创新如何缓解信任品市场失灵。

食品安全责任强制保险的实施可以看作一个理想的准自然实验，以食品安全责任强制保险试点省份（区、市）为实验组，而非试点省份（区、市）为对照组。本章的核心思想是：运用 DID 的识别方法，检验试点前后，试点省份（区、市）与非试点省份（区、市）在食品安全事故发生概率上是否存在显著差异。由于本章使用的是2011—2017年面板数据，且试点是在不同的试点省份（区、市）陆续开展的，故实证分析采用更一般的双向固定效应多期DID方法（Gentzkow，2006；Beck等，2010）进行识别，其基础模型为：

$$Prob_{it} = \beta_0 + \delta \times insurance_{it} + \mu_i + year_t + CONTROLS_{it} + \varepsilon_{it} \quad (5-1)$$

其中，i 表示省份（区、市）（$i = 1, 2, \cdots, 31$），t 表示年份（$t = 2011, 2012, \cdots, 2017$）。$insurance_{it}$ 为虚拟变量，由于各省（区、市）试点时间不一致，定义试点省份（区、市）i 在实施食品安全责任强制保险的当年及以后年份取1，其余情况取0。$insurance_{it}$ 为本章关注的核心变量，其系数 δ 反映了实施食品安全责任强制保险的平均效应。若 δ 显著为负，则说明食品安全责任强制保险会导致食品安全事故发生概率降低，反之则会上升。μ_i 和 $year_t$ 是一系列地区、年份虚拟变量，用来控制地区和年份的固定效应。$CONTROLS_{it}$ 是一系列随地区和时间变化的控制变量，包括人均GDP、受教育程度和受社会救助人数。被解释变量 $Prob_{it}$ 为省份（区、市）i 在年份 t 的食品安全事故发生概率。

第四节　实证分析与稳健性检验

一、数据的来源及说明

尽管食品安全责任强制保险试点的政策文件于2015年正式发布，但是实际中部分省份（区、市）已经于2015年之前开始了试点工作。

因此，针对实验组，本章在政策识别上采取的方式是，以各省（区、市）保监局、各省（区、市）政府官方网站是否发布食品安全责任强制保险的政策文件及发布年份，以及各省（区、市）第一条食品安全责任强制保险相关新闻信息的发布年份为主要参考依据，并与保险业界人士求证了各省（区、市）食品安全责任保险首份保单的签发时间，按以下优先级确定各省（区、市）是否实行了食品安全责任强制保险试点以及试点时间：首先，若首份保单的签发时间已知，则以此为准，其他渠道为辅；其次，若首份保单的签发时间未知，则以各省（区、市）保监局和政府官方网站的政策文件发布时间为准，其他渠道为辅；再次，若两者都未知，再以媒体报道为准，其他渠道为辅。针对对照组，定义 2015 年及以后未开始试点的地区为对照组。本章的对照组为吉林、云南、西藏和宁夏。

根据上述方法，表 5-1 汇总了我国 31 个省、自治区、直辖市食品安全责任强制保险试点开展情况。

表 5-1　不同省（区、市）食品安全责任强制保险试点开展情况

分组	试点年份	省、自治区、直辖市
实验组	2008	江苏
	2011	天津、贵州
	2012	山东、广西
	2013	河北、山西、辽宁、上海、浙江、江西、湖北
	2014	北京、内蒙古、黑龙江、河南、湖南、广东、海南、重庆、甘肃、青海
	2015	安徽、福建、四川、陕西、新疆
对照组		吉林、云南、西藏、宁夏

在被解释变量 $Prob_{it}$ 的选取上，由于食源性疾病与食品质量高度相关，故本章采用食源性疾病每万人发病率来衡量食品安全事故发生概率。具体而言，本章利用各省（区、市）食源性疾病暴发患者数除以当年人口数来构造食源性疾病每万人发病率。“食源性疾病暴发

患者数”来源于《中国卫生和计划生育统计年鉴》①，“各地区年末人口数”来源于《中国统计年鉴》。

这里，需要补充说明以下两点。第一，由于《中国卫生和计划生育统计年鉴》只统计了2011—2017年的“食源性疾病暴发患者数”，因此在实证检验部分，本章的基础样本是2011—2017年省级面板数据。在稳健性检验部分，本章搜集了2003—2010年原卫生部发布的全国重大食物中毒事件情况的通报，以及食物中毒事件流行病学特征分析的相关文献中使用的省级食物中毒人数数据，并对不同口径得到的食物中毒人数数据进行了相互核对，补充了2003—2010年“食源性疾病暴发患者数”。在此基础上，对2003—2017年数据进行平行趋势检验。第二，1984年WHO将“食源性疾病”一词作为正式的专业术语，以代替历史上使用的“食物中毒”一词。本章认为选用食物中毒人数补充食源性疾病患者数是合理的，但出于保持数据统计口径一致、可比的严谨考虑，2003—2010年数据仅用于稳健性检验。

在控制变量的选取上，我们主要考虑了以下三个变量。

（1）经济发展水平。从地区经济发展水平的角度考虑，一个地区经济越发达，相应的监管体系越健全，食品安全事故发生概率越低。本章以人均GDP来衡量地区经济发展水平，从《中国统计年鉴》中获取“各省（区、市）人均GDP（元）”数据，并取对数形式后，加入回归方程。

（2）受教育程度。从地区受教育程度和人力资本积累的角度考虑，一个地区受教育程度越高，居民对食品安全问题的防范意识越强，并且对相关知识的知晓情况也越好，食品安全事故发生概率越低。本章以平均在校生人数衡量地区人力资本积累，从《中国统计年

① 《中国卫生和计划生育统计年鉴》2015年之前曾用名《中国卫生统计年鉴》，2018年更名为《中国卫生健康统计年鉴》。

鉴》中获取“每十万人口各级学校平均在校生数（人）”数据。一般认为，初中及以上受教育程度人群对食品安全知识应当有基本理性的了解，故本章以初中阶段、高中阶段和高等教育阶段平均在校生数总和计算每千人口初中及以上受教育程度平均在校生数，加入回归方程。

（3）社会分配不均衡程度。从社会分配不均衡程度的角度考虑，一个地区社会分配越不均衡，难以维持基本生存需要的人越多，这些人只能选择便宜、质量无法保证的食品，食品安全事故发生概率越高。本章以受社会救助的人数衡量社会分配不均衡程度，从《中国统计年鉴》中获取“社会救助情况”数据，将城市居民最低生活保障人数、农村居民最低生活保障人数、农村集中供养五保人数、农村分散供养五保人数和传统救济人数加总，得到受社会救助人数（万人）①，加入回归方程。

综上所述，本章基础回归中的数据来源于2012—2018年《中国卫生和计划生育统计年鉴》、2012—2018年《中国统计年鉴》，对应于2011—2017年统计数据，共有217个样本。由于缺失2011—2017年西藏自治区及2011年新疆维吾尔自治区的“食源性疾病暴发患者数”数据，本章最终使用209个样本进行实证检验。

二、变量的描述性统计

表5-2列出了回归模型中被解释变量和控制变量的含义。表5-3给出了回归模型中主要变量的描述性统计特征，可以看出，实验组和对照组在食品安全事故发生概率及人均GDP上有显著差异。

---

① 将其换成受社会救助人数占比，回归结果的显著性不变。

表 5-2 变量含义

变量类型	变量名	含义
被解释变量	Prob	食品安全事故发生概率，等于各省（区、市）食源性疾病暴发患者数除以当年人口数的每万人发病率（%）
控制变量	ln GDP	各省（区、市）人均 GDP（元）的自然对数
	edu	各省（区、市）每千人口初中及以上受教育程度平均在校生数（人）
	srel	各省（区、市）每年接受社会救助的人数（万人）

表 5-3 描述性统计量

变量	对照组			实验组			两组均值差异
	样本量	均值	标准差	样本量	均值	标准差	
Prob	21	40.827	31.777	188	15.259	12.748	25.569*** (7.11)
ln GDP	28	10.463	0.307	189	10.768	0.427	−0.305*** (−3.64)
edu	28	87.003	11.030	189	89.282	12.263	−2.279 (−0.93)
srel	28	201.276	208.454	189	242.394	165.186	−41.118 (−1.19)

注：***、** 和 * 分别表示 1%、5% 和 10% 的显著性水平，括号中是估计参数的 t 统计量。

三、基础回归检验结果

基于本章第三节给出的政策背景与模型设定，下面首先检验食品安全责任强制保险的实施对食品安全事故发生概率的影响，其次利用平行趋势检验进一步验证模型结果的稳健性。

表 5-4 给出了基础回归分析结果，其中第（1）列给出了仅包含 $insurance_{it}$ 的结果。由于食品安全事故发生概率会受到其他因素影响，因此在后几列中加入了其他可能的代理变量：经济发展水平、受教育程度及社会分配不均衡程度，作为控制变量。

表 5-4　食品安全责任强制保险对食品安全事故发生概率的影响

变量	(1) Prob	(2) Prob	(3) Prob	(4) Prob	(5) Prob	(6) Prob
insurance	−5.958* (−2.00)	−5.759* (−1.85)	−6.473** (−2.16)	−6.118** (−2.08)	−6.310* (−2.04)	−6.367** (−2.11)
ln GDP		7.382 (0.52)			10.598 (0.82)	13.903 (1.13)
edu			−0.171 (−0.76)		−0.211 (−0.90)	−0.195 (−0.87)
srel				0.019 (0.68)		0.022 (0.81)
常数项	21.334*** (12.14)	−58.110 (−0.38)	36.897* (1.79)	16.917** (2.71)	−73.506 (−0.52)	−115.909 (−0.88)
样本数	209	209	209	209	209	209
调整 R^2	0.709	0.708	0.709	0.709	0.709	0.709

注：***、** 和 * 分别表示 1%、5% 和 10% 的显著性水平，括号中是估计参数的 t 统计量。所有回归均控制了地区和年份固定效应，且将标准误聚类在地区层面。

从表 5-4 的回归结果可以看出，食品安全责任强制保险试点前后，食品安全事故发生概率有非常显著的差异，并且在 5% 或 10% 的显著性水平上显著为负。在控制了经济发展水平、受教育程度及社会分配不均衡程度后，交叉项系数为−6.367，意味着实施食品安全责任强制保险后，平均每万人中食源性疾病暴发患者数减少了约 6 人，相当于表 5-3 中实验组被解释变量 *Prob* 均值 15.259 的 41.726%，说明食品安全责任强制保险这一金融创新手段通过保险公司的“信息搜集与处理、合约设计、精算技术”等监督优势，有效地发挥了风险管理的功能，对规范食品企业行为、降低食品安全事故发生概率起到了显著的作用，并且也没有引起前文讨论的投保企业的道德风险问题，对缓解食品这一强信任品属性市场的失灵起到了积极作用。

从上述结论的稳定性来看，控制变量的加入并没有改变关键变量的参数估计值的符号，且系数依旧显著，说明实证检验的主要结论是稳定的。从控制变量的附带结果来看，同时加入三个控制变量后，三个控制变量的回归系数均不显著。

四、平行趋势检验结果

运用 DID 方法的一个基本前提是实验组和对照组满足平行趋势假设。如果不满足，则回归结果就存在高估的可能性。

在本章的实证研究设计中，食品安全责任强制保险试点的政策文件于 2015 年正式发布，且基础回归的样本期是 2011—2017 年。一方面，如表 5-1 所示，对于已经在 2008 年开始试点的江苏省，以及 2011 年开始试点的天津市和贵州省，尚缺少这些省市试点前的数据，故需要将样本数据扩大范围后才能进行平行趋势检验；另一方面，对于最晚于 2015 年开始试点的省区（安徽、福建、四川、陕西、新疆），我们只考虑政策文件发布后的两年样本数据。有鉴于此，我们通过搜集 2003—2010 年省级食品中毒人数，将食源性疾病暴发人数的样本范围扩展至 2003—2017 年，并从 2004—2011 年《中国统计年鉴》获取 2003—2010 年人均 GDP、受教育程度相关数据，按相同方式构造控制变量，扩大时间范围，来进行平行趋势检验。由于受社会救助人数在 2012 年之前的《中国统计年鉴》中未进行统计，考虑到受社会救助变量在基础回归模型中并不显著，故这里并未加入受社会救助人数这一控制变量。

具体而言，我们参考 Beck 等（2010），以政策实施当期作为基期，引入一系列虚拟变量 DID_pre8_{it}~DID_post2_{it} 替换式（5-1）中的 $insurance_{it}$，在时间维度上进一步细分成试点前后几年，来检验食品安全责任保险在不同时期的影响，回归方程为：

$$\begin{aligned} Prob_{it} = {} & \beta_0 + \delta_1 \times DID\_pre8_{it} + \delta_2 \times DID\_pre7_{it} + \cdots \\ & + \delta_{10} \times DID\_post2_{it} + \mu_i + year_t + CONTROLS_{it} + \varepsilon_{it} \end{aligned} \tag{5-2}$$

其中，DID_pre8_{it} 定义为若年份 t 是试点省份（区、市）i 在试点前的第 8 年，则取 1，否则取 0；DID_post1_{it} 定义为若年份 t 是试点省份（区、市）i 在试点后的第 1 年，则取 1，否则取 0；其余虚拟变量的定义类似处理。但由于各省份（区、市）政策实施时点不一致，距离政策实施试点较远的时期可能存在样本稀少的问题，故本章将属于政策实施前 8—12 年的样本视为政策实施前第 8 年的样本，将属于政策实施后 2—9 年的样本视为政策实施后第 2 年的样本来检验 10 年的平行趋势。这种处理会导致两端年份上样本方差更大些，可能会影响回归系数估计量的准确性。

在此基础上，如果试点前不存在显著差异，即 DID_pre8_{it}～DID_pre1_{it} 变量的系数均不显著，那么可以认为实验组和对照组在试点前具有平行趋势；如果试点后存在显著差异，即 DID_post1_{it}～DID_post2_{it} 变量的系数均显著，那么可以认为食品安全责任强制保险试点的政策对食品安全事故发生概率产生了影响，特别地，系数显著为负说明政策效果良好。表 5-5 给出了平行趋势检验中交叉项的结果，其中第（1）列给出了仅包含交叉项的结果，第（2）列给出了控制人均 GDP、受教育程度两个控制变量的结果。

表 5-5　平行趋势检验结果

变量	（1） Prob	（2） Prob
DID_pre8	9. 317 (1. 05)	9. 434 (1. 23)
DID_pre7	9. 072 (1. 39)	8. 057 (1. 40)

（续表）

变量	（1） Prob	（2） Prob
DID_pre6	7.595 (1.37)	6.345 (1.35)
DID_pre5	9.557* (1.73)	8.932* (1.85)
DID_pre4	4.724 (1.15)	3.861 (1.10)
DID_pre3	6.983* (2.01)	6.646** (2.07)
DID_pre2	4.583** (2.16)	4.224** (2.14)
DID_pre1	1.719 (1.01)	1.570 (0.97)
DID_post1	−4.064* (−2.02)	−4.074** (−2.07)
DID_post2	−6.025 (−1.64)	−6.448* (−1.73)
控制变量	NO	YES
样本数	433	402
调整 R^2	0.469	0.520

注：***、** 和 * 分别表示 1%、5% 和 10% 的显著性水平，括号中是估计参数的 t 统计量。所有回归均控制了地区和年份固定效应，且将标准误聚类在地区层面。

从平行趋势检验结果可以看出：一方面，在试点前，不含控制变量和含控制变量两种情形下，除个别年份外①，试点前年份均不显著异于 0。鉴于我们考察了试点前至少 8 年的情况，只有个别年份出现显著，整体来看，我们可以认为实验组和对照组在实施食品安全责任

① 我们认为，存在一些原因可能会导致出现了显著为正的结果。例如，于 2003—2010 年被解释变量的数据统计口径不同导致的误差；在实验组 27 个省份（区、市）中，有 12 个省份（区、市）在 2013 年及以前就开始了试点；源于样本量比较小，尤其是能用于试点实施后几年的时间虚拟变量不多，从而可能会影响回归结果的稳定性。

强制保险试点之前没有显著差异，即满足平行趋势假设。另一方面，在试点后，不含控制变量情形下，试点后第 1 年是在 10% 的显著性水平上显著为负；含控制变量情形下，试点后第 1 年是在 5% 的显著性水平上显著为负，试点后第 2 年是在 10% 的显著性水平上显著为负。这表明食品安全责任强制保险试点的政策实施效果良好，但随着试点时间增加，作用趋于平稳。综上所述，我们可以认为本章的实证研究设计满足运用 DID 方法的前提条件。

五、关于保险公司监督机制的检验

为了进一步直接检验保险公司在降低信息不对称（道德风险）方面特有的“信息甄别、合约设计、精算技术”等监督优势，我们同样运用 DID 的识别方法，来检验责任保险试点前后，试点省份（区、市）与非试点省份（区、市）保险公司承保的责任保险业务的赔付率是否存在显著上升①。若回归结果中的赔付率显著上升，则说明保险公司在信息甄别、合约设计、精算技术等方面没有起到有效的监督作用，无法降低投保企业的道德风险；若回归结果中的赔付率不显著，则说明保险公司在试点前后的监督效果没有显著变化；若回归结果中的赔付率显著下降，则说明为了防止投保企业的道德风险，保险公司通过特有的信息甄别、合约设计、精算技术等专业优势，在试点后发挥了比试点前更大的监督作用，通过约束和规范投保企业行为，降低了投保企业的道德风险。

有鉴于此，我们将式（5-1）中的被解释变量换成省份（区、市）i 在年份 t 的所有保险公司承保的责任保险赔付率（$Lossratio_{it}$），得到如下

① 由于食品安全责任保险属于责任保险大类，且我们很难获取食品安全责任保险层面的更细致的赔付数据，故本章基于保险公司承保的所有责任保险业务来检验保险公司的监督机制也是合理的。

回归模型：

$$Lossratio_{it} = \beta_0 + \delta \times insurance_{it} + \mu_i + year_t + CONTROLS_{it} + \varepsilon_{it} \tag{5-3}$$

下面回归中的2011—2017年责任保险赔付率是利用2012—2018年《中国保险年鉴》统计的各省份（区、市）责任保险的赔付支出除以保费收入计算的，共有217个样本。由于缺失2016年广西壮族自治区和西藏自治区的数据，故本章最终使用215个样本进行实证检验。

在此基础上，表5-6给出了回归分析结果，其中第（1）列给出了仅包含$insurance_{it}$的结果。由于责任保险赔付率会受到其他因素影响，因此，与表5-4的基础回归一样，我们在后几列中加入了其他可能影响责任保险赔付率的因素的代理变量作为控制变量，包括经济发展水平、受教育程度及社会分配不均衡程度。

表5-6　强制责任保险试点对保险公司赔付率的影响

变量	(1) Lossratio	(2) Lossratio	(3) Lossratio	(4) Lossratio	(5) Lossratio	(6) Lossratio
insurance	−6.452 (−1.21)	−6.599 (−1.21)	−7.325 (−1.23)	−6.534 (−1.22)	−7.330 (−1.23)	−7.250 (−1.24)
ln GDP		−4.315 (−0.65)			−0.231 (−0.04)	3.177 (0.51)
edu			−0.284 (−1.13)		−0.283 (−1.11)	−0.270 (−1.13)
srel				0.032 (0.93)		0.030 (0.91)
常数项	6.341** (2.10)	52.726 (0.72)	32.050 (1.26)	−1.121 (−0.20)	34.450 (0.58)	−10.417 (−0.17)
样本数	215	215	215	215	215	215
调整 R^2	0.003	−0.002	0.001	0.001	−0.004	−0.007

注：***、**和*分别表示1%、5%和10%的显著性水平，括号中是估计参数的t统计量。所有回归均控制了地区和年份固定效应，且将标准误聚类在地区层面。

从表 5-6 的回归结果可以看出，交叉项的回归系数是负的，说明保险公司对规范食品投保企业的道德风险起到了一定的监督作用。在控制了经济发展水平、受教育程度及社会分配不均衡程度之后，交叉项系数为-7.250，说明实施强制保险后，责任保险赔付率大约降低了 7.25%。尽管这一结果在 10% 的显著性水平上不具有统计显著性，但也表明了引入强制责任保险并没有增加道德风险，说明监督机制起到了一定的作用。为了更好地发挥强制责任保险这一金融创新的市场机制作用，保险公司未来应该充分挖掘其特有的“信息甄别、合约设计、精算技术”等监督优势，进一步发挥保险市场的风险管理功能，通过约束和规范食品投保企业行为，进一步提高食品投保企业的风险防范意识，降低食品投保企业的道德风险，从而降低食品安全事故发生概率。

综上所述，前文给出的假说 1 成立，即引入强制责任保险试点，通过发挥保险公司的监督作用，能够降低食品安全事故发生概率，从而降低道德风险，对缓解食品这类信任品市场失灵起到了积极作用。

第五节 结论与政策建议

食品和医药这类信任品市场的失灵严重地影响了人类的福祉。对于信任品市场失灵问题，一种可能的解决方案是由政府出面，通过直接监管、采取税收或补贴等经济方式规范企业行为。另一种可能的解决方案是运用金融创新手段，如实施食品安全责任保险。现有文献已经对政府直接监管等解决方案进行了较多研究。学者们认为，要从根本上解决食品安全危机和行政监管效力不足的问题，需要调动和借助行业协会、第三方机构、新闻媒体、消费者等社会监督的力量，扩大食品安全监管的覆盖面，打破单一行政监管面临的行政资源约束，不断完善企业的正向激励，恢复消费者的信任，缓解市场失灵和政府失灵，提高食品安全质量。相比之下，基于金融创新手段解决信任品市场失灵的文献尚属空白。因此，本章着重从开展食品安全责任强制保险的角度研究了缓解信任品市场失灵的金融创新解决方案。

本章基于我国在不同地区、不同时间推行的食品安全责任强制保险这一普惠型保险试点的理想的准自然实验，结合 2011—2017 年全国 31 个省、自治区、直辖市试点数据，应用 DID 方法来识别食品安全责任保险与食品安全事故之间的因果关系，从道德风险这一渠道检验引入保险机制的金融创新对解决食品安全问题的影响，以检验金融创新如何有效缓解信任品市场失灵，从而促进社会治理。实证分析结果表明，实施食品安全责任强制保险试点对降低食品安全事故发生概率有着显著的影响（在 5% 的显著性水平上显著为负）；实施食品安全责任强制保险后，平均每万人中食源性疾病暴发患者数减少了约 6 人；平行趋势检验、保险公司监督机制的直接检验进一步验证并支撑了模型结果的稳健性。这说明食品安全责任强制保险这一金融创新手段通过保险公司特有的“信息甄别、合约设计、精算技术”等监督优势，有效地发挥了风险管理的功能，对规范食品企业行为、降低食品安全事故发生概率起到了一定的作用，并且也没有引起食品企业投保后放松警惕等道德风险问题，对缓解食品这一强信任品属性市场的失灵起到了积极作用。

本章的研究表明，金融创新是解决社会经济问题的利器（Shiller, 2004）。包括责任保险在内的金融创新是解决信任品市场失灵问题的有力工具，可以成为政府监管之外的一种有效的解决方案。一方面，保险公司通过评估不同投保企业的风险类型来确定保费，可以解决逆向选择问题；另一方面，保险公司有动力激励投保企业降低风险，从而降低保费以维持市场竞争力，也可以解决道德风险问题。相比政府监管，保险公司基于市场机制能够更好地发挥“信息搜集与处理、合约条款设计、精算与风险管理技术”等监督优势。当然，政府和保险公司的监督与调节都需要信息数据，数据越能更好地反映行为人的风险，其监督与调节作用就越有效。保险公司可以利用其市场优势收集数据进行精算分析，根据预期损失估计保费。从解决负外部性问题角度来看，这如同量身定制的“庇古税”① 一样，使行为人在行为前支付与行为外部性大致相等的成本，从而实现企业负外部性的内部化；有意思的是，从机制设计的角度来看，这类似于寻找最优的“林达尔均衡”②，使行为人为其产生的外部性支付相应的成本。这种量身定制的“庇古税”就是“林达尔税”。也就是说，强制责任保险是“林达尔均衡”在解决信任品市场失灵问题上的一种有效措施。

同样有意思的是，强制责任保险也暗合了经济学中的次优理论的思想。次优理论是指，如果经济中存在很多扭曲，那么消除其中的一个扭曲或者几个扭曲（只要还没有消除所有的扭曲），情况可能会变得更差而不是更好；同样地，再加上一个扭曲，有可能会改进资源配置，并实现帕累托改进。在强制责任保险的情况下，政府强制本身是一个扭曲，在已经存在信息不对称的情形下，政府强推加上基于市场的解决方案，反而能够实现帕累托改进。

本章也存在一些有待进一步研究的问题。例如，不同信任品及其市场结构、组织结构也存在一些差异，可能需要不同的监管措施和金融创新，这方面的异质性也非常值得深入研究。

---

① “庇古税”（Pigovian Tax）是由福利经济学家庇古提出的控制环境污染等企业负外部性行为的一种经济手段，通过征税方式实现企业负外部性的内部化。具体而言，当一个企业对外部施加一种外部成本时，应对它征收一种税，该税收等于该企业生产每一单位产品造成的外部损害，即税收恰好等于边际外部成本（即边际社会成本与边际私人成本的差额）。

② “林达尔均衡”（Lindahl Equilibrium）是瑞典经济学家林达尔提出的公共品的有效供给理论，是通过征收“林达尔税”，以实现外部性内部化的经济均衡。

第六章

社会和谐与中国责任保险市场高质量发展

第一节　引　　言

社会矛盾（如医患矛盾、债务纠纷、劳动合同纠纷、环境纠纷等）一直困扰着中国和世界很多其他国家，影响经济和社会的高质量发展。例如，医疗行业是一个全球公认的风险高、技术难和责任重的行业，医患矛盾乃至医疗危机是世界各国面临的一个非常严重的社会问题。美国历史上就曾发生过三次重大的医疗事故危机。中国医疗卫生事业蓬勃发展的同时，医疗事故也频繁发生，医疗损害责任赔偿不堪重负，医闹事件屡见不鲜。2018 年来自《中国医师执业状况白皮书》的大样本调查报告显示，约有 62% 的医师经历过不同程度的医疗纠纷。有效化解医患矛盾等社会矛盾对维持社会和谐稳定、实现健康可持续发展意义重大。

很多社会矛盾归根结底是因为这些领域的合约是不完全的（Hart，1995；Acemoglu，2003）。如果纠纷等社会矛盾（作为一种风险状态）没有相应的保险市场予以化解，那么合约不完全就会造成内生的市场不完全（Incomplete Markets），导致很多问题。例如，医疗作为一种特殊的信任品，医疗市场上医生和病人之间的合约涉及双方合作，这种合约就是高度不完全的，即未来各种状态事前无法写入合约中。这种合约不完全又会导致低效率：医疗纠纷风险的存在会使医生不敢采取新的治疗手段，而更多采取保守的防御性治疗；也会引发患者不满情绪和纠纷风险，最终损害的仍是患者利益，导致社会福利下降；还会使更多的人对从事医生职业望而却步，进一步影响医生供给的数量和质量，也有损未来社会福利。总之，合约不完全导致的纠纷风险会极大地降低效率和社会福利。

责任保险是市场机制下的一项重要的金融创新，引入责任保险这一合约及其市场可以减少和化解市场中存在的风险，目前已被很多发达国家用来解决市场中存在的各种风险问题。但经济学中的次优理论也表明，引入一种新的保险合约及其市场未必会提高效率。在实践中，引入责任保险能否有效化解纠纷等社会矛盾，从而使市场变得更加完全，甚至实现帕累托改进？这个重要的学术和政策研究议题亟待实证研究来回应。

医疗责任强制保险的引入为回答金融创新如何化解社会矛盾、促进社会和谐这一问题提供了理想的研究场景。美国、英国等国家都强制实施医疗事故责任保险制度。中国政府也高度重视医疗卫生健康事业的高质量发展，党的十九大报告提出要实施“健康中国战略”。发挥医疗责任保险化解矛盾纠纷的功能也日益得到关注。2007 年多部委联合发布的《关于推动医疗责任保险有关问题的通知》（卫医发〔2007〕204 号）提出要在全国范围内推行医疗责任保险。2014 年多部委联合发布的《关于加强医疗责任保险工作的意见》（国卫医发〔2014〕42 号）提出，全国三级、二级公立医院参保率在 2015 年底前应分别达到 100% 和 90%。同年国务院印发的《关于加快发展现代保险服务业的若干意见》（国发〔2014〕29 号）提出，与公众利益关系密切的医疗责任等领域应试点探索强制责任保险制度。随着这些国家层面的政策文件的发布和实施，中国部分省区市已相继开展试点工作。

中国医疗责任强制保险的试点为进一步清楚地回答这个问题提供了一个难得的准自然实验。本章利用 2011—2019 年全国 31 个省区市试点数据，以及“中国裁判文书网”和“北大法宝法律数据库”两大权威机构公布的各省（区、市）医疗损害责任纠纷案件数据，应用多期 DID 方法干净地识别出医疗责任保险与医疗纠纷案件发生概率之间的因果效应及其影响机制。研究发现，引入医疗责任强制保险这一金融创新的市场机制，使医疗市场变得更加完全，能够有效增进医患双方的信任与合作，显著降低医疗纠纷案件发生概率，从而改进医患双方治疗合约的不完全性，实现帕累托改进。这表明：作为解决经济社会问题的利器，金融创新可以有效化解社会矛盾、促进社会和谐和高质量发展，对解决合约不完全导致的市场不完全问题、坚持有效市场和有为政府更好结合具有重要的政策启示。

本章的创新和贡献主要体现在以下三个方面。第一，本章创新性地提出纠纷等社会矛盾是一种风险状态，并以医疗纠纷这类常见的社会矛盾为例，研究了金融创新如何化解社会矛盾，进而促进社会和谐。第二，本章基于中国医疗责任强制保险这一准自然实验，从因果关系上确立了金融创新对医疗这类信任品的合约不完全的缓解作用，为医疗领域的合约不完全和市场不完全问题提供了实证证据。本章的方法和结论同样适用于对其他不完全合约下的纠纷等社会矛盾的研究。第三，本章同时研究了医疗市场和保险市场的市场完全化的社会影响，发现医疗责任强制保险可以实现帕累托改进，是一种多方共赢的帕累托有效的制度安排。

本章剩余部分安排如下：第二节为相关的文献综述；第三节介绍中国医疗责任保险的政策背景，并提出本章的理论假说和实证研究设计；第四节进行实证分析、稳健性检验与影响机制探究，包括基础回归检验、处理效应异质性检验、平行趋势检验，以及基于医生、患者和保险公司三方视角，探究医疗责任强制保险实现帕累托改进的传导机制检验；第五节为结论与政策建议。

第二节 相关文献综述

第一类文献关注纠纷等社会矛盾的形成原因、机制及其影响。引发社会矛盾的原因很多，如合约交易对手方违约、不同主体之间的信任缺失等。但经济学家认为，社会矛盾和信任缺失的重要的根源在于合约的不完全性（Hart，1995；Acemoglu，2003）。就违约而言，完整的合约交易不但包括合约订立，而且包括合约执行。陈志武等（2014）利用清代债务命案数据研究民间借贷合约中的暴力冲突，发现借贷利率越高，发生债务违约时债权人因暴力冲突致死概率越高。这表明合约执行中存在债务违约风险及暴力冲突风险，故债权人在订立合约时会考虑其可能面临的违约风险、人身风险等风险溢价，会要求更高的利率，因而会推升借贷成本，降低市场效率，有损社会福利。就信任缺失而言，医患双方信任缺失是引发医患矛盾的重要原因。岳阳和祝嘉良（2020）研究发现，医患冲突降低了医学专业生源数量和质量，对医生供给产生长期负面影响。王贞等（2021）研究了医闹事件对医疗服务利用的影响，发现防御性医疗动机是导致医疗费用增长的重要原因。

第二类文献关注合约不完全、市场不完全及其解决方案的基础理论。Arrow（1969）认为市场失灵和外部性问题本质上是“缺失市场”（即市场不完全）问题；引入与状态挂钩的合约（即阿罗证券）可以弥补缺失市场，即解决之道在于识别并创造出缺失的市场。Hart（1995）指出，不完全合约会更直接地造成内生的市场不完全；Geanakoplos和Polemarchakis（1986）从理论上证明了市场不完全情形下政府干预能实现帕累托改进；著名的科斯定理就是引入一种权利交易的市场来内化经济主体的外部性。类似地，Fang（2001）将Arrow的“社会行为规范（如伦理、习俗）是社会对市场不完全的反应”的观点模型化，发现社会文化能缓解市场不完全，从而改进社会福利；Acemoglu（2003）沿用不完全合约理论，发现合约不完全是导致纠纷的理论基础。这些研究对理解社会矛盾和促进社会和谐具有重要启示。

第三类文献关注医疗等领域的合约不完全和市场不完全的金融创新解决方案。Arrow（1963）明确指出，正是现实中医疗市场普遍存在的不确定性，为对冲不确定性的保险市场（如引入医疗责任保险）的存在提供了客观依据。学者们着重从经济学、医学、法学视角，探究医疗责任保险制度对医疗市场的积极作用（Danzon，1991；Hope，2003；林暖暖，2010）。近年来，经济学者开始采用金融创新的思维来解决更宏大的社会问题，并用来理解不同国家的经济高质量发展。这一支新的文献认为，很多社会问题本质上也是不完全合约问题：精英内部和社会群体之间不能就未来状态（“蛋糕”）达成一致看法，更不用说分享“蛋糕”，导致了低效率的均衡（Jha和Shayo，2019）。因此有必要引入保险等金融创新机制，这将有助于缓解这些社会问题，并促进经济高质量发展。

第三节 政策背景、理论假说与实证研究设计

一、政策背景

1. 制度背景

医疗卫生事业是中国政府关注的重大民生问题。1987年，国务院

颁布《医疗事故处理办法》。2002 年，国务院颁布《医疗事故处理条例》（国务院令〔2002〕351 号），进一步规范医疗事故预防与处置、技术鉴定、行政处理与监督、赔偿、处罚等细则。该条例明确患者有权复印病历等资料，增加医疗事故赔偿方面的规定，并明确民事责任争议解决方案。2002 年起施行的《最高人民法院关于民事诉讼证据的若干规定》第四条指出，针对医疗行为导致的侵权法律诉讼，医疗机构应负责对医疗行为和损害结果间不存在因果关系和医疗过错承担相应的举证责任，这加重了医疗机构及医务人员的法律责任。在这一背景下，为寻求多渠道化解医疗纠纷，构建和谐医患关系，2006 年山西省设立国内首家省级医疗纠纷人民调解委员会（简称“医调委”）。截至 2014 年，除西藏之外，全国 30 个省、自治区、直辖市已陆续设立医调委。各省（区、市）医调委作为独立于医疗机构的第三方医疗纠纷人民调解组织，积极贯彻《关于加强医疗纠纷人民调解工作的意见》（司发通〔2010〕5 号）的要求，逐步建立人民调解与医疗责任保险的“调赔结合”机制，进行规范化管理和市场化运作。2018 年司法部统计数据显示，2010 年以来，全国每年超过 60% 的医疗纠纷采用人民调解，调解成功率达 85% 以上。换句话说，全国每年仍有近 50% 的医疗纠纷需要寻求其他法律途径。2018 年国务院颁布的《医疗纠纷预防和处理条例》（国务院令〔2018〕701 号）明确双方自愿协商、申请人民调解、申请行政调解、向人民法院提起诉讼、法律法规规定的其他途径五种医疗纠纷解决方案，提出完善医疗责任保险在医疗纠纷处理中的第三方赔付和医疗风险社会化分担作用。

也就是说，医生可以通过购买医疗责任保险，将其承担的对患者的医疗损害责任风险转移给保险公司，从而缓解其医疗损害赔偿压力。同时，引入医疗责任强制保险也能够提高医疗纠纷案件处理的效率和公正性。一方面，就医疗纠纷解决的效率而言，不同于患者在医疗专业知识缺乏等方面的弱势地位，保险公司具备搜集证据的专业人员和专门渠道，通过快捷的保险理赔能更高效地保护患者的合法权益。这不但有益于缓和医患双方的对立关系，减少医闹事件和暴力伤医事件的发生，维护良好的医疗执业环境，而且能够把医生从冗长的医疗纠纷诉讼中解脱出来，专注于医疗技术创新和质量提升，促进医学科学发展。另一方面，就医疗纠纷解决的公正性而言，保险公司作为与医疗机构没有隶属及利益关系的第三方独立机构，能够提高医疗事故认定证据来源的可靠性，能够全程积极参与人民调解和法律诉讼，有助于增进医患双方的社会信任，从而增进医疗纠纷案件处理的公正性。

2. 医疗责任保险试点

医疗责任保险是一种化解严重的医疗纠纷问题的重要风险分担机制，国卫医发〔2014〕42 号文件明确提出各地要积极开展医疗责任保险试点，实现公立医院应保尽保，引导非公立医院（民营医院）参保。2016 年国务院发布的《关于印发“十三五”深化医药卫生体制改革规划的通知》（国发〔2016〕78 号）进一步提出，到 2020 年中国医疗责任保险应涵盖全国所有公立医疗机构及 80% 以上基层医疗卫生机构。本章根据各省（区、市）原卫生健康委员会、保监局是否发布推进医疗责任保险工作的政策文件（如实施方案、统保方案）及发布年份等通知，各省（区、市）医疗责任强制保险试点开展情况如表 6-1 所示。

表 6-1　不同省区市医疗责任强制保险试点开展情况

分组	试点年份	省、自治区、直辖市
处理组	2007	江苏
	2008	山西、上海、浙江
	2009	天津
	2011	北京、福建、山东、河南、广东、海南、重庆、甘肃、新疆
	2012	宁夏

（续表）

分组	试点年份	省、自治区、直辖市
处理组	2013	黑龙江、江西
	2014	河北、内蒙古、辽宁、安徽、湖北、湖南、广西、四川、云南、陕西、青海
控制组		吉林、贵州、西藏

二、理论分析与研究假说

1. 医疗责任保险对医疗纠纷案件发生概率的影响

由于医疗纠纷风险的特殊性，医患双方在签署治疗合约时无法把未来所有可能出现的结果（状态）考虑清楚，从而当双方对最终出现的状态不能达成共识时，就会产生相应的纠纷。换句话说，纠纷等社会矛盾根本上可以归结为合约不完全问题的一种表现，合约不完全进而造成了这种社会风险。有鉴于此，本章提出如下待检验的假说。

假说 1：由于医患双方签署的治疗合约是不完全的，引入医疗责任保险，相当于为化解医疗纠纷这种状态创造了新的保险合约，会降低医疗纠纷案件发生概率，缓解医患矛盾，进而促进社会和谐，有助于实现帕累托改进。

2. 医疗责任强制保险实现帕累托改进的理论机制

一方面，政府强制推行医疗责任保险，相当于为化解医疗纠纷这种状态创造了新的保险合约和市场，通过减少和化解医疗纠纷风险，会使医疗市场变得更加完全，从而改进医患双方治疗合约的不完全性，实现帕累托改进。进一步地，不同于其他客观风险（如食品安全等），纠纷风险的内生性会影响人的激励（甚至行为）。引入强制责任保险，不但可能会降低医疗纠纷风险，而且还有可能把医患双方的负向激励变为正向激励，从而增进医患双方的信任与合作，实现更大的帕累托改进。另一方面，引入医疗责任强制保险，会使保险市场变得更加完全，也会内生地激励保险公司挖掘其在“信息搜集与处理、合约条款设计、精算与风险管理”等方面的监督优势（段白鸽等，2019），有助于提高市场效率并促进社会公平，实现多方共赢的帕累托改进。因此，本章的理论机制可细分为两个层面。

（1）保险增进医患双方信任的机制分析。引入医疗责任强制保险这种金融创新的市场机制，可以增进医患双方的信任，从而内生地影响和改变医患双方的激励和行为，有助于改进社会福利。这主要表现在以下三个方面。

第一，从医疗市场供给角度看，引入医疗责任强制保险可以减少医生的防御性治疗行为，使医生采取真正有益于患者的治疗方案，有助于缓解“看病难”的矛盾。防御性治疗行为是指医生为了避免遭遇法律风险而增加不必要的医疗检查流程或者放弃有把握的治疗方案（Tancredi 和 Barondess，1978）。医生通常采取拒绝治疗高危患者、鼓励患者转院，甚至拒绝使用存在一定风险但已经比较成熟的医疗技术，虽能保证医生免于诉讼，但无法真正帮助患者解除疾病痛苦，使“看病难”的矛盾更加突出；也会进一步引发患者对医疗机构及医务人员的不满情绪，甚至会阻碍医疗事业发展。例如，有学者利用 1984 年、1987 年和 1990 年美国接受严重心脏病治疗的所有老年医疗保险参保人数据，研究发现，直接降低医疗服务提供者责任压力的医疗事故责任改革能显著减少防御性治疗行为（Kessler 和 McClellan，1996）。因此，医疗机构及医务人员通过购买医疗责任强制保险，可以将其承担的医疗损害责任风险转移给保险公司，缓解医疗损害赔偿压力，有助于减少防御性治疗等保守医疗行为，减少不必要的医疗检查，从而会降低患者平均住院天数和人均医疗费用，提高治疗效率。

第二，引入医疗责任强制保险前，由于医疗合约的不完全性，医生承担了过多的医疗诉讼风险，这会在扩展边际上产生影响，即会影响潜在医生供给的数量和质量，对医疗服务市场和社会福利产生长期的负面影响。例如，有学者利用中国 1 200 家报纸报道的暴力伤医事件的文章与高考招生数据，研究发现暴力伤医文章每增加 1 篇，导致医学相关专业招生人数减少 0.6%，这一影响在医学和护理专业更明显，以高考排名度量的医学生的质量也明显下降（Bo 等，2020）。引入医疗责任强制保险则有助于缓解这些问题。

第三，从医疗市场需求角度看，理论上合约不完全会导致合约期限很短，即人们不相信长期合约（Hart，1995）。如果医疗合约是完全的，那么事后就不存在医疗纠纷。正是由于医疗合约不完全，从而引入医疗责任强制保险相当于为患者的债权（可能的医疗纠纷赔偿）提供了来自医患双方之外第三方的可靠担保，进而有助于增进患者对医生的信任。这会内生地改变患者的就医选择，使那些原本不去医院看病的患者选择去医院看病，不选择住院治疗的患者选择住院治疗，会缓解患者对手术失败的担心等，进而会提高患者平均住院天数。类似地，近期的文献采用保险合约结案天数度量保险公司对理赔案件的信任程度（Gennaioli 等，2022）。

基于以上分析，本章提出如下两个待检验的假说。

假说 2：引入医疗责任强制保险，会通过减少医生的防御性治疗行为来降低患者平均住院天数和人均医疗费用，从而提高治疗效率，实现帕累托改进。这相当于减少了医生对未来可能面临的医疗纠纷风险的担忧，减少了医生的过度保守行为，进而增加医生治疗和诊断的客观性，会使医疗市场变得更加完全，从而改进医患双方治疗合约的不完全性。

假说 3：引入医疗责任强制保险，由于使医疗市场变得更加完全而增进患者对医生的信任，会内生地改变患者的就医（住院）选择，释放潜在的住院需求，提高患者平均住院天数，从而改进医患双方治疗合约的不完全性，在更大的患者人群中实现帕累托改进。

综上所述，引入医疗责任强制保险的医疗市场新的均衡中，假说2中患者平均住院天数减少的间接效应和假说3中患者平均住院天数增加的直接效应同时存在。当假说2占主导时，患者平均住院天数会下降；而当假说3占主导时，患者平均住院天数会上升。

为了更清晰地阐述“医疗责任强制保险对医患双方治疗行为的影响”，图6-1绘制了相应的传导机制，以期更好地阐明引入医疗责任强制保险后医疗市场均衡的变化。进一步地，检验上述两个假说可以回答医疗责任强制保险能否促进医疗市场的帕累托改进。

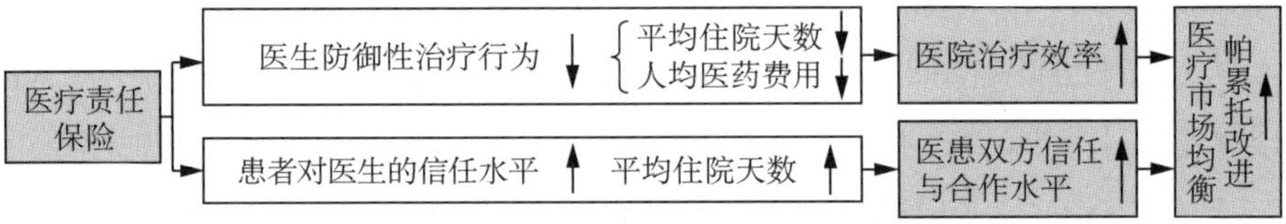

图6-1　医疗责任强制保险影响医疗市场均衡的传导机制

（2）保险公司的监督机制分析。保险公司的参与有助于提高医疗纠纷案件处理的效率和公正性，避免医疗市场出现坏的均衡；同时也有助于激励保险公司发挥监督机制，避免保险市场出现坏的均衡，实现多方共赢的帕累托改进。

显然，医生的逆向选择和道德风险都会影响保险公司医疗责任保险业务赔付率。因此，本章使用医疗责任保险业务赔付率来识别保险公司在降低信息不对称（逆向选择和道德风险）方面的总体监督机制及其有效性。在理想情况下，医疗责任强制保险已经关闭了逆向选择渠道（事前监督机制），唯有道德风险渠道（事后监督机制）在起作用。此时，若引入医疗责任强制保险后，医疗责任保险业务的赔付率显著上升，则说明保险公司在“信息甄别、合约设计、精算技术”

等方面没有起到有效的事后监督作用，反而加剧了道德风险；若赔付率变化不显著，则说明保险公司的事后监督效果没有显著变化；若赔付率显著下降，则说明保险公司发挥了更大的事后监督作用，从而降低了道德风险。而在现实情况下，由于中国医疗责任保险是渐进式强制参保的，故在未要求医院强制参保之前，一般具有极高风险的医院更会选择参保，此时存在严重的逆向选择，且同时存在道德风险，从而医疗责任保险业务的赔付率往往更高。而在要求医院渐进式强制参保之后，逆向选择会下降（即事前监督机制有效）。此时，若赔付率没有显著变化或者显著上升，则说明保险公司没有起到有效的事后监督作用，反而加剧了道德风险；若赔付率显著下降，则说明无论道德风险的方向如何变化，逆向选择和道德风险的总体监督机制成立，即保险公司发挥了有效的监督作用。有鉴于此，本章提出如下待检验的假说。

假说 4：引入医疗责任强制保险，若其赔付率显著下降，则说明逆向选择和道德风险的总体监督机制成立，即保险公司在降低信息不对称方面发挥了有效的监督作用，可以避免保险市场出现坏的均衡，实现多方共赢的帕累托改进。

三、实证研究设计

本章运用渐进式的多期 DID 识别方法，检验医疗责任强制保险试点省份（区、市）与非试点省份（区、市）在医疗纠纷诉讼案件①发生概率上是否存在显著差异。其基础回归模型为：

① 一方面，由于保险公司也参与各省（区、市）医调委调解工作，故采用人民调解渠道化解医疗纠纷的效果混合了多方力量的共同作用，很难干净地识别出保险机制的影响及其大小；另一方面，通常医患双方在自愿协商、调解失败时会选择法律诉讼，加之采用调解方式解决的纠纷往往程度较轻，故采用医疗纠纷诉讼案件评估保险作用会更科学和准确。

$$Prob_{it} = \beta_0 + \delta \times DID_{it} + \mu_i + year_t + Controls_{it} + \varepsilon_{it} \qquad (6-1)$$

其中，i 为省份（区、市），t 为年份。被解释变量 $Prob_{it}$ 表示 i 省（区、市）在 t 年的医疗纠纷诉讼案件发生概率。核心解释变量 DID_{it} 为虚拟变量，若 i 省（区、市）是推行保险当年及以后的年份，则取 1，否则取 0。μ_i 和 $year_t$ 是吸收省份（区、市）和年份固定效应的虚拟变量。$Controls_{it}$ 是一些控制变量。

第四节　实证分析、稳健性检验与机制探究

一、数据来源及变量定义

1. 被解释变量的选取

本章利用各省（区、市）医疗损害责任纠纷案件数除以当年住院人数构造医疗损害责任纠纷案件每万住院人数案发率，来衡量医疗纠纷诉讼案件发生概率，以反映医疗市场均衡中医疗纠纷的相对变化。其中，各省（区、市）“医疗损害责任纠纷案件数”分别使用“中国裁判文书网”和“北大法宝法律数据库”两大权威机构公布的医疗损害责任纠纷数据，各省（区、市）“住院人数”使用《中国卫生健康统计年鉴》公布的各地区医疗卫生机构住院服务情况中的“入院人数”。这里，还需要说明以下四点。

（1）关于两大权威机构的检索条件的设定。针对“中国裁判文书网”，检索条件为“全文检索”，案件类型为“民事案件”，文书类型为“全部”，案由为“医疗损害责任纠纷”，法院层级为“全部”，裁判日期为“2011-1-1 至 2021-6-30”。针对“北大法宝法律数据库”，

检索条件为“标题匹配方式：医疗损害责任纠纷”，法院级别为“全部”，审理程序为“全部”，文书类型为“全部”，终审结果为“全部”，审结日期为“2011-1-1 至 2021-6-30”。

（2）关于医疗损害责任纠纷案件的年份选取。医疗纠纷从发生医疗事故到立案再到结案需一定周期，而检索条件只能选择裁判（即结案）日期，导致立案和结案年份可能并不在同一年，而相比结案年份，立案年份更能代表医疗事故发生年份，故本章选取的是医疗损害责任纠纷立案年份。具体而言，立案年份可从检索结果中案号获取，本章将同一医疗纠纷案件的多次上诉视为同一案件，最终得到基于两大权威机构 2011—2019 年 31 个省、自治区、直辖市立案的共计 113 798 条和 100 953 条医疗纠纷案件数，用于实证分析中的基础回归。

特别指出，考虑到存在结案延迟且为避免新冠疫情影响，本章检索得到的 2020—2021 年结案数据仅用于补充 2019 年及之前年份立案的案件，而属于 2020—2021 年立案并结案的案件暂不纳入本章研究范畴。我们利用精算学中的流量三角形技术对检索得到的“北大法宝法律数据库”中的医疗纠纷案件的结案延迟情况进行了估计：当年的平均结案率约为 72.07%，延迟 1 年的平均结案率约为 22.94%，延迟 2 年的平均结案率约为 3.78%，延迟 2 年以上的平均结案率约为 1.21%。也就是说，2019 年立案的纠纷案件在 2020 年底平均结案率约为 95.01%。类似地，基于“中国裁判文书网”的估计结果也显示，2019 年立案的纠纷案件在 2020 年底平均结案率约为 93%。因此，本章最终选取 2011—2019 年立案的纠纷案件数是合理的。

（3）关于“中国裁判文书网”中多数调解数据的缺失问题。由于最高人民法院明确将裁判文书限定为判决书、裁定书、决定书和调解书，且根据《最高人民法院关于人民法院在互联网公布裁判文书的规定》（法释〔2016〕19 号）第四条明确列出，以调解方式结案的案件可以不在互联网公布，因此我们很难从“中国裁判文书网”上获取医疗纠纷的调解书。类似地，“北大法宝法律数据库”的调解书也仅约占 7.41%，但相比其他三种文书，能通过司法调解途径解决的纠纷严重程度往往更弱些，故我们忽略掉这些缺失的调解书案件，只关注两大权威机构公布的所有医疗损害责任纠纷案件也是有代表性的。

（4）关于数据质量和实证结果的可靠性问题。本章同时使用两套医疗纠纷案件数据进行交叉验证和回归分析，以尽可能地保证本章实证结果的准确性和可靠性。

综上所述，鉴于两大权威机构公布的 2011—2019 年医疗纠纷数据较齐全，故本章基础样本选取的是 2011—2019 年“医疗损害责任纠纷立案数”的省级面板数据。在稳健性检验方面，本章进一步搜集了两大数据库 2003—2010 年中国医疗纠纷案件省级数据，在对数据质量进行评估和检查的基础上，利用 2003—2019 年医疗纠纷数据进行平行趋势检验。

2. 控制变量的选取

由于那些没有随时间而变化的变量将会被地区固定效应吸收，故我们主要考虑了以下四类随时间变化的控制变量。

（1）对数人均 GDP。从各省（区、市）经济发展程度来看，经济越发达省份（区、市）的法律体系和监管体系越健全，医疗事故发生概率就会越低，从而导致医疗纠纷案件发生概率也越低。因此，本章选取对数人均 GDP 来衡量各省（区、市）经济发展程度。

（2）平均受教育年数。从各省（区、市）人力资本积累程度来看，受教育程度越高的省份（区、市），居民对医疗知识的了解程度、医疗风险防范意识就会更高、管理措施就会越多，也更容易理解医生，从而医疗纠纷案件数量会越低，可能会对医疗纠纷案件发生概率产生影响。因此，本章选取平均受教育年数来衡量各省

（区、市）人力资本积累程度，从《中国统计年鉴》中获取“分地区按性别、受教育程度分的 6 岁及以上人口”数据来计算。

（3）每万人执业（助理）医师数、每万人三级医院数。从整个社会医疗资源丰裕状况来看，一个地区医疗资源分配越不均衡，难以满足基本医疗服务需要的人越多，他们可能会选择当地相对便宜、质量无法保证的医疗服务，从而可能会提高当地医疗纠纷案件发生概率；也可能会选择去外地就医，从而降低当地医疗纠纷案件发生概率。相反地，一个地区医疗资源越丰裕，来该地就医的人会越多，从而医疗纠纷案件数量可能会上升，但医疗纠纷案件发生概率受两者相对变化的影响，可能增加、减少或不变。本章从《中国卫生健康统计年鉴》中获取“执业（助理）医师数合计”和“三级医院数”，除以“各地区年末人口数”，得到每万人执业（助理）医师数、每万人三级医院数两个指标度量医疗资源丰裕状况。

（4）65 岁及以上人口占比。从各省（区、市）人口年龄结构来看，老龄化程度越高的省份（区、市），医疗服务使用、住院等需求就会越大，从而潜在的医疗纠纷案件数量也会越多，医疗纠纷案件发生概率就会上升。因此，本章从《中国统计年鉴》中获取各地区“人口数”和“65 岁及以上人口数”，得到 65 岁以上人口占比来度量老龄化程度。

二、变量的描述性统计

表 6-2 和表 6-3 分别给出了实证分析中主要变量的含义和描述性统计特征。

表 6-2 变量含义

变量类型	变量名	含义
被解释变量	Prob1	医疗纠纷案件发生概率，等于根据“中国裁判文书网”公布数据计算的各省（区、市）医疗损害责任纠纷立案数除以当年入院人数的每万人案发率
	Prob2	医疗纠纷案件发生概率，等于根据“北大法宝法律数据库”公布数据计算的各省（区、市）医疗损害责任纠纷立案数除以当年入院人数的每万人案发率
控制变量	ln AGDP	各省（区、市）人均 GDP（元）的自然对数
	edu	平均受教育年数，计算公式为：$6\times s_1+9\times s_2+12\times s_3+15\times s_4$，其中 $s_i(i=1, 2, 3, 4)$ 分别表示 6 岁及以上人口中的小学、初中、普通高中和中职、大专及以上文化程度的人口占比
	medrel1	每万人执业（助理）医师数，用来度量各省（区、市）医疗资源丰裕状况
	medrel2	每万人三级医院数，用来度量各省（区、市）医疗资源丰裕状况
	aging	65 岁及以上人口占比，用来度量各省（区、市）老龄化程度，反映各省（区、市）医疗资源的需求状况

表 6-3 变量的描述性统计

变量	控制组			处理组			两组均值差异
	样本量	均值	标准差	样本量	均值	标准差	
Prob1	24	0.754	1.014	251	0.579	0.601	0.176 (0.138)
Prob2	24	0.620	0.777	251	0.533	0.480	0.086 (0.109)
ln AGDP	27	10.475	0.348	252	10.831	0.432	−0.356*** (0.086)
edu	27	7.407	1.772	252	9.097	0.824	−1.689*** (0.193)
medrel1	27	20.822	4.674	252	23.112	5.188	−2.289** (1.041)
medrel2	27	0.017	0.008	252	0.017	0.008	−0.0001 (0.002)
aging	27	0.087	0.026	252	0.103	0.023	−0.016*** (0.005)

注：***、**、* 依次对应于 1%、5% 及 10% 的显著性水平，括号中是两组均值差异的标准误。

三、基础回归检验结果

表 6-4 给出了基础回归检验结果。其中第（1）、（4）列是仅包含交互项、省份（区、市）和年份固定效应的结果；其他列是进一步加入控制变量后的结果。

表 6-4 医疗责任强制保险对医疗纠纷案件发生概率的影响

变量	(1) Prob1	(2) Prob1	(3) Prob1	(4) Prob2	(5) Prob2	(6) Prob2
DID	−0.267* (0.146)	−0.290** (0.138)	−0.297* (0.147)	−0.191* (0.112)	−0.207* (0.115)	−0.217* (0.118)
ln AGDP		−0.847** (0.377)	−0.805** (0.369)		−0.848*** (0.296)	−0.790** (0.298)
edu		0.248 (0.184)	0.244 (0.172)		0.063 (0.135)	0.006 (0.139)
medrel1		0.015 (0.045)			0.021 (0.031)	
medrel2			3.414 (25.035)			13.534 (19.317)
aging		11.100** (4.971)	11.528** (5.370)		2.293 (5.668)	3.005 (5.512)
常数项	0.802*** (0.127)	6.291 (4.283)	6.112 (3.977)	0.689*** (0.100)	8.578** (3.935)	8.666** (3.970)
样本数	275	275	275	275	275	275
调整 R^2	0.756	0.787	0.787	0.786	0.807	0.810

注：***、**、* 依次对应于 1%、5% 及 10% 的显著性水平，括号中是估计参数的稳健标准误；所有回归都控制了省份（区、市）和年份层面的固定效应，并且都已将标准误聚类到省份（区、市）层面。

实证结果表明，试点省份（区、市）和非试点省份（区、市）医疗纠纷案件发生概率存在显著差异，且都在 10% 或 5% 的显著性水平上显著为负；考虑 4 个控制变量后，交互项系数都比较稳定，至少分别为-0.290和-0.207，说明试点省份（区、市）平均每万住院人数中医疗纠纷案件相较非试点省份（区、市）至少减少约0.290件和0.207件。因此，实施医疗责任强制保险显著降低了医疗纠纷案件发生概率，能缓解医患矛盾，促进社会和谐。这一实证结果验证了本章的假说1。

四、处理效应异质性检验

在使用渐近DID模型进行因果推断时，需要满足处理效应在不同组别、时间上的同质性假设，而处理效应异质性可能导致潜在估计偏误。这主要表现在会出现“坏的控制组”，即由于处理时间差异，较早接受处理的样本会成为较晚接受处理的样本的控制组，从而在估计中会出现“负权重”问题，带来偏误（Goodman-Bacon，2021）。因此，本章基于Goodman-Bacon分解进行处理效应异质性检验，发现以“较早接受处理组”为控制组的权重约为3.28%，异质性效应不严重①。

五、平行趋势检验结果

为了修正渐近DID研究设计可能存在的潜在偏误，本章以表6-4中第（3）、（6）列回归为例，利用Callaway和Sant’Anna（2021）提出的异质性-稳健估计量进行平行趋势检验。图6-2给出了交互项系数及95%的置信区间②。显然，试点前交互项系数几乎都处于0，满足平行趋势假设；试点后交互项系数显著小于0，表明试点政策的实施效果良好。

---

① 本章未给出表6-4中各组回归分析的交互项系数的Goodman-Bacon分解结果。感兴趣的读者可向作者索取。

② 本章未给出表6-4中其他4组回归分析的平行趋势检验结果。感兴趣的读者可向作者索取。

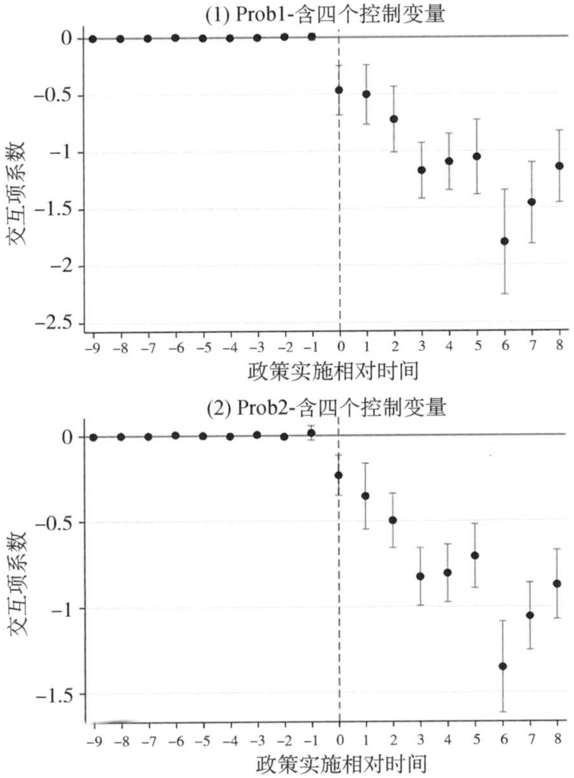

图 6-2　基于异质性-稳健估计量的平行趋势检验结果

六、传导机制检验结果

1. 保险增进医患双方信任的机制检验

本章采用出院者平均住院日作为度量医患双方信任与合作程度的代理变量，将式（6-1）中的被解释变量替换成 i 省（区、市）在 t 年的公立医院出院者平均住院日 Publicalos，并进一步控制了医疗市场供给端的医院治疗工作效率（病床工作日 workday、病床使用率 uratio、医师日均担负诊疗人次 diagnosis、医师日均担负住院床日

hosdays），以及需求端的住院患者比例结构（出院率 outratio、住院病人人均手术人次 surgery）对出院者平均住院日的影响，来检验均衡中医疗责任强制保险的引入对出院者平均住院日的净效应。我们从《中国卫生健康统计年鉴》中获取这些数据。表 6-5 给出了回归分析结果。

表 6-5　医疗责任强制保险对公立医院的医患双方信任的影响

变量	（1） Publicalos	（2） Publicalos	（3） Publicalos	（4） Publicalos	（5） Publicalos
DID	0.338* (0.183)	0.318** (0.152)	0.330** (0.143)	0.297* (0.152)	0.322** (0.143)
ln AGDP		0.743 (0.491)	0.565 (0.465)	0.878* (0.466)	0.614 (0.474)
edu		−0.365* (0.189)	−0.299* (0.173)	−0.329* (0.190)	−0.276 (0.169)
medrel1		−0.080 (0.068)		−0.100 (0.062)	
medrel2			−27.221 (25.110)		−29.486 (23.556)
workday		−0.201 (0.134)	−0.262* (0.147)	−0.198 (0.139)	−0.273* (0.150)
uratio		0.732 (0.487)	0.945* (0.530)	0.715 (0.503)	0.978* (0.541)
diagnosis		−0.078 (0.155)	−0.030 (0.153)	−0.112 (0.138)	−0.044 (0.147)
hosdays		0.676* (0.348)	0.886** (0.424)	0.605 (0.364)	0.870* (0.427)
outratio				−1.568 (1.304)	−1.709 (1.390)
surgery				−2.125 (2.183)	−1.203 (2.415)
aging		−7.164 (6.322)	−9.951 (6.052)	−5.255 (5.636)	−9.044 (5.941)

（续表）

变量	（1） Publicalos	（2） Publicalos	（3） Publicalos	（4） Publicalos	（5） Publicalos
常数项	9.606*** (0.140)	6.547 (5.652)	6.761 (5.949)	7.870 (5.936)	8.518 (6.681)
样本数	279	279	279	279	279
调整 R^2	0.834	0.857	0.857	0.858	0.858

注：***、**、* 依次对应于 1%、5% 及 10% 的显著性水平，括号中是估计参数的稳健标准误；所有回归都控制了省份（区、市）和年份层面的固定效应，并且都已将标准误聚类到省份（区、市）层面。

实证结果表明，公立医院中交互项系数都在 5% 或 10% 的显著性水平上显著为正；试点省份（区、市）公立医院的出院者平均住院日相较非试点省份（区、市）至少显著增加 0.297 天。因此，引入医疗责任强制保险，由于使医疗市场变得更加完全而增进了试点省份（区、市）公立医院的医患双方信任与合作（患者对医生的信任与合作占主导），从而改进了医患双方治疗合约的不完全性。这一实证结果验证了本章的假说 3，说明医疗市场均衡中直接效应占主导地位。

从控制变量的附带结果来看，第（5）列中病床工作日的系数显著为负，说明公立医院床位越能得到充分利用，出院者平均住院日越短；病床使用率的系数显著为正，说明公立医院患者的病床相对需求越高，出院者平均住院日越长；医师日均担负住院床日的系数显著为正，说明公立医院医师担负工作量越大，治疗工作效率越低，出院者平均住院日越长。

2. 保险减少防御性治疗行为来降低医疗费用的机制检验

本章将式（6-1）中的被解释变量替换成 i 省（区、市）在 t 年的公立医院的出院病人人均医疗费用 *Publicexp*，其回归结果如表 6-6 中前 3 列所示。其交互项系数在 10% 的显著性水平上显著为负；试点省份

（区、市）公立医院的出院病人人均医药费用相较非试点省份（区、市）至少显著下降 322.062 元①。就传导渠道而言，人均医疗费用可细分为药费、检查费、手术费、治疗费、卫生材料费、床位费、护理费等科目，且年鉴中还给出了药费、检查费和手术费科目，进而可以得到除这 3 个科目之外的人均其他医疗费用 *Publicothexp*。下面通过分析引入医疗责任保险后细分科目费用的变化，来检验医疗责任保险降低人均医疗费用的传导渠道。研究发现，实施医疗责任保险后，药费、检查费和手术费并没有出现显著下降，而其他费用则显著下降，如表 6-6 中后 3 列所示。交互项系数在 1% 或 5% 的显著性水平上显著为负，说明人均医药费下降是通过其他费用（如治疗费等）下降的渠道传导的；而医生的防御性治疗行为又与治疗费高度相关，说明医疗责任强制保险通过减少医生的防御性治疗行为来降低人均医疗费用的传导机制成立，而与人均医疗费用正相关的出院者平均住院日也会下降，这些都提高了公立医院的治疗效率，实现了帕累托改进。这同样也使医疗市场变得更加完全，有效缓解了医患双方治疗合约的不完全问题。这一实证结果验证了本章的假说 2。

表 6-6　医疗责任强制保险对公立医院人均医疗费用的影响及其传导渠道检验

变量	(1) Publicexp	(2) Publicexp	(3) Publicexp	(4) Publicothexp	(5) Publicothexp	(6) Publicothexp
DID	−383.944* (196.486)	−322.062* (176.258)	−334.333* (174.704)	−534.335** (231.727)	−493.516** (187.150)	−508.661*** (181.120)
ln AGDP		−743.890 (541.313)	−556.580 (622.172)		−954.676** (461.274)	−740.330 (525.152)
edu		468.121* (238.599)	356.404* (207.612)		721.032** (347.903)	609.897** (279.215)
medrel1		87.085 (67.414)			96.040 (71.026)	

① 患者对医生的信任上升也使患者更愿意遵循医嘱，从而提高诊疗效率，减少住院天数。表 6-6 也包含了这一间接效应。

（续表）

变量	(1) Publicexp	(2) Publicexp	(3) Publicexp	(4) Publicothexp	(5) Publicothexp	(6) Publicothexp
medrel2			39 479. 286* (23 172. 370)			41 030. 284 (32 288. 527)
workday		220. 890 (216. 514)	279. 444 (188. 186)		101. 144 (202. 504)	166. 961 (180. 414)
uratio		−817. 943 (783. 309)	−1 020. 279 (680. 353)		−385. 463 (725. 335)	−613. 477 (640. 135)
diagnosis		−358. 101*** (105. 390)	−411. 915*** (85. 081)		−161. 797 (119. 313)	−222. 124** (86. 619)
hosdays		763. 251 (484. 899)	531. 577 (444. 122)		6. 288 (629. 675)	−249. 173 (753. 342)
outratio		−4 686. 828*** (1 141. 981)	−4 477. 545*** (1 143. 949)		−1 381. 611 (1 506. 627)	−1 166. 659 (1 607. 243)
surgery		5 616. 926** (2 453. 316)	5 198. 479* (2 865. 843)		5 718. 738 (3 378. 727)	5 186. 842 (3 656. 665)
aging		5 760. 852 (7 986. 641)	9 199. 097 (7 949. 483)		9 877. 778* (5 666. 363)	13 645. 331** (6 521. 855)
常数项	9 214. 889*** (150. 710)	15 242. 251* (7 549. 886)	15 076. 213* (8 037. 822)	4 764. 794*** (177. 740)	7 835. 547 (7 681. 893)	7 579. 692 (8 230. 818)
样本数	279	279	279	279	279	279
调整 R^2	0. 982	0. 986	0. 986	0. 947	0. 956	0. 957

注：***、**、* 依次对应于 1%、5% 及 10% 的显著性水平，括号中是估计参数的稳健标准误；所有回归都控制了省份（区、市）和年份层面的固定效应，并且都已将标准误聚类到省份（区、市）层面。

3. 保险公司的监督机制检验

下面将式（6-1）中的被解释变量替换成 i 省（区、市）在 t 年的所有保险公司合计承保的医疗责任保险业务赔付率 Lossratio①，其回归结果如表 6-7 所示。其中第（1）、（2）列是使用 2011—2017 年样本期

① 由于保险业务存在报案和理赔延迟，故精算实务中通常采用责任赔款（已决赔款与未决赔款之和）除以保费收入计算赔付率。本章按照原银保监会提供的医疗责任保险业务数据计算赔付率，2018—2019 年赔付率暂不可得。

的估计结果，第（3）、（4）列是使用2007—2017年更长样本期的估计结果。

表6-7　医疗责任强制保险对保险公司赔付率的影响

变量	（1） Lossratio	（2） Lossratio	（3） Lossratio	（4） Lossratio
DID	－0.343* (0.194)	－0.349* (0.196)	－0.380* (0.207)	－0.389* (0.214)
ln AGDP	－0.646 (1.135)	－0.597 (1.216)	3.984 (3.815)	3.976 (3.749)
edu	0.070 (0.210)	0.127 (0.264)	－0.617 (0.663)	－0.608 (0.679)
medrel1	－0.003 (0.050)		－0.007 (0.062)	
medrel2		－18.901 (29.334)		－8.418 (23.219)
aging	－8.026 (5.019)	－7.482 (4.684)	6.834 (14.921)	6.722 (14.817)
常数项	8.587 (12.814)	7.722 (13.931)	－35.442 (36.053)	－35.448 (35.647)
样本数	216	216	340	340
调整 R^2	0.405	0.408	0.204	0.204

注：***、**、*依次对应于1%、5%及10%的显著性水平，括号中是估计参数的稳健标准误；所有回归都控制了省份（区、市）和年份层面的固定效应，并且都已将标准误聚类到省份（区、市）层面。

从表6-7可知，交互项系数都在10%的显著性水平上显著为负；推行医疗责任强制保险后，试点省份（区、市）医疗责任保险业务赔付率相较非试点省份（区、市）至少显著下降0.343。因此，保险公司对医生的总体监督机制成立。即保险公司发挥了有效的监督作用，可以避免保险市场出现坏的均衡。这一实证结果验证了本章的假说4。进一步地，更长样本期下交互项系数下降得更多，这与渐进式强制参保情况下，样本期越长，逆向选择下降越多是一致的；但尚不清楚道德风险的变化。如果将来有更好的微观数据，我们将更深入地研究这一问题。

第五节　结论与政策建议

社会矛盾（如经济社会纠纷）是关系人类发展和福祉的重要议题。社会矛盾的一个重要根源是合约不完全，合约不完全会造成内生的市场不完全（即不能化解的风险问题）。经济学理论表明，政府推行的更加基于市场的解决方案可能会更有效地化解社会矛盾，但由于缺乏足够的政策反事实，这个理论假说长期以来一直很难得到理想的实证检验。有鉴于此，本章以现实社会中常见的医患矛盾为例，着重从中国推行医疗责任强制保险试点这一理想的准自然实验，研究化解社会矛盾、促进社会和谐的金融创新解决方案。

本章将纠纷等社会矛盾视为一种风险状态，利用中国渐进式医疗责任强制保险试点政策，结合 2011—2019 年全国 31 个省、自治区、直辖市试点数据和各省（区、市）医疗损害责任纠纷案件数据，应用多期 DID 方法识别出责任保险化解医患矛盾的因果效应及其作用机制，以检验基于保险渠道的金融创新如何通过增进社会信任来化解社会矛盾，进而使合约和市场变得更加完全，从而提高效率并促进社会和谐。研究发现，实施医疗责任强制保险对降低医疗纠纷案件发生概率有着显著的影响，从两大权威数据库得到的数据显示，平均每万住院人数中医疗纠纷案件至少减少约 0.290 件和 0.207 件。处理效应异质性检验和基于异质性-稳健估计量的平行趋势检验保证了本章 DID 识别策略的有效性，支撑了模型设定的可信性和基础回归结果的稳健性。识别医疗责任强制保险实现帕累托改进的机制检验表明：

医疗责任强制保险由于使医疗市场变得更加完全而增进了医患双方的信任，延长了患者平均住院天数，降低了医疗纠纷发生的概率，改进了医患双方的合约不完全性；并通过减少医生的防御性治疗行为降低了人均医疗费用，提高了医院治疗效率；还使保险市场变得更加完全，激励保险公司在降低信息不对称（逆向选择和道德风险）方面发挥有效的监督机制作用，实现了多方共赢的帕累托改进。

本章的研究具有重要政策含义。第一，本章研究表明，保险是市场机制下的重要的金融创新，责任保险（如医疗责任保险）这类金融创新是化解社会矛盾、促进社会和谐、维持社会长期稳定的有力工具，对解决合约不完全导致的市场不完全问题具有重要政策启示作用。第二，本章研究也表明，保险可以增进社会信任，信任能提高合约的完全程度，从而促进社会经济活动的高效运转。信任是社会经济活动的重要基石，任何社会经济活动都依赖于人与人之间的信任（Arrow, 1974），一个完整的合约交易从订立到执行具有跨期性，更应依赖于信任。因此，本章使用金融创新（如保险创新）思维解决合约不完全问题、改进医疗市场的运行具有一般性，这一研究方法和分析框架同样适用于其他信任品市场和合约不完全问题较严重的市场或领域，如教育领域、劳动力市场、金融市场等。第三，风险是经济发展和人类社会前进的重要约束，市场不完全本质上就是金融合约可以张成的空间与真实世界的风险状态空间并不满秩。为了应对市场不完全，首先要识别出哪个风险状态对应的市场是缺失的，然后引入应对这种风险状态的金融合约（阿罗证券），以使市场变得更加完全。在这方面，市场可能并不会自发地出现相应的金融合约，政府适当的助推往往会更有效率。因此，实际中坚持并推行有效市场和有为政府相结合的政策性工具会是一种更有效率的市场解决方案，这一定程度上也体现出中国的制度优势。

最后，本章的研究结论为理解医疗市场和保险市场的高质量发展提供了重要的学术依据。本章验证了在市场不完全情形下政府干预可以实现帕累托改进，论证了医疗责任强制保险是一种帕累托有效的制度安排，可以促进医疗市场的高质量发展。从金融资源配置视角来看，中国的金融结构呈现出典型的“银行导向型”特征，银行规模体量巨大从而挤占了其他金融机构的发展空间；而在“市场导向型”体制中，以保险和养老金、共同基金为主的非银行金融机构会更加重要。本章为发展责任保险这类保险创新的金融体系提供了学术洞见。当前中国经济已经进入高质量发展阶段，教育领域、劳动力市场、金融市场尤其是高质量发展的关键，本章的研究和提出的金融创新思维会促进这些市场或领域的高质量发展。

第七章

共同富裕与中国农业保险市场高质量发展

第一节 引 言

贫困问题关乎人类的发展和福祉，反贫困是世界多国面临的一项重要的历史性任务。理论上，贫困作为发展经济学研究的核心问题，一直是经济学家的关注重点。1998年诺贝尔经济学奖获得者阿马蒂亚·森较早研究了贫困和饥荒背后的经济原因，在其所著的《贫困和饥荒》中就指出，贫困的真正原因是贫困人口创造收入的能力和机会的缺失，实质是一种能力和权利的贫困（Sen，1981）。实证上，针对中国减贫实践，目前已有一些研究关注了设立联合国国际农业发展基金（IFAD）、国家级贫困县、扶贫改革试验区等政策工具的扶贫减贫效果（帅传敏等，2016；黄志平，2018；张楠等，2020），但系统的实证研究仍有待加强。

风险是经济发展的重要约束，既影响经济发展本身（“蛋糕做大”），也影响经济发展的质量（包括共同富裕）。农业保险能够有效分散农业生产经营风险，帮助农民抵御重大灾害带来的冲击，目前已成为世界各国普遍采用的农业风险管理工具，全世界已有100多个国家建立并推行了农业保险制度。我国于2007年开始实施政策性农业保险制度，最初在内蒙古、吉林、江苏、湖南、新疆和四川6个试点省区启动了中央财政农业保险保费补贴试点工作。截至2012年底，我国31个省、自治区、直辖市都开展了试点工作，促进了农业保险的快速发展，覆盖率大幅提高。那么，政策性农业保险的实施起到扶贫减贫效果了吗？是否缓解了农村的贫困？缓解贫困的程度有多大？

有鉴于此，本章巧妙地利用了中国自2007年以来在不同地区陆续推行的政策性农业保险保费补贴试点这一较理想的“准自然实验”，利用多期的DID方法来检验实施政策性农业保险对缓解地区贫困程度的政策效果和传导机制，以期从实证角度严谨地回答这一问题。具体而言，本章细致识别了政策性农业保险试点与各地区农村居民贫困发生率、贫困深度、贫困强度之间的因果效应。实证研究发现，实施政策性农业保险试点对降低贫困发生率、贫困深度和贫困强度都有着显著的影响，其中贫困发生率平均下降0.016，贫困深度平均下降0.008，贫困强度平均下降0.005。这表明，政策性农业保险的实施不但降低了贫困人口数量，而且缩小了贫困农户的相对贫困缺口和贫困农户内部的收入差距，扶贫减贫的效果显著。农民收入结构和户均面积的异质性分析和传导机制检验表明，提高农民的家庭经营性收入是政策性农业保险发挥扶贫减贫效应的重要传导渠道和影响机制。

本章的创新和贡献主要体现在以下三个方面。第一，在实证识别策略上，本章利用政策性农业保险保费补贴试点这一外生冲击的“准自然实验”，采用多期DID的因果识别方法检验和评估了我国政策性农业保险的精准扶贫效果及其传导渠道和影响机制。第二，在贫困指标度量上，本章选取了农村居民贫困发生率、贫困深度、贫困强度三种常见的贫困指数，使得政策性农业保险扶贫减贫的平均效应的因果关系识别更加细致和全面。第三，共同富裕是经济高质量发展的应有之义，本章为以保险的方法来化解收入风险、促进共同富裕提供了学术依据和洞见，这可能是政府再分配之外的一种更有效率的市场解决方案。

本章剩余部分安排如下：第二节是相关文献综述；第三节介绍政策背景，提出理论假说，并给出实证研究设计；第四节是实证分析与稳健性检验，包括基础回归结果、平行趋势检验和安慰剂检验；第五节通过异质性分析进一步探究农业保险扶贫减贫的传导渠道和影响机制；第六节是结论与政策建议。

第二节 相关文献综述

第一支文献关注政策性农业保险的增产增收效应。就农业保险的增产增收效应而言，一些学者侧重研究农业保险在促进农业增产、种植和生产行为等农业发展方面的积极作用（O'Donoghue 等，2009；Cole 等，2013；Cornaggia，2013；Cai，2016；Cole 等，2017；Yu 等，2018；徐斌和孙蓉，2016；牛浩等，2020）。另一些学者侧重研究农业保险在促进农民增收和稳定农民收入方面的积极作用（Carter 等，2017；马九杰等，2020）。

第二支文献关注影响贫困的决定因素、反贫困政策及其实施效果。就影响贫困的决定因素而言，学者们着重探讨了区域、个人和家庭层面的因素对贫困的影响（Glauben 等，2012；陈飞和卢建词，2014；杨均华和刘璨，2019）。实践中，各国政府多采用转移支付、就业帮扶或通过基础设施建设等方式来缓解和消除贫困（Chen 等，2009；Ferraz 等，2012；卢盛峰等，2018；谢申祥等，2018；平卫英等，2020）。

近年来，不少国家开始采用金融政策或工具来解决贫困问题（Khandker 和 Koolwal, 2016；徐婷婷和陈先洁，2021；张栋浩和蒋佳融，2021），然而国外关于农业保险扶贫的研究还比较少见。例如，黄薇（2019）指出，农业保险和医疗保险在扶贫减贫中有着重要作用。王春辉等（2019）通过对地方政府与保险公司精准扶贫举措有机结合的分析，探讨了农业保险精准扶贫的实践效果。朱蕊和江生忠（2019）发现，农业保险及其财政补贴的扶贫效果受制于经济发展水平，存在门限特征。张伟等（2021）从城乡居民、东部与中西部农户、贫困和富裕农户三个维度探讨了政策性农业保险保费补贴的收入再分配效应。还有一些学者对农业保险与其他金融工具的扶贫效果进行比较，以及对不同类型农业保险产品的福利进行比较。张伟等（2020）发现，相较农业信贷，农业保险更能有效缓解农户因灾致（返）贫，构建以农业保险为主、农业信贷为辅的扶贫机制是灾害冲击下贫困地区农村金融精准扶贫的更好的政策选择；江生忠和李立达（2021）通过构建含风险冲击和保险保障的动态随机一般均衡模型发现，相比传统产量保险，完全成本保险对风险冲击有更好的平抑效果和社会福利正效应。此外，也有学者使用微观数据研究特定农作物的减贫效果。黄颖等（2021）基于苹果种植户的微观调查数据，利用倾向得分匹配法和 IV-Probit 方法研究发现，购买农业保险和提高农业保险保障程度都可以显著降低农户的贫困脆弱性。然而，关于农业保险扶贫减贫因果效应的研究还较为缺乏。

有鉴于此，本章基于段白鸽和何敏华（2021）的研究，利用我国自 2007 年以来在不同地区陆续推行的政策性农业保险保费补贴试点这一较理想的“准自然实验”，利用渐进性试点的多期的 DID 方法来检验实施政策性农业保险的扶贫效果及其作用机制，以期更为科学严谨地回答这一问题。

第三节　政策背景、理论假说与实证研究设计

一、政策背景

“三农”问题是中国政府高度重视的重大民生问题。2004 年，中

央一号文件提出要加快建立政策性农业保险制度，并鼓励政府对参保农户提供适当的保费补贴。2006年，《国务院关于保险业改革发展的若干意见》（国发〔2006〕23号）提出逐步建立政策性农业保险与财政补助相结合的农业风险防范与救助机制。2007年，财政部印发《中央财政农业保险保费补贴试点管理办法》（财金〔2007〕25号），并选取内蒙古、吉林、江苏、湖南、新疆和四川开展中央财政农业保险保费补贴试点工作，确定的补贴险种包括玉米、水稻、大豆、小麦和棉花，且规定试点省区省级财政部门和中央财政各承担25%的保费，其余部分由农户承担，或者由农户与龙头企业，省、市、县级财政部门共同承担，具体比例由试点省区自主确定。随后，政策性农业保险试点陆续在全国铺开。截至2012年底，全国31个省、自治区、直辖市均在不同程度上开展了试点工作，为探索新一轮农业保险试点积累了有益经验。

2012年，国务院发布《农业保险条例》（国务院令〔2012〕629号），在全面开展试点后，2014年中央一号文件再次强调“加大农业保险支持力度”，并首次提出“探索粮食、生猪等农产品目标价格保险试点”。《国务院关于加快发展现代保险服务业的若干意见》（国发〔2014〕29号）也提出要大力发展“三农”保险，创新支农惠农方式。2016年，国务院修订《农业保险条例》。同年，财政部印发《中央财政农业保险保险费补贴管理办法》（财金〔2016〕123号），鼓励全国各地自主自愿开展种植业保险、养殖业保险、森林保险、其他品种保险，并细化了省级财政和中央财政的各险种保费补贴支持。2019年，财政部、农业农村部、原银保监会、国家林草局四部门联合印发《关于加快农业保险高质量发展的指导意见》（财金〔2019〕102号），提出“到2030年，农业保险持续提质增效，转型升级，总体发展基本达到国际先进水平”。同年，《中国银保监会关于推动银行业和保险业高质量发展的指导意见》（银保监发〔2019〕52号）进一步提出要完善农业保险大灾风险分散机制，推进稻谷、小麦、玉米等重要农产品完全成本保险和收入保险试点工作，对新时代中国农业保险的高质量发展提出了更高的要求。

有鉴于此，本章选取2004—2012年样本期，评估2007年开始在全国各地陆续推行的政策性农业保险保费补贴试点的精准扶贫和减贫效应，为保险业在巩固和拓展脱贫攻坚成果、推动经济高质量发展、促进共同富裕方面发挥积极作用提供实证依据。

二、理论假说

理论上，政策性农业保险是践行有效市场和有为政府相结合的一种重要的政策性金融工具。各级政府实施的农业保险保费补贴政策会通过增加保险公司的农业保险供给、提升农户的参保需求，来促进农业生产经营活动，提高农民的家庭经营性收入，进而缓解农村的贫困程度。这主要表现在以下两个方面。

一方面，从农业保险的供给角度来看，造成农业保险供给不足的主要因素可细分为以下三点。第一，农业风险本身的特点。农业生产经营不但易受旱涝、暴风、暴雨、霜冻、冰雹、病虫害、地震、火灾等自然灾害的影响，而且一旦发生农业风险，其区域性和相依性强的特征又使得保险公司面临的系统性风险往往会比其他险种更高。这些都会增加保险公司在承保、理赔、定损等方面的难度，进而影响商业保险市场上农业保险的供给。例如，Miranda和Glauber（1997）的研究发现，美国保险市场上农业保险公司面临的系统性风险约为一般保险公司的10倍。第二，农业保险市场普遍存在的信息不对称现象。道德风险和逆向选择会使保险公司产生额外的监督成本，进而影响农业保险的供给。第三，农业保险的准公共品属性。农业保险是一种有着正外部性的准公共品，会使得保险公司依据私人边际成本等于私人边际收益原则确定的农业保险的均衡供给量小于依据社会边际成本等于社会边际收益原则确定的均衡供给量。有鉴于此，冯文丽（2004）建议中国应借鉴美国农业保险制度，实施政策性保险、商业化经营模式来解决农业保险面临的供给不足问题。而政府推行的农业保险保费补贴政策在调动农户参保积极性的同时，也能激励保险公司挖掘其在信息搜集与处理、合约条款设计、精算与风险管理等方面的专业优势（Ben-Shahar 和 Kyle, 2012；段白鸽等，2019），为农户提供防灾减损建议，帮助农户引进、推广先进农业技术，如用高射炮轰击云层来防雹增雨，预防和控制冰雹、干旱等灾害，从而有助于增强农户抵御自然灾害风险的能力，稳定农民收入，降低农户因灾致（返）贫的概率，缓解贫困深度和贫困强度。

另一方面，从农业保险的需求角度来看，影响保险等金融工具发挥扶贫减贫效果的主要因素可细分为主观因素和客观因素两类。在主观因素上，已有研究发现，农村金融排斥（Financial Exclusion）、传统家庭文化观念、金融信任、金融素养（Financial Literacy）都会影响城乡居民的商业保险参保需求（粟芳和方蕾，2016；徐婷婷和陈先洁，2021；郑路和徐旻霞，2021）。在客观因素上，农业风险复杂多样、农村保险发展滞后、农户资源禀赋缺陷和保费支付能力有限，也会影响农民的农业保险需求。这些主客观因素都会导致商业保险市场上农业保险出现需求不足现象。而政府推行的农业保险保费补贴政策可以缓解农户的保费支付压力，提升农民的风险保障意识和保险需求，激励农民开展农业生产经营活动，进而提升农民的家庭经营性收入。在农业保险事故发生后，保险公司对受灾农户进行赔付，农户可以免于因灾遭受无法承受的重大损失而致（返）贫，并利用赔付金额继续购买下一生产周期的农业生产资料，保证生产经营的稳定性。引入农业保险还有助于内生地减少农业生产者的顾虑，鼓励其选择效率更高、专业化的生产模式，有效利用规模效应，降低生产成本，提高生产效率和产出，未来产出的增加也会进一步提高农户收入，实现减贫效果。

有鉴于此，本章提出如下三个假说。

假说 1：引入政策性农业保险保费补贴试点，会通过增加农业保险的供给和需求来促进农业生产经营活动，增强农户抵御自然灾害风险的能力，稳定农业产出，提高农民的家庭经营性收入，从而能够有效降低农户因灾致（返）贫的概率。

假说 2：由于家庭经营性收入更易受农业风险影响，因而家庭经营性收入占比越高的农户家庭，政策性农业保险缓解农民贫困的作用会越强。

假说 3：对于户均面积越大的农民家庭，家庭经营性收入在其收入结构中占比越高，政策性农业保险缓解贫困的作用会越强。

接下来，我们将利用中国在不同地区、不同时间渐进式推行的农业保险保费补贴试点政策这一较理想的“准自然实验”，采用稳健的实证方法检验这些假说是否成立，以更细致地识别其在缓解农村贫困问题上的政策效果、传导渠道和影响机制。

三、实证研究设计

本章的基本思路是：将每个日历年已试点省份（区、市）作为实验组，非试点省份（区、市）作为对照组；然后采用双向固定效应多期 DID 方法（Beck 等，2010）进行实证检验，识别试点前后各省份（区、市）农村居民的贫困程度是否存在显著变化，其基础回归模型如下：

$$p_{it}^{\alpha} = \beta_0 + \delta \times treated_{it} + \mu_i + year_t + CONTROLS_{it} + \varepsilon_{it} \qquad (7-1)$$

其中，i 表示省份（区、市）（$i = 1, 2, \cdots, 31$），t 表示年份（$t =$

2004, 2005, …, 2012）。被解释变量 p_{it}^{α}①为 i 省份（区、市）在 t 年的贫困指数，其取值越大表示贫困程度越高。$treated_{it}$ 为政策性农业保险试点的虚拟变量，由于各省（区、市）试点时间不一致，若 i 省份（区、市）在 t 年开始试点，则 t 年及后续年份取 1，否则取 0。$treated_{it}$ 为本章关注的核心解释变量，其系数 δ 反映了实施政策性农业保险的平均减贫效应；若 δ 显著为负，则说明政策性农业保险会有效降低农村居民的贫困程度，反之则会加重贫困。μ_i 和 $year_t$ 是一系列省份（区、市）和年份的虚拟变量，用来控制省份（区、市）和年份的固定效应。$CONTROLS_{it}$ 为一系列随地区和时间变化且能对农村居民收入造成影响的控制变量。

第四节　实证分析与稳健性检验

一、变量及数据说明

1. 被解释变量

本章采用 Foster 等（1984）提出的贫困指数来构建被解释变量。该贫困指数以贫困线和收入分布函数为基础，具体函数形式表示为：

$$p_{\alpha} = \int_0^z \left(\frac{z - x}{x}\right)^{\alpha} f(x)\,dx \tag{7-2}$$

其中：z 为贫困线；x 为农村居民人均纯收入，$f(x)$ 为其对应的概率

① 上标 α 为参数，代表贫困厌恶指数，其取值刻画了不同的贫困维度；对应于下文式（7-2）中的下标 α，在第四节给出详细说明。

密度函数；α 为贫困厌恶指数，其不同取值可刻画不同维度的贫困程度，以使平均效应的度量更加全面。

这里补充三点。第一，通常 α 有 0，1，2 三种取值。当 $\alpha=0$ 时，p_α 表示纯收入低于贫困线的人口比例，称为贫困发生率；当 $\alpha=1$ 时，p_α 表示以个体纯收入与贫困线差距为权重对贫困发生率进行调整，视为贫困人口相对贫困缺口的期望值，称为贫困深度；当 $\alpha=2$ 时，p_α 表示以个体纯收入与贫困线差距的平方为权重对贫困发生率进行调整，称为贫困强度，个体越贫困被赋予的权重越大，越能反映贫困人口内部收入差距。显然，贫困发生率较为直观，但它无法区分个体贫困差异，从而反映的信息较少；贫困深度和贫困强度分别描述了贫困人口收入缺口和该群体内部收入差异，对贫困人口收入刻画更细致，但直观解释力较差。为了更全面准确地识别农业保险的扶贫减贫效果，本章同时使用三种贫困指数进行研究。

第二，针对收入分布函数的选取，经济学文献中通常假设收入服从具有右偏特征的对数正态分布（$\ln X \sim N(\mu, \sigma^2)$），且认为对数正态分布能较好地反映农村家庭等相对低收入群体的收入分布（林伯强，2003）。因此，根据对数正态分布的性质，使用农村居民人均纯收入的样本均值 $\overline{X}$ 和描述居民收入差距的基尼系数 $Gini$ 估计两参数（陈建东等，2013），即：

$$
\begin{cases} \bar{x} = e^{\mu+\frac{\sigma^2}{2}} \\ Gini = 2\Phi\left(\frac{\sigma}{\sqrt{2}}\right) - 1 \end{cases} \tag{7-3}
$$

这里，$\Phi(x)$ 为标准正态分布的分布函数。

第三，针对贫困线 z，主要有国家贫困线和国际贫困线两种标准。由于国家贫困线在 2011 年进行了重大调整，从前一年 1 274 元上调至 2010 年不变价 2 300 元，因此贫困人口瞬间大幅增加，而本章基础回归采用的是2004—2012年贫困指数相关数据，预计该调整会对扶贫减贫的效果识别造成较大影响。相比之下，国际贫困线是世界银行采用十几个贫困国家的数据得出的绝对贫困标准，分别为2005年公布的“一天1.25美元”和2014年公布的“一天1.9美元”。根据本章的数据样本期，我们将使用“一天1.25美元”标准，按2012年平均汇率换算后，再按农村居民消费价格指数（CPI）调整得到各年贫困线。图7-1绘制了2000—2019年的国家贫困线和国际贫困线，可以看出，按上述标准计算的国际贫困线略高于我国调整后的国家贫困线，且在时间序列上较平稳，故本章选取国际贫困线标准作为相应的贫困线指标。

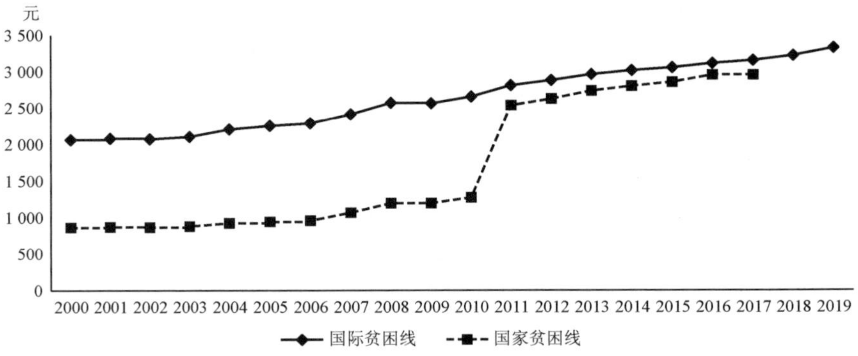

图7-1 2000—2019年国家贫困线与国际贫困线的动态演变

注：2000—2017年国家贫困线根据2001—2018年《中国农村贫困监测报告》的统计数据整理得到。

2. 核心解释变量

本章的核心解释变量为 $treated_{it}$。根据《中央财政农业保险保费补贴试点管理办法》及各省份（区、市）的相关通知，本章汇总了我国31个省、自治区、直辖市政策性农业保险试点开展情况，如表7-1所示。

表 7-1 不同省区市政策性农业保险保费补贴试点开展情况

年份	新增试点地区
2007	吉林、江苏、湖南、内蒙古、四川、新疆
2008	安徽、福建、海南、河北、河南、黑龙江、湖北、辽宁、山东、浙江
2009	江西
2010	甘肃、广东、宁夏、青海、山西、云南
2011	广西、贵州、陕西、西藏、重庆
2012	北京、上海、天津

除这一核心解释变量之外，本章还加入了各省（区、市）农业保险保费收入这一解释变量作为补充，以衡量各省（区、市）农业保险发展状况对缓解地区贫困程度的影响。由于农业保险保费收入是市场均衡作用的结果，故加入这一解释变量，可以综合考虑各省（区、市）农业保险的供给和需求，以及中央财政和省级财政的保费补贴等财政支农方面的因素对缓解农民贫困程度的影响。

3. 控制变量

在控制变量的选取上，本章主要考虑了以下五个影响农村居民收入和贫困的因素。

（1）农业经营规模。从农业经济发展水平角度考虑，一个地区农业经营规模越大，农业经济越发达，从而农民的农业收入越高，但由于外出从事第二、三产业对其总体收入也有影响，故本章选取“第一产业占比”和“有效灌溉面积占比”两个指标来衡量农业经营规模。

（2）农村生产技术。从农村生产技术角度考虑，随着农村机械化、自动化的推进，以农业机械为代表的生产技术进步有效提高了生产效率和产出，有利于提高农民的经营收入，故本章选取“农村人均农业机械总动力（千瓦/人）”这一指标来衡量农村生产技术。

（3）农业受灾情况。从自然灾害角度考虑，农业重大灾害是农民致（返）贫的重要原因，与农业保险关系尤为紧密，故本章选取“受灾面积占比”这一指标来衡量农业受灾情况。

（4）农村最低生活保障支出情况。从社会分配均衡程度角度考虑，一个地区农村人均最低生活保障支出越多，社会分配程度越均衡，难以维持基本生存需要的人数越少，贫困程度就越低，故本章选取“对数农村人均低保支出”这一指标来衡量社会分配均衡程度。

（5）农民受教育程度。从受教育程度和人力资本积累角度考虑，一个地区农村居民受教育程度越高，教育文化支出越多，居民对灾害风险的防范意识就越强，教育水平和人力资本积累对农村减贫作用越强，故本章选取“农村劳动力初中以上受教育程度占比”和“农村居民教育文化娱乐支出占比”两个指标来衡量农民受教育程度。

4. 数据来源

本章基础回归中使用的农村居民人均纯收入、农村居民基尼系数数据来源于2005—2010年《中国农村住户调查年鉴》和2011—2013年《中国住户调查年鉴》；地区生产总值和第一产业增加值数据来源于2005—2013年《中国统计年鉴》；农业机械总动力、乡村人口数、有效灌溉面积、受灾面积、总播种面积、农村最低生活保障支出、农村居民家庭劳动力文化状况、农村居民教育文化娱乐支出和农村居民生活消费支出数据来源于2005—2013年《中国农村统计年鉴》；农业保险保费收入数据是根据2005—2013年《中国保险年鉴》“地方版”模块中各省份（区、市）的各家财产保险分公司业务统计表的合计数据整理得到，并将大连、青岛、宁波、厦门、深圳五个计划单列市的保费收入数据汇总到相应的省份。在此基础上，我们最终得到2004—2012年31个省、自治区、直辖市数据，共279个样本，用于本章的基础回归实证检验。

二、变量的描述性统计

表 7-2 列出了回归模型中主要变量的定义和描述性统计特征。

表 7-2　变量的描述性统计

变量	符号	样本数	均值	标准差	最小值	最大值
贫困发生率	p_0	279	0. 325	0. 185	0. 014	0. 760
贫困深度	p_1	279	0. 117	0. 083	0. 003	0. 362
贫困强度	p_2	279	0. 058	0. 047	0. 001	0. 212
农业保险试点	treated	279	0. 434	0. 496	0. 000	1. 000
农业保险保费收入	prem	279	3. 101	4. 715	0. 000	23. 178
第一产业占比	perc	279	12. 124	6. 090	0. 633	34. 009
农村人均农业机械总动力	powp	279	1. 179	0. 608	0. 245	3. 118
有效灌溉面积占比	pirri	279	0. 412	0. 171	0. 148	1. 029
受灾面积占比	pdisa	279	0. 253	0. 150	0. 000	0. 936
对数农村人均低保支出	ln abla	275	2. 827	2. 082	− 4. 285	5. 561
农村劳动力初中以上受教育程度占比	edu	279	0. 656	0. 158	0. 036	0. 947
农村居民教育文化娱乐支出占比	pedu	279	0. 090	0. 029	0. 014	0. 161

三、基础回归检验结果

基于本章式（7-1）给出的模型设定，表 7-3 给出了基础回归分析结果。其中，第（1）、(4)、(7）列给出了仅包含 $treated_{it}$、省份（区、市）和年份固定效应的结果；其他列给出了加入农业经济发展水平、农村社会分配均衡程度、农民受教育程度、自然灾害及农业保险发展状况等控制变量影响后的结果。

表 7-3　政策性农业保险对贫困指数影响的基础回归结果

变量	(1) P_0	(2) P_0	(3) P_0	(4) P_1	(5) P_1	(6) P_1	(7) P_2	(8) P_2	(9) P_2
treated	-0.019^{*} (0. 010)	-0.014^{***} (0. 005)	-0.016^{***} (0. 005)	− 0. 006 (0. 007)	-0.007^{**} (0. 003)	-0.008^{***} (0. 003)	− 0. 002 (0. 004)	-0.004^{*} (0. 002)	-0.005^{**} (0. 002)
prem	(0. 001)	− 0. 000 (0. 001)	0. 000 (0. 001)		0. 001 (0. 001)	0. 001 (0. 001)		0. 001 (0. 001)	0. 001 (0. 001)
perc		0.010^{***} (0. 003)	0.010^{***} (0. 003)		0.005^{***} (0. 002)	0.005^{***} (0. 002)		0.003^{***} (0. 001)	0.003^{***} (0. 001)
powp		-0.064^{***} (0. 021)	-0.061^{***} (0. 020)		-0.019^{*} (0. 011)	− 0. 018 (0. 011)		− 0. 007 (0. 007)	− 0. 006 (0. 007)
pirri		− 0. 016 (0. 073)	0. 009 (0. 073)		− 0. 025 (0. 045)	− 0. 015 (0. 046)		− 0. 020 (0. 029)	− 0. 015 (0. 030)
pdisa		0. 009 (0. 016)	0. 009 (0. 016)		0. 001 (0. 011)	0. 002 (0. 011)		− 0. 001 (0. 007)	− 0. 000 (0. 008)
ln abla		-0.019^{***} (0. 003)	-0.020^{***} (0. 003)		-0.014^{***} (0. 002)	-0.015^{***} (0. 002)		-0.010^{***} (0. 001)	-0.010^{***} (0. 001)
edu		-0.243^{**} (0. 109)			-0.128^{*} (0. 073)			− 0. 075 (0. 052)	
pedu			0. 046 (0. 347)			0. 137 (0. 199)			0. 115 (0. 127)
常数项	0.333^{***} (0. 005)	0.502^{***} (0. 088)	0.323^{***} (0. 039)	0.120^{***} (0. 003)	0.211^{***} (0. 054)	0.108^{***} (0. 022)	0.059^{***} (0. 002)	0.114^{***} (0. 037)	0.050^{***} (0. 015)

（续表）

变量	(1) p_0	(2) p_0	(3) p_0	(4) p_1	(5) p_1	(6) p_1	(7) p_2	(8) p_2	(9) p_2
样本数	279	275	275	279	275	275	279	275	275
调整 R^2	0. 958	0. 980	0. 979	0. 920	0. 962	0. 962	0. 892	0. 948	0. 947

注：***、** 和 * 分别表示 1%、5% 和 10% 的显著性水平，括号中是估计参数的稳健标准误；所有回归均控制了省份（区、市）和年份固定效应，且将标准误聚类在省份（区、市）层面。

可以看出，含控制变量下，政策性农业保险试点后，三种贫困指数都显著为负，其中贫困发生率在 1% 的显著性水平上显著为负，贫困深度在 1% 或 5% 的显著性水平上显著为负，贫困强度在 5% 或 10% 的显著性水平上显著为负。特别地，第（3）列试点变量的系数为 − 0.016，表明试点后，贫困发生率平均下降 0.016，即每万人中贫困人口减少了约 160 人；第（6）列试点变量的系数为 − 0.008，表明试点后还缩小了贫困农户的相对贫困缺口，贫困深度平均下降 0.008；第（9）列试点变量的系数为 − 0.005，表明试点后也缩小了贫困农户内部的收入差距，贫困强度平均下降 0.005。因此，实施政策性农业保险具有明显的扶贫减贫效果。这一实证结果验证了本章的假说 1。

从上述结论的稳定性来看，控制变量的加入并没有改变试点变量的参数估计值的符号，且明显提高了其系数的显著性，说明实证检验的主要结论是稳定的。从控制变量的附带结果来看，三种贫困指数下，第一产业占比的系数在 1% 的显著性水平上显著为正，说明在农村地区合理发展第二、三产业，能显著缓解农村贫困；对数农村人均低保支出的系数在 1% 的显著性水平上显著为负，说明提高农村地区社会分配的均衡程度能显著缓解农村贫困。

四、平行趋势检验结果

实验组和对照组满足平行趋势假设是运用 DID 方法的重要前提，否则估计结果可能并不具有统计意义上的可信性。因此，我们参考 Beck 等（2010），以各省份（区、市）试点实施当期为基期，引入一系列虚拟变量 $pre9_{it}$~ $post6_{it}$ 代替式（7-1）中 $treated_{it}$ 进行回归，以检验两组是否满足平行趋势，进而探讨实施政策性农业保险对缓解农民贫困程度的动态效果。回归方程为：

$$p_{it}^{\alpha} = \beta_0 + \delta_1 \times pre9_{it} + \cdots + \delta_9 \times pre1_{it} + \delta_{10} \times post1_{it} + \cdots + \delta_{15} \times post6_{it} + \mu_i + year_t + CONTROLS_{it} + \varepsilon_{it} \quad (7-4)$$

其中，$pre9_{it}$ 定义为：若 t 年是 i 省份（区、市）试点实施前的第 9 年，则取 1，否则取 0；$post1_{it}$ 定义为：若 t 年是 i 省份（区、市）试点实施后的第 1 年，则取 1，否则取 0；其余虚拟变量类似定义。式（7-4）中其他变量的定义同式（7-1）。显然，该回归模型排除了基期，故我们可以检验相对于基期，前后各期政策性农业保险对缓解农民贫困程度的动态影响。

这里需要特别说明以下三点。第一，关于平行趋势检验的样本期选取，由于 2004 年中央提出要加快建立政策性农业保险制度，2007 年启动首批试点工作，2012 年 31 个省、区、市全部开展了试点工作，故本章选取 2004—2012 年作为基础回归样本期。而在平行趋势检验中，一方面为了更好地检验试点前后各期的动态效果，另一方面考虑到估计贫困指数的数据可得性，并剥离 2016 年《中央财政农业保险保险费补贴管理办法》印发带来的政策影响，我们最终只将样本期扩大到 2003—2016 年。第二，关于政策试点的前后各期选取，对于 2012 年最晚试点的省份（区、市），2003 年是试点前第 9 年，故式（7-4）中虚拟变量从 $pre9_{it}$ 开始；对于 2007 年最早试点的省份（区、市），2016 年是试点后第 9 年。由于我们更关心政策实施前的平行趋势，故只对政策实施后的样本进行缩尾处理，将政策实施后 6—9 年的样本视为政策实施后第 6 年的样本，最终采用虚拟变量 $pre9_{it}$~ $post6_{it}$ 检验平行趋势。第三，关于控制变量的选取，由于 2013 年起农村居民劳动力文化状况数据不再披露，从而无法计算 edu 这一控制变量，故平行趋势检验中农民受教育程度只给出了含 pedu 这一控制变量的结果。

在此基础上，表 7-4 给出了平行趋势检验结果，其中第（1）、（3）、（5）列给出了不含控制变量的结果，第（2）、（4）、（6）列给出了含控制变量的结果。

表 7-4 平行趋势检验结果

变量	(1) p_0	(2) p_0	(3) p_1	(4) p_1	(5) p_2	(6) p_2
pre9	− 0. 095 (0. 083)	0. 115 (0. 074)	− 0. 046 (0. 063)	0. 112** (0. 052)	− 0. 026 (0. 047)	0. 090** (0. 037)
pre8	− 0. 021 (0. 081)	0. 105 (0. 066)	0. 030 (0. 066)	0. 117** (0. 049)	0. 036 (0. 050)	0. 097** (0. 037)
pre7	− 0. 015 (0. 070)	0. 086 (0. 058)	0. 032 (0. 056)	0. 100** (0. 043)	0. 037 (0. 043)	0. 084** (0. 032)
pre6	− 0. 004 (0. 059)	0. 072 (0. 051)	0. 034 (0. 047)	0. 084** (0. 037)	0. 036 (0. 035)	0. 070** (0. 028)
pre5	− 0. 004 (0. 048)	0. 058 (0. 042)	0. 022 (0. 038)	0. 063** (0. 030)	0. 024 (0. 028)	0. 051** (0. 022)
pre4	− 0. 001 (0. 038)	0. 044 (0. 033)	0. 019 (0. 029)	0. 048* (0. 024)	0. 020 (0. 022)	0. 039** (0. 017)
pre3	0. 004 (0. 027)	0. 038 (0. 025)	0. 017 (0. 021)	0. 040** (0. 018)	0. 017 (0. 015)	0. 033** (0. 013)
pre2	0. 003 (0. 017)	0. 030* (0. 016)	0. 012 (0. 013)	0. 032*** (0. 012)	0. 011 (0. 009)	0. 026*** (0. 008)
pre1	0. 002 (0. 008)	0. 012 (0. 008)	0. 006 (0. 006)	0. 013** (0. 006)	0. 006 (0. 004)	0. 011** (0. 004)
post1	− 0. 003 (0. 007)	− 0. 011* (0. 006)	− 0. 005 (0. 005)	− 0. 010** (0. 004)	− 0. 005 (0. 004)	− 0. 008** (0. 003)
post2	− 0. 008 (0. 014)	− 0. 021* (0. 012)	− 0. 011 (0. 010)	− 0. 019** (0. 008)	− 0. 009 (0. 007)	− 0. 015** (0. 006)
post3	− 0. 014 (0. 020)	− 0. 034** (0. 016)	− 0. 016 (0. 014)	− 0. 030** (0. 011)	− 0. 013 (0. 010)	− 0. 022*** (0. 008)
post4	− 0. 019 (0. 024)	− 0. 045** (0. 022)	− 0. 020 (0. 017)	− 0. 037** (0. 015)	− 0. 016 (0. 012)	− 0. 028** (0. 010)

（续表）

变量	(1) p_0	(2) p_0	(3) p_1	(4) p_1	(5) p_2	(6) p_2
post5	− 0. 037 (0. 028)	− 0. 057** (0. 025)	− 0. 033 (0. 021)	− 0. 046** (0. 017)	− 0. 025 (0. 015)	− 0. 034*** (0. 012)
post6	− 0. 028 (0. 034)	− 0. 063** (0. 031)	− 0. 026 (0. 025)	− 0. 050** (0. 022)	− 0. 020 (0. 018)	− 0. 036** (0. 015)
prem		− 0. 000 (0. 000)		− 0. 000 (0. 000)		− 0. 000 (0. 000)
perc		0. 006*** (0. 002)		0. 005*** (0. 001)		0. 004*** (0. 001)
powp		− 0. 049*** (0. 013)		− 0. 033*** (0. 010)		− 0. 023*** (0. 007)
pirri		0. 053 (0. 052)		0. 027 (0. 046)		0. 016 (0. 036)
pdisa		0. 022* (0. 013)		0. 012 (0. 011)		0. 007 (0. 008)
ln abla		− 0. 013*** (0. 003)		− 0. 014*** (0. 002)		− 0. 012*** (0. 002)
pedu		− 0. 701*** (0. 163)		− 0. 494*** (0. 135)		− 0. 351*** (0. 107)
常数项	0. 377*** (0. 009)	0. 434*** (0. 039)	0. 164*** (0. 008)	0. 220*** (0. 033)	0. 093*** (0. 006)	0. 139*** (0. 026)
样本数	434	428	434	428	434	428
调整 R^2	0. 969	0. 987	0. 934	0. 973	0. 909	0. 962

注：***、** 和 * 分别表示 1%、5% 和 10% 的显著性水平，括号中是估计参数的稳健标准误；所有回归均控制了省份（区、市）和年份固定效应，且将标准误聚类在省份（区、市）层面。

可以看出，含控制变量下，试点前第（2）列虚拟变量回归系数都为正，且除试点前第 2 年在 10% 的显著性水平上显著为正之外，其他年份均不显著异于 0。鉴于我们考察了试点前至少 9 年的情况，只有 1 年显著，故整体上看，实验组和对照组在试点前没有显著差异。相比之下，第（4）列和第（6）列虚拟变量回归系数分别在 1%、5%

或 10% 的显著性水平上显著为正，且从试点前第 8 年开始系数显著下降[①]，这可能与贫困深度和贫困强度这两个指标考虑了更多的个体异质性，从而比贫困发生率指标能反映更多的信息有关。通常，贫困深度和贫困强度随经济社会发展会出现下降趋势。试点后第（2）（4）（6）列虚拟变量回归系数在 1%、5% 或 10% 的显著性水平上显著为负，且系数绝对值逐渐增大，显著性稳中有升。

综上，实验组和对照组在实施政策性农业保险之前没有显著差异，具备统计意义上的随机性，满足平行趋势假设，即本章实证研究设计满足运用 DID 方法的前提条件。

五、安慰剂检验

尽管基础回归尽可能地控制了影响贫困指数的各方面因素，并通过平行趋势检验增强了基础回归结果的可信性，但仍存在一些未观测到的或者未识别的因素可能会影响实证分析的结果。因此，下面采用安慰剂检验来进一步检验未识别的因素对估计结果的影响。

安慰剂检验的基本思想是反事实检验，即通过构造与事实相反的假设，来检验未被纳入的变量可能对被解释变量的影响。具体而言，本章在 2004—2012 年基础回归样本期内为每个省份（区、市）随机生成了一个政策试点年份，并以此为基准，来确定模拟试点变量 $pseudotreated_{it}$，即模拟试点年份当年及后续年份取 1，否则取 0。利用该模拟项代替式（7-1）中的原真实试点变量 $treated_{it}$ 进行回归，其余变量保持不变，回归模型如下：

① 这里，回归系数没有从试点前第 9 年开始就出现显著下降，其原因可能是该年只有 3 个样本，导致估计误差过大，从而影响回归系数估计值的准确性。

$$p_{it}^{\alpha} = \beta_0 + \delta' \times pseudotreated_{it} + \mu_i + year_t + CONTROLS_{it} + \varepsilon_{it} \tag{7-5}$$

由于模拟项是基于随机产生的政策冲击，理论上不会对被解释变量 p_{it}^{α} 产生真实的影响，故其回归系数 δ' 的估计值应接近于 0 且不显著。但由于一次模拟得到的随机试点时间下的回归结果存在一定的偶然性，下面将结合表 7-3 中第（1）—（9）列的基础回归模型，重复上述过程 1 000 次，作出相应的模拟项的回归系数 δ' 及相应的 t 统计量的分布图。若 1 000 次模拟得到的回归系数 δ' 的均值位于 0 附近，且不显著，则说明随机产生的政策冲击不显著并非偶然现象，从而进一步确认前文实证分析结果的稳健性。

针对表 7-3 中 9 组回归分析，表 7-5 和表 7-6 给出了模拟项系数 δ' 及其 t 统计量的分布特征。可以看出，模拟项系数 δ' 的均值都几乎为 0。从统计显著性上看，t 统计量的均值也比较接近于 0，标准差接近于 1；t 统计量的 25%、75% 分位数的绝对值均远远小于 10% 的显著性水平的临界值 1.65，表明超过半数的模拟项系数 δ' 在 10% 的显著性水平上不显著。

表 7-5　安慰剂检验得到的回归系数 δ' 的分布特征

分布特征	(1) p_0	(2) p_0	(3) p_0	(4) p_1	(5) p_1	(6) p_1	(7) p_2	(8) p_2	(9) p_2
均值	0.000 4	−0.000 2	−0.000 2	−0.000 2	0.000 0	−0.000 2	0.000 0	0.000 2	0.000 0
标准差	0.011 6	0.007 4	0.007 8	0.006 8	0.004 6	0.004 6	0.004 6	0.003 0	0.003 0
最小值	−0.039 2	−0.018 5	−0.021 6	−0.024 5	−0.013 5	−0.014 7	−0.014 1	−0.007 9	−0.009 6
25% 分位数	−0.007 5	−0.005 2	−0.005 7	−0.004 7	−0.003 2	−0.003 4	−0.003 1	−0.001 9	−0.002 0
中位数	0.000 1	−0.000 4	−0.000 3	−0.000 1	−0.000 1	−0.000 3	0.000 1	0.000 2	−0.000 1
75% 分位数	0.008 5	0.005 0	0.005 2	0.004 2	0.003 0	0.002 8	0.003 2	0.002 0	0.002 0
最大值	0.038 1	0.025 7	0.022 5	0.024 3	0.017 1	0.013 8	0.015 0	0.010 6	0.009 9
模拟次数	1 000	1 000	1 000	1 000	1 000	1 000	1 000	1 000	1 000
控制变量	NO	YES	YES	NO	YES	YES	NO	YES	YES

注：第（1）—（9）列分别对应于表 7-3 的 9 组回归中模拟试点变量的安慰剂检验结果。

表 7-6　安慰剂检验得到的回归系数 δ' 的 t 统计量的分布特征

分布特征	(1) p_0	(2) p_0	(3) p_0	(4) p_1	(5) p_1	(6) p_1	(7) p_2	(8) p_2	(9) p_2
均值	0.087 9	−0.042 9	−0.029 1	−0.010 9	−0.032 9	−0.095 8	0.018 1	−0.003 3	−0.028 5
标准差	1.072 0	1.029 0	1.050 0	1.018 4	1.077 6	1.051 3	1.074 4	1.060 1	1.063 7
最小值	−2.590 0	−3.142 3	−2.725 0	−3.213 5	−3.363 6	−3.998 5	−3.139 3	−3.458 4	−3.139 0
25% 分位数	−0.671 6	−0.718 9	−0.771 7	−0.686 9	−0.782 7	−0.800 8	−0.706 5	−0.757 8	−0.753 2
中位数	0.011 1	−0.044 9	−0.035 2	−0.021 0	−0.016 2	−0.065 8	0.019 2	0.059 0	−0.018 4
75% 分位数	0.828 2	0.673 1	0.699 0	0.662 5	0.700 4	0.633 5	0.705 6	0.694 2	0.668 8
最大值	3.788 7	3.599 1	3.052 8	3.872 9	3.869 1	3.142 0	3.771 3	3.189 9	3.912 4
模拟次数	1 000	1 000	1 000	1 000	1 000	1 000	1 000	1 000	1 000
控制变量	NO	YES	YES	NO	YES	YES	NO	YES	YES

注：第（1）—（9）列分别对应于表 7-3 的 9 组回归中模拟试点变量的 t 统计量的安慰剂检验结果。

图 7-2 和图 7-3 进一步给出了模拟项系数 δ' 及其 t 统计量的概率密度图和拟合的密度曲线。显然模拟项系数 δ' 及其 t 统计量都集中分布在 0 附近，说明系数整体上不显著异于 0，可接受 $\delta'=0$ 的原假设。因此，随机产生的政策冲击不显著并非偶然现象，基础回归结果具有稳健性。

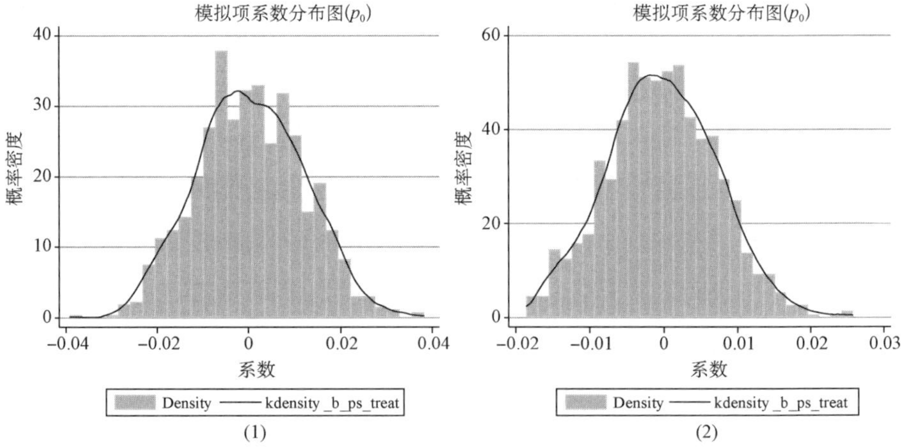

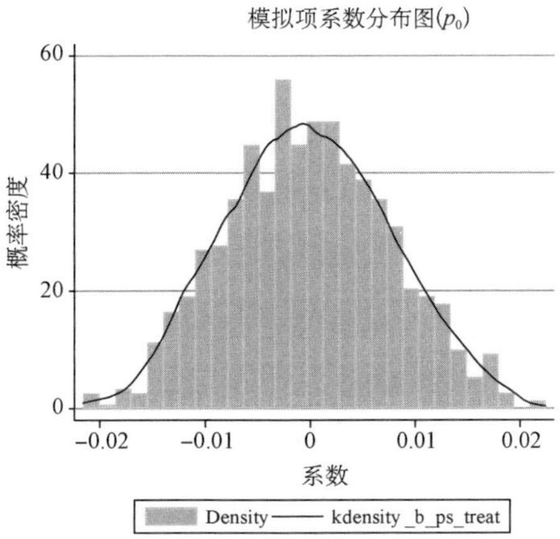
模拟项系数分布图(p_0)
概率密度
系数
Density
kdensity _b_ps_treat

(3)

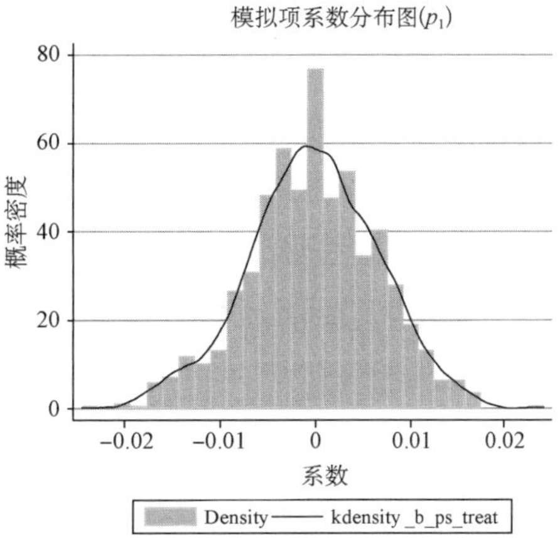
模拟项系数分布图(p_1)
概率密度
系数
Density
kdensity _b_ps_treat

(4)

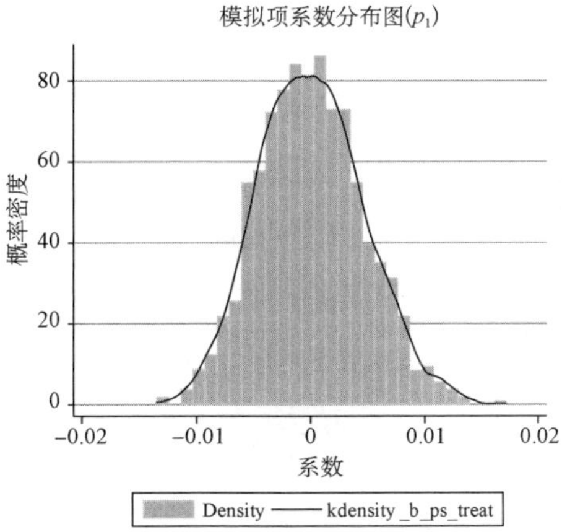
模拟项系数分布图(p_1)
概率密度
系数
Density
kdensity _b_ps_treat

(5)

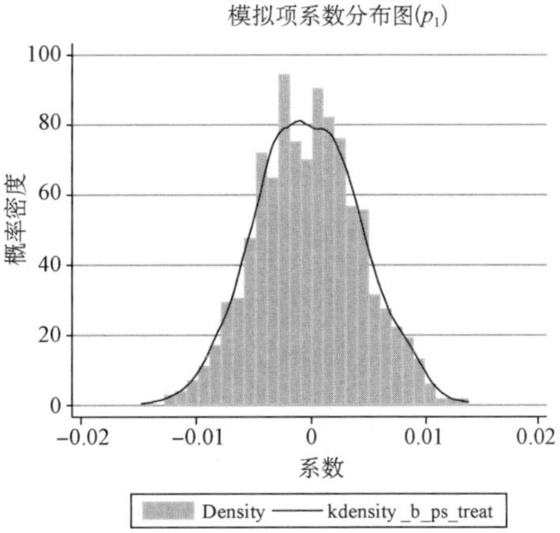
模拟项系数分布图(p_1)
概率密度
系数
Density
kdensity _b_ps_treat

(6)

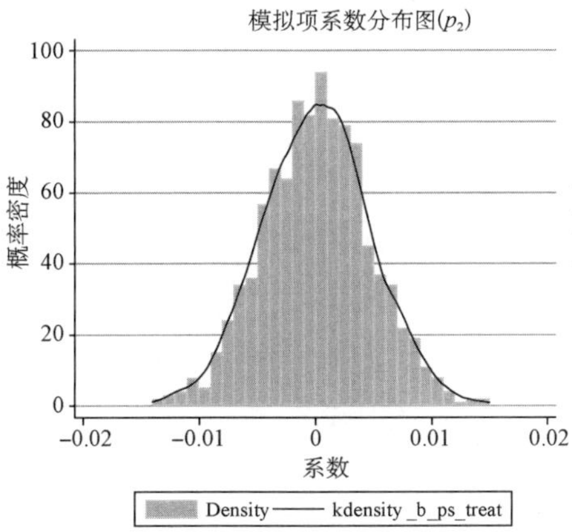
模拟项系数分布图(p_2)
概率密度
系数
Density
kdensity _b_ps_treat

(7)

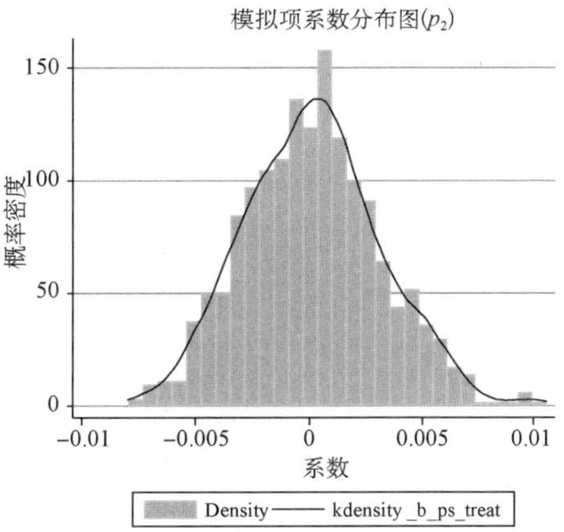
模拟项系数分布图(p_2)
概率密度
系数
Density
kdensity _b_ps_treat

(8)

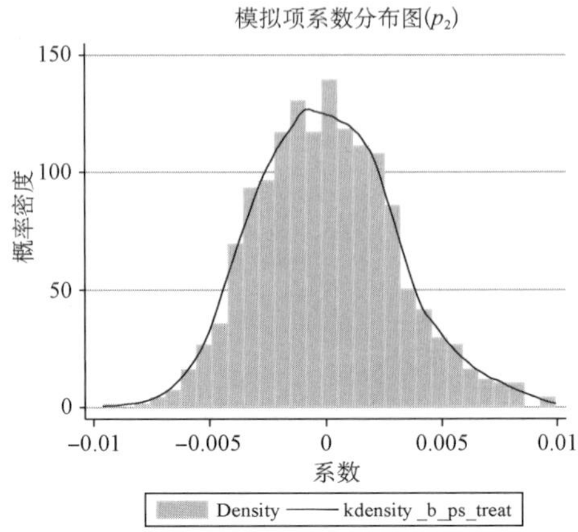

(9)

图 7-2 有无控制变量情况下回归系数 δ' 的安慰剂检验结果

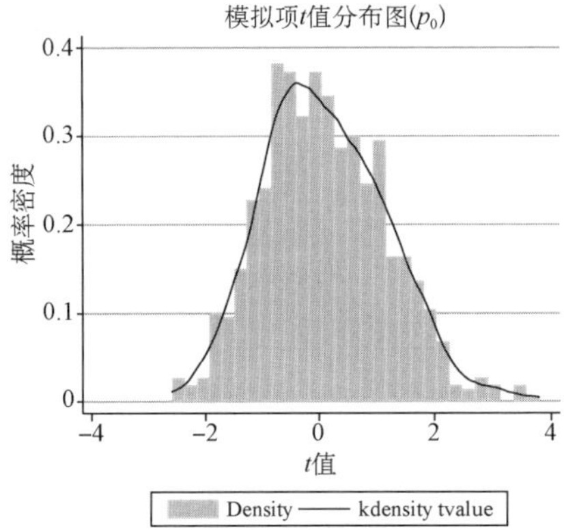

(1)

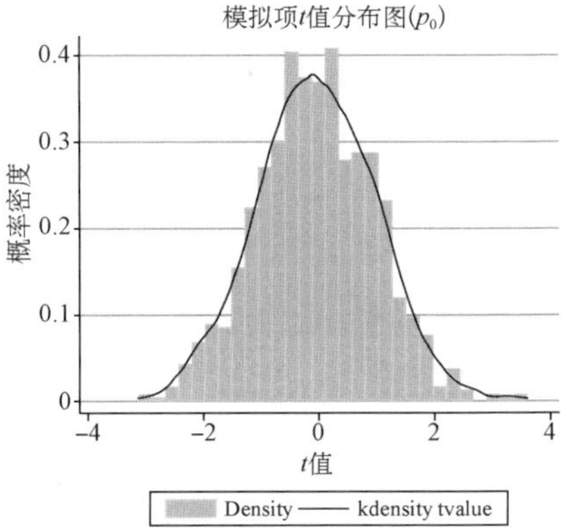

(2)

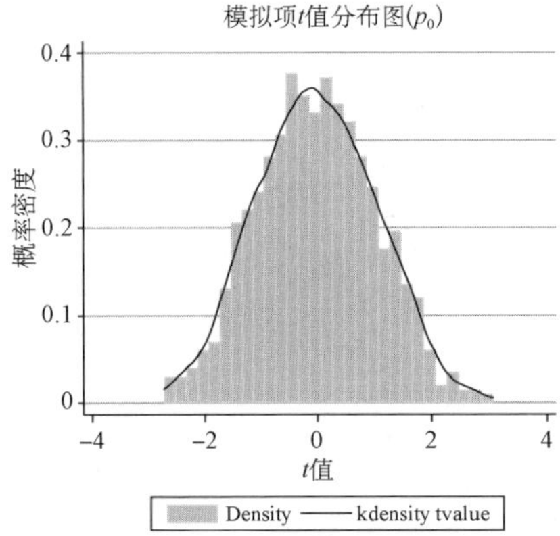

(3)

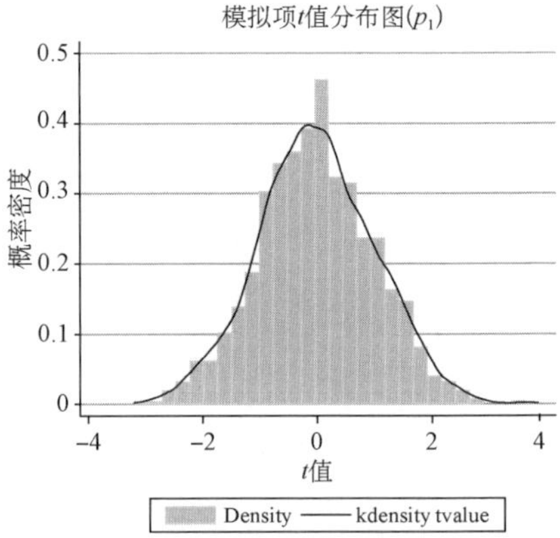

(4)

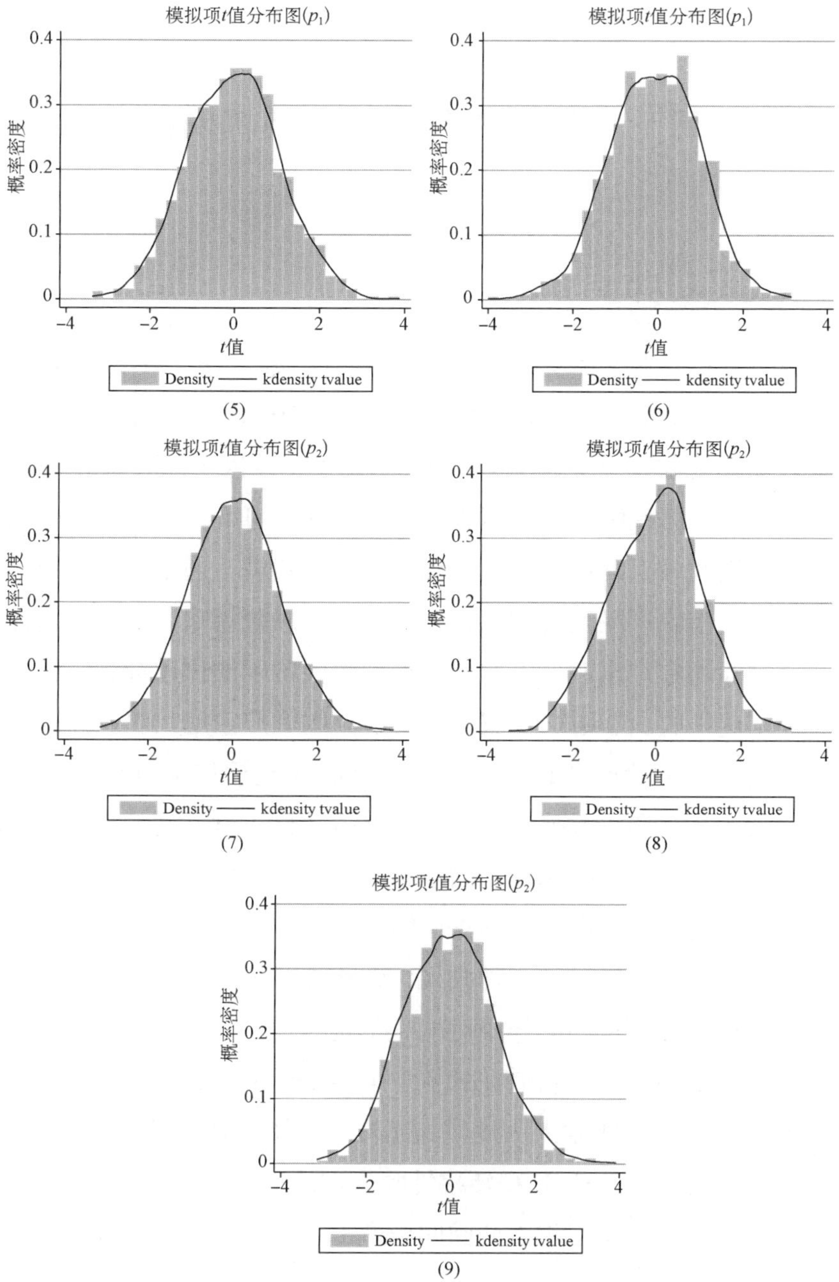

图 7-3　有无控制变量情况下回归系数 δ' 的 t 统计量的安慰剂检验结果

第五节　异质性分析与影响机制探究

一、农民收入结构的异质性分析

第一种机制源于农民收入结构的差异。收入来源不同可能会导致农民参与农业保险的动机、生产经营模式选择等存在差异，从而不同收入来源的农民受农业保险的扶贫减贫效果也可能存在差异。具体而言，农村居民纯收入按照收入来源不同，可细分为家庭经营性收入、工资性收入、财产性收入和转移性收入四类。通常，家庭经营性收入主要是指农产品买卖收入，更易受农业风险影响，从而经营性收入占比越高的农户家庭，农业保险缓解农民贫困的作用会越强。相比之下，工资性收入、财产性收入占比越高的农户家庭，农业保险缓解农民贫困的作用反而会越弱；而转移性收入是居民无须付出就可获得的收入，其主要来源是中央和地方财政转移支付，通常中央财政转移支付越多、地方财政越充裕的省份（区、市）居民人均转移性收入越高。各省份（区、市）转移支付的多少并非依赖于各地农业保险的发展程度，从而相较其他三种收入，转移性收入占比高低对农户家庭通过农业保险缓解贫困的作用可能微不足道。

为验证上述分析，我们在式（7-1）给出的基础回归模型中，依次加入家庭的经营性收入占比（$opin_{it}$）、工资性收入占比（$wage_{it}$）、财产性收入占比（$prop_{it}$）和转移性收入占比（$tran_{it}$）与 $treated_{it}$ 的交互项，得到如下四个三重差分回归模型：

$$p_{it}^{\alpha} = \beta_0 + \delta \times treated_{it} + \gamma_1 \times treated_{it} \times opin_{it} + \mu_i + year_t + CONTROLS_{it} + \varepsilon_{it} \tag{7-6}$$

$$p_{it}^{\alpha} = \beta_0 + \delta \times treated_{it} + \gamma_2 \times treated_{it} \times wage_{it} + \mu_i + year_t + CONTROLS_{it} + \varepsilon_{it} \tag{7-7}$$

$$p_{it}^{\alpha} = \beta_0 + \delta \times treated_{it} + \gamma_3 \times treated_{it} \times prop_{it} + \mu_i + year_t + CONTROLS_{it} + \varepsilon_{it} \tag{7-8}$$

$$p_{it}^{\alpha} = \beta_0 + \delta \times treated_{it} + \gamma_4 \times treated_{it} \times tran_{it} + \mu_i + year_t + CONTROLS_{it} + \varepsilon_{it} \tag{7-9}$$

这里，各地区农村居民纯收入构成数据来源于 2005—2010 年《中国农村住户调查年鉴》和 2011—2013 年《中国住户调查年鉴》。

1. 源于家庭经营性收入的差异

表 7-7 为家庭经营性收入占比的异质性分析结果。平均来看，试点后第（3）列经营性收入占比高的农户家庭贫困发生率下降 0.084（= 0.138−0.054），比表 7-3 中第（3）列贫困发生率下降 0.016 更多；非经营性收入占比高的农户家庭贫困发生率上升 0.054。第（6）列经营性收入占比高的农户家庭贫困深度下降 0.045（= 0.075−0.030），比表 7-3 中第（6）列贫困深度下降 0.008 更多；非经营性收入占比高的农户家庭贫困深度上升 0.030。第（9）列经营性收入占比高的农户家庭贫困强度下降 0.027（= 0.045−0.018），比表 7-3 中第（9）列贫困强度下降 0.005 更多；非经营性收入占比高的农户家庭贫困强度上升 0.018。它们都在 1% 水平上显著。

进一步地，就对贫困发生率下降的贡献而言，经营性收入占比高的农户家庭的贡献约为 50.72% [=(0.054+0.016)/(0.054+0.084)]，非经营性收入占比高的农户家庭的贡献约为 49.28% [=(−0.016+0.084)/(0.054+0.084)]。类似地，就对贫困深度下降的贡献而言，经营性收入占比高的农户家庭的贡献约为 50.67%，非经营性收入占比高的农户家庭的贡献约为 49.33%。就对贫困强度下降

表 7-7 政策性农业保险对贫困指数影响的异质性分析：加入经营性收入占比

变量	(1) P_0	(2) P_0	(3) P_0	(4) P_1	(5) P_1	(6) P_1	(7) P_2	(8) P_2	(9) P_2
treated	0. 126*** (0. 022)	0. 053*** (0. 015)	0. 054*** (0. 014)	0. 070*** (0. 015)	0. 029*** (0. 010)	0. 030*** (0. 009)	0. 042*** (0. 010)	0. 018** (0. 007)	0. 018*** (0. 006)
treated×opin	− 0. 277*** (0. 050)	− 0. 131*** (0. 032)	− 0. 138*** (0. 030)	− 0. 145*** (0. 030)	− 0. 070*** (0. 021)	− 0. 075*** (0. 020)	− 0. 085*** (0. 019)	− 0. 041*** (0. 014)	− 0. 045*** (0. 013)
prem		0. 000 (0. 001)	0. 001 (0. 001)		0. 001 (0. 001)	0. 001 (0. 001)		0. 001 (0. 001)	0. 001 (0. 001)
perc		0. 008*** (0. 003)	0. 009*** (0. 003)		0. 004*** (0. 002)	0. 005*** (0. 002)		0. 003** (0. 001)	0. 003** (0. 001)
powp		− 0. 054** (0. 020)	− 0. 051** (0. 019)		− 0. 014 (0. 011)	− 0. 012 (0. 011)		− 0. 004 (0. 007)	− 0. 003 (0. 007)
pirri		− 0. 010 (0. 066)	0. 010 (0. 065)		− 0. 022 (0. 041)	− 0. 014 (0. 041)		− 0. 019 (0. 027)	− 0. 015 (0. 027)
pdisa		0. 005 (0. 015)	0. 005 (0. 016)		− 0. 001 (0. 010)	− 0. 001 (0. 011)		− 0. 002 (0. 007)	− 0. 001 (0. 007)
ln abla		− 0. 018*** (0. 003)	− 0. 018*** (0. 003)		− 0. 014*** (0. 002)	− 0. 014*** (0. 002)		− 0. 009*** (0. 001)	− 0. 009*** (0. 001)
edu		− 0. 214* (0. 105)			− 0. 113 (0. 075)			− 0. 066 (0. 054)	
pedu			0. 131 (0. 320)			0. 184 (0. 188)			0. 143 (0. 122)

（续表）

变量	(1) P_0	(2) P_0	(3) P_0	(4) P_1	(5) P_1	(6) P_1	(7) P_2	(8) P_2	(9) P_2
常数项	0. 332*** (0. 006)	0. 481*** (0. 088)	0. 317*** (0. 036)	0. 119*** (0. 004)	0. 200*** (0. 057)	0. 104*** (0. 022)	0. 058*** (0. 002)	0. 107** (0. 040)	0. 048*** (0. 015)
样本数	279	275	275	279	275	275	279	275	275
调整 R^2	0. 967	0. 981	0. 981	0. 933	0. 964	0. 964	0. 906	0. 950	0. 950

注：***、** 和 * 分别表示 1%、5% 和 10% 的显著性水平，括号中是估计参数的稳健标准误；所有回归均控制了省份（区、市）和年份固定效应，且将标准误聚类在省份（区、市）层面。

的贡献而言，经营性收入占比高的农户家庭的贡献约为 51.11%，非经营性收入占比高的农户家庭的贡献约为 48.89%。

2. 源于工资性收入的差异

表 7-8 为工资性收入占比的异质性分析结果。平均来看，试点后第（3）列非工资性收入占比高的农户家庭贫困发生率下降 0.071，比表 7-3 中第（3）列贫困发生率下降 0.016 更多；工资性收入占比高的农户家庭贫困发生率上升 0.073。第（6）列非工资性收入占比高的农户家庭贫困深度下降 0.041，比表 7-3 中第（6）列贫困深度下降 0.008 更多；工资性收入占比高的农户家庭贫困深度上升 0.045。第（9）列非工资性收入占比高的农户家庭贫困强度下降 0.025，比表 7-3 中第（9）列贫困强度下降 0.005 更多；工资性收入占比高的农户家庭贫困强度上升 0.028。它们也都在 1% 水平上显著。

进一步地，就对贫困发生率下降的贡献而言，非工资性收入占比高的农户家庭的贡献约为 61.81%，工资性收入占比高的农户家庭的贡献约为 38.19%。类似地，就对贫困深度下降的贡献而言，非工资性收入占比高的农户家庭的贡献约为 61.63%，工资性收入占比高的农户家庭的贡献约为 38.37%。就对贫困强度下降的贡献而言，非工资性收入占比高的农户家庭的贡献约为 62.26%，工资性收入占比高的农户家庭的贡献约为 37.74%。

3. 源于财产性收入的差异

表 7-9 为源于财产性收入占比的异质性分析结果。平均来看，试点后第（3）列非财产性收入占比高的农户家庭贫困发生率下降 0.040，比表 7-3 中第（3）列贫困发生率下降 0.016 更多；财产性收入占比高的农户家庭贫困发生率上升 0.750。第（6）列非财产性收入占比高的农户家庭贫困深度下降 0.020，比表 7-3 中第（6）列贫困深

表 7-8 政策性农业保险对贫困指数影响的异质性分析：加入工资性收入占比

变量	(1) P_0	(2) P_0	(3) P_0	(4) P_1	(5) P_1	(6) P_1	(7) P_2	(8) P_2	(9) P_2
treated	-0.123^{***} (0.031)	-0.066^{***} (0.015)	-0.071^{***} (0.015)	-0.063^{***} (0.018)	-0.036^{***} (0.010)	-0.041^{***} (0.010)	-0.037^{***} (0.012)	-0.022^{***} (0.007)	-0.025^{***} (0.007)
treated × wage	0.282^{***} (0.058)	0.135^{***} (0.036)	0.144^{***} (0.036)	0.155^{***} (0.037)	0.078^{***} (0.023)	0.086^{***} (0.022)	0.093^{***} (0.024)	0.048^{***} (0.015)	0.053^{***} (0.015)
prem		0.001 (0.002)	0.001 (0.001)		0.001 (0.001)	0.001 (0.001)		0.001 (0.001)	0.001 (0.001)
perc		0.009^{***} (0.003)	0.009^{***} (0.003)		0.005^{***} (0.002)	0.005^{***} (0.002)		0.003^{**} (0.001)	0.003^{**} (0.001)
powp		-0.056^{**} (0.021)	-0.054^{**} (0.021)		−0.015 (0.011)	−0.013 (0.011)		−0.004 (0.007)	−0.003 (0.007)
pirri		−0.000 (0.066)	0.019 (0.065)		−0.016 (0.041)	−0.009 (0.041)		−0.015 (0.027)	−0.012 (0.027)
pdisa		0.006 (0.015)	0.007 (0.015)		−0.001 (0.010)	0.000 (0.010)		−0.002 (0.007)	−0.001 (0.007)
ln abla		-0.018^{***} (0.003)	-0.018^{***} (0.003)		-0.013^{***} (0.002)	-0.014^{***} (0.002)		-0.009^{***} (0.001)	-0.009^{***} (0.001)
edu		-0.208^{**} (0.100)			−0.108 (0.073)			−0.063 (0.052)	
pedu			0.159 (0.324)			0.204 (0.188)			0.157 (0.122)

（续表）

变量	(1) P_0	(2) P_0	(3) P_0	(4) P_1	(5) P_1	(6) P_1	(7) P_2	(8) P_2	(9) P_2
常数项	0.332*** (0.006)	0.471*** (0.085)	0.309*** (0.037)	0.119*** (0.003)	0.194*** (0.055)	0.099*** (0.024)	0.059*** (0.002)	0.103** (0.039)	0.045** (0.016)
样本数	279	275	275	279	275	275	279	275	275
调整 R^2	0.966	0.981	0.981	0.933	0.965	0.965	0.907	0.951	0.951

注：***、** 和 * 分别表示 1%、5% 和 10% 的显著性水平，括号中是估计参数的稳健标准误；所有回归均控制了省份（区、市）和年份固定效应，且将标准误聚类在省份（区、市）层面。

表 7-9　政策性农业保险对贫困指数影响的异质性分析：加入财产性收入占比

变量	(1) P_0	(2) P_0	(3) P_0	(4) P_1	(5) P_1	(6) P_1	(7) P_2	(8) P_2	(9) P_2
treated	−0.069*** (0.022)	−0.038*** (0.010)	−0.040*** (0.010)	−0.034*** (0.011)	−0.019*** (0.006)	−0.020*** (0.006)	−0.019*** (0.007)	−0.011*** (0.004)	−0.012*** (0.004)
treated×prop	1.635*** (0.448)	0.745*** (0.254)	0.790*** (0.262)	0.904*** (0.222)	0.389** (0.143)	0.394** (0.149)	0.544*** (0.136)	0.226** (0.091)	0.223** (0.095)
prem		−0.001 (0.001)	−0.000 (0.001)		0.000 (0.001)	0.000 (0.001)		0.000 (0.000)	0.000 (0.001)
perc		0.008*** (0.003)	0.008*** (0.003)		0.004*** (0.002)	0.005*** (0.001)		0.003** (0.001)	0.003*** (0.001)

（续表）

变量	(1) p_0	(2) p_0	(3) p_0	(4) p_1	(5) p_1	(6) p_1	(7) p_2	(8) p_2	(9) p_2
powp		-0.056^{***} (0.018)	-0.053^{***} (0.018)		-0.015 (0.009)	-0.014 (0.010)		-0.005 (0.006)	-0.004 (0.006)
pirri		-0.037 (0.074)	-0.014 (0.072)		-0.036 (0.045)	-0.027 (0.046)		-0.027 (0.030)	-0.022 (0.030)
pdisa		0.007 (0.015)	0.006 (0.016)		-0.000 (0.010)	-0.000 (0.011)		-0.001 (0.007)	-0.001 (0.007)
ln abla		-0.019^{***} (0.003)	-0.019^{***} (0.003)		-0.014^{***} (0.002)	-0.014^{***} (0.002)		-0.010^{***} (0.001)	-0.010^{***} (0.001)
edu		-0.214^{**} (0.104)			-0.113 (0.074)			-0.067 (0.053)	
pedu			-0.051 (0.355)			0.089 (0.204)			0.088 (0.130)
常数项	0.333^{***} (0.006)	0.503^{***} (0.084)	0.354^{***} (0.048)	0.120^{***} (0.003)	0.212^{***} (0.053)	0.123^{***} (0.026)	0.059^{***} (0.002)	0.114^{***} (0.037)	0.059^{***} (0.016)
样本数	279	275	275	279	275	275	279	275	275
调整 R^2	0.964	0.981	0.980	0.930	0.964	0.963	0.903	0.949	0.949

注：***、** 和 * 分别表示 1%、5% 和 10% 的显著性水平，括号中是估计参数的稳健标准误；所有回归均控制了省份（区、市）和年份固定效应，且将标准误聚类在省份（区、市）层面。

度下降 0.008 更多；财产性收入占比高的农户家庭贫困深度上升 0.374。第（9）列非财产性收入占比高的农户家庭贫困强度下降 0.012，比表 7-3 中第（9）列贫困强度下降 0.005 更多；财产性收入占比高的农户家庭贫困强度上升 0.211。它们都在 1% 或 5% 水平上显著。

进一步地，就对贫困发生率下降的贡献而言，非财产性收入占比高的农户家庭的贡献约为 96.96%，财产性收入占比高的农户家庭的贡献约为 3.04%。类似地，就对贫困深度下降的贡献而言，非财产性收入占比高的农户家庭的贡献约为 96.95%，财产性收入占比高的农户家庭的贡献约为 3.05%。就对贫困强度下降的贡献而言，非财产性收入占比高的农户家庭的贡献约为 96.86%，财产性收入占比高的农户家庭的贡献约为 3.14%。

4. 源于转移性收入的差异

表 7-10 为源于转移性收入占比的异质性分析结果。平均来看，试点后转移性收入占比对农户家庭贫困发生率、贫困深度和贫困强度的影响都不显著。这与我们的预期一致。

综上所述，在各地区农村居民纯收入构成中，家庭经营性收入占比这一指标对发挥政策性农业保险的扶贫减贫作用尤为重要。这一结果验证了本章的假说 2。有鉴于此，我们在新一轮政策性农业保险实施中，应注重农民收入结构的差异，更多关注政策性农业保险对提高农民的家庭经营性收入的影响，设计更细致的激励机制和方案，更好地发挥政策性农业保险的扶贫减贫效应。

二、农民家庭户均面积的异质性分析

第二种机制源于农民家庭户均面积的差异。通常，对于拥有家庭

表 7-10　政策性农业保险对贫困指数影响的异质性分析：加入转移性收入占比

变量	(1) P_0	(2) P_0	(3) P_0	(4) P_1	(5) P_1	(6) P_1	(7) P_2	(8) P_2	(9) P_2
treated	−0.006 (0.036)	−0.008 (0.018)	−0.008 (0.019)	0.009 (0.020)	0.002 (0.009)	0.001 (0.009)	0.009 (0.012)	0.003 (0.005)	0.002 (0.005)
treated×tran	−0.178 (0.363)	−0.082 (0.206)	−0.103 (0.221)	−0.201 (0.199)	−0.109 (0.104)	−0.121 (0.115)	−0.148 (0.121)	−0.082 (0.062)	−0.089 (0.068)
prem		−0.000 (0.001)	0.000 (0.001)		0.001 (0.001)	0.001 (0.001)		0.001 (0.001)	0.001 (0.000)
perc		0.010^{***} (0.003)	0.010^{***} (0.003)		0.005^{***} (0.002)	0.006^{***} (0.002)		0.003^{***} (0.001)	0.003^{***} (0.001)
powp		-0.065^{***} (0.022)	-0.062^{***} (0.021)		-0.020^{*} (0.011)	−0.019 (0.012)		−0.008 (0.007)	−0.007 (0.007)
pirri		−0.012 (0.076)	0.012 (0.075)		−0.021 (0.045)	−0.011 (0.046)		−0.017 (0.029)	−0.013 (0.029)
pdisa		0.010 (0.015)	0.010 (0.016)		0.001 (0.010)	0.002 (0.011)		−0.000 (0.007)	0.000 (0.007)
ln abla		-0.019^{***} (0.003)	-0.020^{***} (0.004)		-0.014^{***} (0.002)	-0.015^{***} (0.002)		-0.010^{***} (0.002)	-0.010^{***} (0.002)
edu		-0.237^{**} (0.109)			−0.120 (0.071)			−0.069 (0.050)	
pedu			0.051 (0.349)			0.143 (0.199)			0.119 (0.127)

（续表）

变量	(1) p_0	(2) p_0	(3) p_0	(4) p_1	(5) p_1	(6) p_1	(7) p_2	(8) p_2	(9) p_2
常数项	0. 333*** (0. 004)	0. 496*** (0. 089)	0. 321*** (0. 041)	0. 120*** (0. 002)	0. 204*** (0. 052)	0. 106*** (0. 023)	0. 059*** (0. 002)	0. 108*** (0. 036)	0. 049*** (0. 015)
样本数	279	275	275	279	275	275	279	275	275
调整 R^2	0. 958	0. 980	0. 979	0. 922	0. 962	0. 962	0. 895	0. 948	0. 948

注：***、** 和 * 分别表示 1%、5% 和 10% 的显著性水平，括号中是估计参数的稳健标准误；所有回归均控制了省份（区、市）和年份固定效应，且将标准误聚类在省份（区、市）层面。

农场等大农户而言，由于家庭经营性收入在其收入结构中占比很高，从而农业保险更有助于通过抵御农业风险稳定和增加农业产出，发挥增产增收效应，进而扶贫减贫效应会更明显；而对于小农户或者兼业农户而言，由于家庭经营性收入在其收入结构中占比很低，从而农业保险的增产增收和扶贫减贫效应会较弱。

为验证上述分析，在式（7-1）给出的基础回归模型中，依次加入农民家庭的对数户均耕地面积（$\ln cult_{it}$）、对数户均面积（$\ln total_{it}$）与 $treated_{it}$ 的交互项，得到如下两个三重差分回归模型：

$$p_{it}^{\alpha} = \beta_0 + \delta \times treated_{it} + \gamma_1 \times treated_{it} \times \ln cult_{it} + \mu_i + year_t + CONTROLS_{it} + \varepsilon_{it} \tag{7-10}$$

$$p_{it}^{\alpha} = \beta_0 + \delta \times treated_{it} + \gamma_2 \times treated_{it} \times \ln total_{it} + \mu_i + year_t + CONTROLS_{it} + \varepsilon_{it} \tag{7-11}$$

这里，户均耕地面积和户均面积是指每户人均耕地面积和每户人均面积。其中，户均面积为户均耕地面积、户均山地面积和户均园地面积之和；由于牧草地面积受地区差异影响很大、养殖水面面积占比小，且两者省级层面数据缺失严重，故本章户均面积中暂不包括户均牧草地面积和户均养殖水面面积。我们同时考虑户均耕地面积和户均面积，以相互验证和支撑回归结果的稳健性，这些数据来源于2005—2010年《中国农村住户调查年鉴》和2011—2013年《中国住户调查年鉴》中的“各地区农村居民家庭经营土地情况”。

表7-11和表7-12分别给出了源于农民家庭户均耕地面积、户均面积的异质性分析结果。可以看出，含控制变量下，试点后，三重交互项对应的三种贫困指数都在1%或5%的显著性水平上显著为负，表明农业保险对户均（耕地）面积更大的农户家庭的扶贫减贫效应更明显。

表 7-11　政策性农业保险对贫困指数影响的异质性分析：加入对数户均耕地面积

变量	(1) p_0	(2) p_0	(3) p_0	(4) p_1	(5) p_1	(6) p_1	(7) p_2	(8) p_2	(9) p_2
treated	0.002 (0.010)	−0.006 (0.006)	−0.007 (0.006)	0.003 (0.006)	−0.002 (0.004)	−0.003 (0.004)	0.003 (0.004)	−0.001 (0.002)	−0.002 (0.002)
treated×ln cult	−0.036*** (0.012)	−0.019** (0.007)	−0.020** (0.008)	−0.017** (0.007)	−0.010** (0.004)	−0.012** (0.004)	−0.009* (0.005)	−0.006** (0.003)	−0.007** (0.003)
prem		0.001 (0.002)	0.001 (0.002)		0.001 (0.001)	0.001 (0.001)		0.001 (0.001)	0.001 (0.001)
perc		0.011*** (0.003)	0.011*** (0.003)		0.006*** (0.002)	0.006*** (0.002)		0.003*** (0.001)	0.004*** (0.001)
powp		−0.047** (0.020)	−0.043** (0.020)		−0.010 (0.011)	−0.007 (0.011)		−0.001 (0.007)	0.000 (0.007)
pirri		−0.023 (0.068)	−0.003 (0.068)		−0.029 (0.043)	−0.022 (0.043)		−0.023 (0.028)	−0.020 (0.028)
pdisa		0.004 (0.016)	0.004 (0.016)		−0.002 (0.011)	−0.002 (0.011)		−0.002 (0.007)	−0.002 (0.007)
ln abla		−0.018*** (0.003)	−0.018*** (0.003)		−0.014*** (0.002)	−0.014*** (0.002)		−0.009*** (0.001)	−0.009*** (0.001)
edu		−0.231** (0.101)			−0.122 (0.073)			−0.072 (0.052)	
pedu			0.162 (0.345)			0.203 (0.197)			0.156 (0.126)

（续表）

变量	(1) P_0	(2) P_0	(3) P_0	(4) P_1	(5) P_1	(6) P_1	(7) P_2	(8) P_2	(9) P_2
常数项	0. 334*** (0. 005)	0. 462*** (0. 085)	0. 280*** (0. 043)	0. 120*** (0. 003)	0. 190*** (0. 056)	0. 083*** (0. 026)	0. 059*** (0. 002)	0. 101** (0. 040)	0. 035* (0. 017)
样本数	279	275	275	279	275	275	279	275	275
调整 R^2	0. 963	0. 981	0. 980	0. 926	0. 964	0. 963	0. 898	0. 949	0. 949

注：***、** 和 * 分别表示 1%、5% 和 10% 的显著性水平，括号中是估计参数的稳健标准误；所有回归均控制了省份（区、市）和年份固定效应，且将标准误聚类在省份（区、市）层面。

表 7-12 政策性农业保险对贫困指数影响的异质性分析：加入对数户均面积

变量	(1) P_0	(2) P_0	(3) P_0	(4) P_1	(5) P_1	(6) P_1	(7) P_2	(8) P_2	(9) P_2
treated	0. 017* (0. 010)	0. 001 (0. 007)	0. 000 (0. 008)	0. 010 (0. 007)	0. 002 (0. 004)	0. 001 (0. 004)	0. 007 (0. 004)	0. 001 (0. 003)	0. 001 (0. 003)
treated×ln total	− 0. 042*** (0. 013)	− 0. 021*** (0. 007)	− 0. 022** (0. 008)	− 0. 019** (0. 008)	− 0. 011** (0. 004)	− 0. 013*** (0. 004)	− 0. 010* (0. 005)	− 0. 007** (0. 003)	− 0. 008*** (0. 003)
prem		0. 001 (0. 002)	0. 001 (0. 001)		0. 001 (0. 001)	0. 001 (0. 001)		0. 001 (0. 001)	0. 001 (0. 001)
perc		0. 010*** (0. 003)	0. 011*** (0. 003)		0. 005*** (0. 002)	0. 006*** (0. 002)		0. 003*** (0. 001)	0. 003*** (0. 001)
powp		− 0. 049** (0. 019)	− 0. 046** (0. 019)		− 0. 011 (0. 010)	− 0. 009 (0. 011)		− 0. 002 (0. 007)	− 0. 001 (0. 007)

（续表）

变量	(1) P_0	(2) P_0	(3) P_0	(4) P_1	(5) P_1	(6) P_1	(7) P_2	(8) P_2	(9) P_2
pirri		− 0.019 (0.070)	0.001 (0.071)		− 0.027 (0.044)	− 0.020 (0.045)		− 0.022 (0.029)	− 0.018 (0.029)
pdisa		0.003 (0.016)	0.003 (0.016)		− 0.003 (0.011)	− 0.002 (0.011)		− 0.003 (0.007)	− 0.002 (0.007)
lnabla		− 0.018*** (0.003)	− 0.019*** (0.003)		− 0.014*** (0.002)	− 0.014*** (0.002)		− 0.009*** (0.001)	− 0.010*** (0.001)
edu		− 0.222** (0.099)			− 0.117 (0.071)			− 0.068 (0.051)	
pedu			0.135 (0.334)			0.187 (0.191)			0.146 (0.123)
常数项	0.335*** (0.006)	0.465*** (0.080)	0.293*** (0.039)	0.121*** (0.003)	0.191*** (0.054)	0.091*** (0.025)	0.059*** (0.002)	0.102** (0.038)	0.040** (0.017)
样本数	279	275	275	279	275	275	279	275	275
调整 R^2	0.963	0.981	0.980	0.926	0.963	0.963	0.897	0.949	0.949

注：***、** 和 * 分别表示 1%、5% 和 10% 的显著性水平，括号中是估计参数的稳健标准误；所有回归均控制了省份（区、市）和年份固定效应，且将标准误聚类在省份（区、市）层面。

综上所述，户均（耕地）面积对发挥政策性农业保险的扶贫减贫作用也非常重要。这一实证结果验证了本章的假说 3。因此，在政策性农业保险实施中，也应注重户均（耕地）面积这一家庭结构方面的差异性。

三、农业保险扶贫减贫的传导机制分析

结合上文关于农民收入结构和户均面积的异质性分析，进一步检验实施政策性农业保险对提高农民的家庭经营性收入的因果效应及作用大小，以丰富本章提出的农业保险的扶贫减贫效果的传导渠道和影响机制的三个假说。

有鉴于此，我们将式（7-1）中的被解释变量换成农民人均对数家庭经营性收入（$\ln opin_{it}$），得到如下两个回归模型，相应的检验结果如表 7-13 所示。

$$\ln opin_{it} = \beta_0 + \delta \times treated_{it} + \mu_i + year_t + CONTROLS_{it} + \varepsilon_{it} \tag{7-12}$$

$$\ln opin_{it} = \beta_0 + \delta \times treated_{it} + \beta_1 \ln cult_{it} + \gamma \times treated_{it} \times \ln cult_{it} + \mu_i + year_t + CONTROLS_{it} + \varepsilon_{it} \tag{7-13}$$

表 7-13　政策性农业保险试点对农民人均家庭经营性收入的影响

变量	（1） ln opin	（2） ln opin
treated	0.045** (0.021)	0.047** (0.019)
ln cult		0.275*** (0.058)
treated×ln cult		−0.008 (0.021)

（续表）

变量	(1) ln opin	(2) ln opin
prem	−0.002 (0.004)	−0.004 (0.003)
perc	−0.027*** (0.009)	−0.025*** (0.009)
powp	0.281** (0.118)	0.254** (0.120)
pirri	0.075 (0.343)	0.150 (0.348)
pdisa	−0.071** (0.032)	−0.066* (0.033)
ln abla	0.023* (0.012)	0.016 (0.009)
edu	−0.402 (0.462)	−0.320 (0.328)
常数项	7.897*** (0.320)	7.695*** (0.225)
样本数	275	275
调整 R^2	0.958	0.961

注：***、** 和 * 分别表示 1%、5% 和 10% 的显著性水平，括号中是估计参数的稳健标准误；所有回归均控制了省份（区、市）和年份固定效应，且将标准误聚类在省份（区、市）层面。

可以看出，含控制变量下，政策性农业保险试点后，农民人均对数家庭经营性收入在 5% 的显著性水平上显著为正。特别地，第（1）列试点变量的系数为 0.045，表明实施政策性农业保险后，农民人均家庭经营性收入平均提高了 4.5%；第（2）列在控制了户均耕地面积对家庭经营性收入的正向影响之后，试点后农民人均家庭经营性收入平均提高了 4.7%。这表明政策性农业保险试点确实提高了农民的家庭经营性收入，且户均耕地面积会通过影响家庭经营性收入来发挥扶贫减贫效应。因此，提高农民的家庭经营性收入确实是政策性农业保险实现扶贫减贫、缓解农民贫困的重要传导渠道和作用机制。这一实证结果进一步支撑了前面的三个假说。

第六节　结论与政策建议

通过以上实证分析，本章得出如下结论：政策性农业保险的扶贫减贫的效果显著；实施政策性农业保险后，贫困发生率平均下降 0.016，贫困深度平均下降 0.008，贫困强度平均下降 0.005，每万人中贫困人口减少了约 160 人，贫困农户的相对贫困缺口和内部收入差距都明显缩小。扩大样本期的平行趋势检验保证了实验组和对照组在分组和事件上的随机性，构造反事实的安慰剂检验进一步验证并支撑了基础回归模型结果的稳健性。农民收入结构和户均面积的异质性分析帮助我们更好地理解和识别出提高农民的家庭经营性收入是农业保险发挥扶贫减贫效应的重要传导渠道和影响机制。其中，农民收入结构的异质性分析和传导机制检验表明，实施政策性农业保险后，经营性收入占比高的农户家庭的贫困发生率、贫困深度、贫困强度平均下降 0.084、0.045、0.027，对三个贫困指标下降的贡献都达到了 50% 以上，其农业保险缓解农民贫困的作用更强；农民人均家庭经营性收入至少平均提高了 4.5%；户均面积的异质性分析和传导机制检验表明，农业保险对户均面积大的农户的扶贫减贫效应更明显；且户均耕地面积对扶贫减贫存在中介效应，会通过影响家庭经营性收入来发挥扶贫减贫作用。

本章的研究表明：第一，推行政策性农业保险对降低贫困发生率、贫困深度和贫困强度都有着显著成效。近年来，随着中央和地方政府不断加大农业保险保费补贴力度，优化保费补贴结构，扩大农产品范围，持续推进各省份（区、市）更多的市、县开展试点工作，扶贫减贫效应也愈发明显。第二，在新一轮农业保险试点中，应根据农民收入结构、户均（耕地）面积等家庭层面的异质性，考虑不同农作物差异性，设计更细致的激励机制和方案，制定有针对性、差异化的保费补贴政策，避免因保费支出负担而削弱了农业保险的扶贫效果；也应关注影响贫困的决定因素，区分风险型贫困农户和资本型贫困农户，提高扶贫减贫精准性，帮助极端贫困农户摆脱因灾致（返）贫的困扰，巩固和拓展脱贫攻坚成果。第三，保险公司作为政策性农业保险的推行主体，不但要持续推进农业保险扩面、增品、提标，而且要不断挖掘其在专业技术和监督机制上的比较优势，在为农户提供风险管理等专业技术支持的同时，评估不同投保农户的风险类型，激励投保农户降低风险，降低逆向选择和道德风险，促进中国农业保险市场高质量发展。

本章的研究也有着重要的政策含义。第一，本章以政策性农业保险为例，为检验推行有效市场和有为政府相结合的政策性工具的实践效果提供了一套研究范式。第二，共同富裕是经济和社会高质量发展的应有之义，本章的研究也为理解如何以保险的方法来化解收入风险、缓解农村贫困、促进共同富裕提供了学术依据和洞见，这可能是政府再分配之外的一种更有效率的市场解决方案。

第八章

总结与展望

第一节　研究总结

本书面向中国经济和社会高质量发展目标，着眼于“风险约束下的中国保险市场高质量发展”研究。第一章提出保险是一种天然的“帕累托有效”的制度安排，高质量的保险发展可以实现经济和社会“帕累托改进”。

第二、三、四章聚焦“保险结构优化”，基于保险如何促进经济发展的前沿研究和全球保险市场发展的典型事实，前瞻性地思考中国保险结构优化亟待解决的关键问题，探寻未来最优的保险改革方向和路径，为通过高质量的保险发展助推中国经济和社会高质量发展提供学术依据。

具体而言，第三章关注保险市场发展与经济增长之间的“S 曲线假说”的实证检验。保险市场发展与经济增长之间的 S 曲线这种非线性关系是一个重要的假说，但在经验上是否成立一直存在争议。本章利用 1999—2017 年 87 个经济体的保险市场与宏观经济指标数据，将数据质量评估、保险业务结构融入经典 S 曲线中，通过构建“一致性”分层模型，采用稳健的实证方法检验 S 曲线假说是否成立。研究发现，S 曲线假说成立。具体而言，全球寿险、非寿险和总保险市场发展与经济增长之间的 S 曲线并非估计偏差，而是具有规律性的事实；保险需求收入弹性与经济发展程度显著负相关，且寿险需求收入弹性明显高于非寿险，这与寿险市场更易受外部环境和经济周期影响一致；不同经济体保险需求收入弹性存在明显下行和收敛趋势；各经济体非寿险市场发展趋势表现出比寿险市场更大的一致性。S 曲线的稳健估计有助于改进保险深度和保险密度的长期预测，对确立保险市场发展阶段及其与经济增长的关系具有重要启示。

第四章关注中国保险市场发展阶段的微观基础。理解保险产品的理论属性对确立一个国家的保险市场发展阶段至关重要。随着中国经济由高速增长阶段转向高质量发展阶段，保险产品供给与需求之间的不平衡、不适应的矛盾日益凸显。社会民生和服务领域的商业保险发展还存在风险保障水平低、功能发挥仍不充分、覆盖面较窄、优质产品和服务供给不足等问题；新冠疫情进一步推升了社会大众的健康意识和风险保障需求。在这样的时代背景下，如何更好地推动保险业供给侧结构性改革，实现保险业的高质量发展，更好地服务现代化经济体系建设，是一项重要的学术和政策研究议题。有鉴于此，本章基于不完全市场理论和保险市场均衡视角，利用 2008—2018 年 87 家人身保险公司、1998—2018 年 89 家财产保险公司在中国 31 个省（区、市）的分支机构经营的 6 个人身保险险种和 9 个财产保险险种层面的微观数据，在对数据记录准确性进行质量评估和交叉验证的基础上，通过构建高维固定效应面板数据回归模型，采用稳健的实证方法检验了中国保险市场各险种的发展效果。分险种回归检验结果表明，对数人均 GDP 对各险种深度有着显著影响，且都在 1% 的显著性水平上统计显著；分险种稳健标准误检验和基于险种密度估计的稳健性检验进一步验证并支撑了模型结果的稳健性。在此基础上，实证研究进一步通过异质性分析发现了保险产品需求、供给和市场均衡及其发展阶段层面的一些重要特征性事实。第一，从保险产品需求角度来看，中国保险市场上高档品、必需品和低档品并存。人身保险公司经营的普通寿险、分红寿险、意外伤害保险、健康保险属于高档品，而投资连结保险和万能保险属于低档品；财产保险公司经营的机动车辆保险、责任保险、信用保证保险、农业保险、短期健康保险和意外伤害保险属于高档品，而企业财产保险、货物运输保险和工程保险属于必需品。这拓宽了保险需求理论关于 Mossin 悖论的解释。第二，从保险产品供给角度来看，人身保险公司和财产保险公司在险种供给的质和量上存在一些差异。第三，从保险市场均衡角度来看，各险种的产品属性与其在地区、公司和时间维度的异质性存在着规律性特征。第四，从保险市场发展阶段来看，整体上财产保险的需求收入弹性呈现出上升趋势，而人身保险的需求收入弹性呈现出下降趋势，表明目前中国财产保险市场仍处在高速增长阶段，而人身保险市场已处在由高速增长向高质量发展的转变阶段。本章的研究对理解中国保险市场由高速增长阶段向高质量发展阶段转变，引导保险行业更好地探索社会服务领域的险种创新和结构优化，形成多层次、广覆盖和有差异的保险机构体系具有重要的政策含义。

第五、六、七章立足“中国保险改革与创新实践”，基于不完全市场一般均衡理论和实证方法，系统研究保险创新在缓解信任品市场失灵、化解医疗纠纷、促进社会和谐、推动共同富裕等方面的政策效果，为实现稳增长和防风险的长期均衡提供学术依据。

具体而言，第五章关注中国食品等信任品市场、普惠保险和责任保险市场的高质量发展。信任品市场（如食品、医药等）存在的问题一直困扰着中国和世界很多其他国家。关于产品和服务质量的信息不对称（道德风险和逆向选择）会导致信任品市场的失灵，影响了人类福祉。缓解信任品市场失灵，一种常见的解决方案是政府监管；而经济学家认为更加基于市场的解决方案（例如强制责任保险等金融创新）可能更为有效。但一直亟待实证检验，因为在理论上，强制责任保险有两种相反的效应：保险公司的监督减少了道德风险；保险加剧了企业的道德风险。幸运的是，中国食品安全责任强制保险的改革实验走在了世界的前列。本章利用了中国在不同地区、不同时间推行的这个准自然实验，结合 2011—2017 年全国 31 个省、自治区、直辖市试点数据，通过双重差分的方法识别出责任保险对于信任品市场的因果效应。本章的实证研究发现：第一，强制责任保险能显著降低食品安全事故发生概率（在 5% 的显著性水平上显著为负）；第二，实施食品安全责任强制保险后，平均每万人中食源性疾病暴发患者数减少了约 6 人；第三，平行趋势检验、保险公司监督机制的直接检验进一步支撑了模型结果的稳健性。研究结果说明，强制保险这一政府推行的金融创新手段通过保险公司特有的监督优势，有效发挥了风险管理功能，没有引起食品企业的道德风险问题，对缓解食品这一强信任品属性市场的失灵问题起到了积极作用。这表明政府强制推行的金融创新可以成为信任品市场失灵的一种有效的替代性的解决方案。

第六章关注中国医疗等信任品市场、普惠保险和责任保险市场的高质量发展。社会矛盾（如医患矛盾、劳动合同纠纷、债务纠纷等）影响高质量发展。理论上，社会矛盾的一个重要根源是合约不完全，其本身则可被视为一种金融风险（市场不完全问题）；从政策设计的角度，通过金融创新引入相应的保险合约和市场（如责任保险等），会使市场更加完全，从而有效化解社会矛盾，并促进社会和谐，实现帕累托改进。但由于缺乏足够的政策反事实，这个理论命题一直未得到理想的实证检验。本章将纠纷等社会矛盾视为一种风险状态，利用中国渐进式医疗责任强制保险试点政策这一难得的准自然实验，使用 2011—2019 年“中国裁判文书网”和“北大法宝法律数据库”两大权威机构公布的各省（区、市）医疗损害责任纠纷案件数据，应用多期双重差分方法识别出责任保险化解医患矛盾的因果效应及其作用机制，以检验基于保险渠道的金融创新如何通过增进社会信任来化解社会矛盾，进而使合约和市场变得更加完全，从而提高效率并促进社会和谐。研究发现，实施医疗责任强制保险之后，从两大权威数据库得到的平均每万住院人数中医疗纠纷案件至少减少约 0.290 件和 0.207 件。处理效应异质性检验和基于异质性-稳健估计量的平行趋势检验保证了本章 DID 识别策略的有效性，支撑了模型设定的可信性和基础回归结果的稳健性。识别医疗责任强制保险实现帕累托改进的机制检验表明：第一，医疗责任强制保险由于使医疗市场变得更加完全而增进了医患双方的信任，试点省份（区、市）公立医院的出院者平均住院日相较非试点省份（区、市）至少增加 0.297 天，从而显著降低了医疗纠纷，改进了医患双方的合约不完全性；第二，医疗责任强制保险通过减少医生的防御性治疗行为降低了人均医疗费用，试点省份（区、市）公立医院的出院者人均医药费用相较非试点省份（区、市）至少下降 322.062 元，进而提高了医院治疗效率；第三，医疗责任强制保险还使保险市场变得更加完全，激励保险公司在降低信息不对称（逆向选择和道德风险）方面发挥有效的监督机制，试点省份（区、市）医疗责任保险业务的赔付率相较非试点省份（区、市）至少下降 0.343。因此，医疗责任强制保险实现了多方共赢的帕累托改进。本章的研究结论为理解医疗市场和保险市场的高质量发展提供了重要的学术依据。当前，中国经济已经进入高质量发展阶段，教育领域、劳动力市场、金融市场尤其是高质量发展的关键，本章提出的金融创新思维会促进这些市场的高质量发展。

第七章关注中国农业保险等政策性保险市场的高质量发展。精准脱贫是关乎中国经济高质量发展的三大攻坚战之一，科学评估扶贫、脱贫政策工具的实践效果具有重要的学术和现实意义。农业保险作为中国政府大力推行的政策性金融工具之一，其精准扶贫的政策效果亟待实证检验。有鉴于此，本章利用中国自 2007 年以来在不同地区陆续推行的政策性农业保险保费补贴试点这一较理想的“准自然实验”，利用多期的双重差分方法来检验实施政策性农业保险对缓解地区贫困程度的政策效果和传导机制，以期从实证角度严谨地回答这一问题。具体而言，本章细致识别了政策性农业保险试点与各地区农村居民贫困发生率、贫困深度、贫困强度之间的因果效应。实证研究发现，政策性农业保险的扶贫减贫效果显著，实施政策性农业保险后，贫困发生率平均下降 0.016，贫困深度平均下降 0.008，贫困强度平均下降 0.005。这表明，政策性农业保险的实施不但降低了贫困人口数量，每万人中贫困人口减少了约 160 人，而且还缩小了贫困农户的相对贫困缺口和内部收入差距。扩大样本期的平行趋势检验保证了实验组和对照组在分组和事件上的随机性，构造反事实的安慰剂检验进一步验证并支撑了基础回归模型结果的稳健性。农民收入结构和户均面积的异质性分析帮助我们更好地理解和识别出提高农民的家庭经营性收入是农业保险发挥扶贫减贫效应的重要传导渠道和影响机制。其中，农民收入结构的异质性分析和传导机制检验表明，实施政策性农业保险后，经营性收入占比高的农户家庭的贫困发生率、贫困深度、贫困强度平均下降 0.084、0.045、0.027，对三个贫困指标下降的贡献都达到了 50% 以上，其农业保险缓解农民贫困的作用更强；农民人均家庭经营性收入至少平均提高了 4.5%；户均面积的异质性分析和传导机制检验表明，农业保险对户均面积大的农户的扶贫减贫效应更明显；且户均耕地面积对扶贫减贫存在中介效应，会通过影响家庭经营性收入来发挥扶贫减贫作用。这意味着应持续推进农业保险扩面、增品和提标，加大保费补贴力度、优化补贴结构，充分挖掘专业技术和监督优势，以降低农户的逆向选择和道德风险，健全和完善扶贫减贫长效机制，巩固和拓展脱贫攻坚成果，促进农业保险市场高质量发展。

最后，第八章对全书内容进行总结，明确了进一步研究的思路和方向。

第二节　未来展望

风险是经济发展和人类社会前进的重要约束，而保险可以实现帕累托改进，完善的保险体系可以为经济和社会发展保驾护航。因此，一个国家的保险体系能否为个人、家庭和企业提供足够的风险分担是衡量其有效性的重要维度。适应经济发展不同阶段的最优的保险结构是动态演变的。当一个经济体处于赶超阶段、远离技术前沿时，经济发展的主要任务是学习现有技术、动员资源，经济活动的不确定性小，此时“银行导向型”的金融体系在动员资源方面能发挥更大作用；而当一个经济体接近或处于技术前沿时，经济发展的主要任务是技术创新，创新等经济活动的不确定性大，此时“市场导向型”的金融体系会发挥更大作用，以保险和养老金、共同基金为主的非银行金融机构会变得越来越重要。因此，评估和提升保险体系的风险分担功能，健全社会保险、商业保险和政策性保险结合的多层次、广覆盖、全方位的保险体系，对实现中国经济和社会高质量发展至关重要。

中国经济高质量发展目标下的创新驱动、绿色发展、共同富裕和金融稳定，都需要保险体系的风险分担功能为其保驾护航。保险体系的风险分担功能归根到底是由不同保险合约和保险机构实施的，其实施效果决定了保险市场的完全程度和发展水平，也决定了保险结构（保险合约、险种结构、保险机构、监管体系）演变及其与经济和社会高质量发展之间的关系。因此，如何科学地评估保险结构优化对完善创新驱动、支持绿色发展、促进共同富裕、强化金融稳定四方面的政策效果，前瞻性地寻找最优的保险创新和政策设计，是实现中国经济和社会高质量发展亟待解决的关键科学问题，也是作者近年来的研究规划和进一步的研究方向。在这方面，未来中国保险市场大有可为，我们应以保险高质量发展助推中国经济和社会的高质量发展，实现中华民族伟大复兴！

参考文献

[1] 陈冬梅，段白鸽．环境责任保险风险评估与定价方法研究评述［J］．保险研究，2014（1）：54-67.

[2] 陈飞，卢建词．收入增长与分配结构扭曲的农村减贫效应研究［J］．经济研究，2014（2）：101-114.

[3] 陈建东，罗涛，赵艾凤．收入分布函数在收入不平等研究领域的应用［J］．统计研究，2013（9）：79-86.

[4] 陈志武，林展，彭凯翔．民间借贷中的暴力冲突：清代债务命案研究［J］．经济研究，2014（9）：162-175.

[5] 程玉．论生态环境损害的可保性问题——兼评《环境污染强制责任保险管理办法（征求意见稿）》［J］．保险研究，2018（5）：99-112.

[6] 戴芸，王永钦．基本公共服务均等化如何促进了个人创业——来自医保改革的证据［J］．金融研究，2022，43（2）：39-53.

[7] 段白鸽．保险发展与经济增长的S曲线成立吗？——来自87个经济体的证据［J］．保险研究，2019（9）：11-29.

[8] 段白鸽，丁北晨，沈婕．中国的保险发展：重要特征性事实与解释［J］．中央财经大学学报，2021（7）：25-41.

[9] 段白鸽，何敏华．政策性农业保险的精准扶贫效果评估——来自中国准自然实验的证据［J］．保险研究，2021（11）：36-57.

[10] 段白鸽，王永钦，夏梦嘉．金融创新如何缓解信任品市场失灵？——中国食品安全责任强制保险的自然实验［J］．金融研究，2019，471（9）：75-93.

[11] 段白鸽，王永钦，夏梦嘉．金融创新如何促进社会和谐？——来自中国医疗纠纷的证据［J］．金融研究，2023，517（7）：77-96.

［12］范庆祝，贾若，孙祁祥．寿险供给侧指标对寿险消费的影响——基于寿险供给质量、动能和效率的视角［J］．金融研究，2017（9）：115-129.

［13］方蕾，粟芳．中国保险业系统性风险的存在性研究——基于动态均衡模型的视角保险研究［J］．保险研究，2018（11）：17-28.

［14］封进，陈昕欣，胡博．效率与公平统一的医疗保险水平——来自城乡居民医疗保险制度整合的证据［J］．经济研究，2022，57（6）：154-172.

［15］冯文丽．我国农业保险市场失灵与制度供给［J］．金融研究，2004（4）：124-129.

［16］龚强，张一林，林毅夫．产业结构、风险特性与最优金融结构［J］．经济研究，2014，49（4）：4-16.

［17］龚强，张一林，余建宇．激励、信息与食品安全规制［J］．经济研究，2013（3）：135-147.

［18］韩浩，王向楠，刘璐．保险业系统性风险及对相关行业的溢出效应研究［J］．保险研究，2020（7）：31-48.

［19］何锦强，孙武军．我国食品安全责任强制保险制度之构建——以强制自治为视角［J］．保险研究，2016（3）：64-72.

［20］胡珺，穆颜如．环境污染责任保险与企业金融化——基于中国重污染企业的分析［J］．保险研究，2022（2）：48-63.

［21］黄薇．医保政策精准扶贫效果研究——基于 URBMI 试点评估入户调查数据［J］．经济研究，2017，52（9）：117-132.

［22］黄薇．保险政策与中国式减贫：经验、困局与路径优化［J］．管理世界，2019（1）：135-150.

［23］黄颖，吕德宏，张珩．政策性农业保险对农户贫困脆弱性的影响研究——以地方特色农产品保险为例［J］．保险研究，2021（5）：16-32.

［24］黄英君，陈晔婷．中国保险业发展与经济增长关系研究——基于 VAR 模型的实证分析［J］．保险研究，2012（1）：36-41.

［25］黄志平．国家级贫困县的设立推动了当地经济发展吗？——基于 PSM-DID 方法的实证研究［J］．中国农村经济，2018（5）：98-111.

［26］江生忠，李立达．完全成本保险对农业经济以及社会福利的影响分析［J］．保险研究，2021（7）：76-88.

[27] 李红坤，祁永正．普惠保险、民营企业与共同富裕——中介效应与调节效应的分析 [J]．保险研究，2022（11）：17-32.

[28] 李建军，韩珣．普惠金融、收入分配和贫困减缓——推进效率和公平的政策框架选择 [J]．金融研究，2019，465（3）：129-148.

[29] 李敏鑫，王江寒．环境污染责任保险与企业环境信息披露 [J]．保险研究，2021（12）：55-73.

[30] 李敏鑫，朱朝晖，罗文波．环境污染责任保险对企业债务融资成本的影响研究 [J]．保险研究，2021（1）：40-57.

[31] 李想，石磊．行业信任危机的一个经济学解释：以食品安全为例 [J]．经济研究，2014（1）：169-181.

[32] 李新春，陈斌．企业群体性败德行为与管制失效——对产品质量安全与监管的制度分析 [J]．经济研究，2013（10）：98-111.

[33] 李摇琴．专利执行保险创新激励的供应链溢出效应 [J]．保险研究，2022（8）：60-75.

[34] 林伯强．中国的经济增长、贫困减少与政策选择 [J]．经济研究，2003（12）：15-25.

[35] 林暖暖．美国无过错医疗责任改革：制度缘起于法理启示 [J]．中国社会科学，2010（2）：177-184.

[36] 林毅夫，孙希芳，姜烨．经济发展中的最优金融结构理论初探 [J]．经济研究，2009，44（8）：4-17.

[37] 刘呈庆，孙曰瑶，龙文军，白杨．竞争、管理与规制：乳制品企业三聚氰胺污染影响因素的实证分析 [J]．管理世界，2009（12）：67-78.

[38] 刘锡良，文书洋．中国的金融机构应当承担环境责任吗？——基本事实、理论模型与实证检验 [J]．经济研究，2019，54（3）：38-54.

[39] 刘学宁．收入水平对保险需求影响的实证研究 [J]．保险研究，2012（11）：54-61.

[40] 刘子宁，郑伟，贾若，景鹏．医疗保险、健康异质性与精准脱贫——基于贫困脆弱性的分析 [J]．金融研究，2019，467（5）：56-75.

[41] 龙小宁，林菡馨．专利执行保险的创新激励效应 [J]．中国工业经济，2018（3）：116-135.

［42］卢盛峰，陈思霞，时良彦．走向收入平衡增长：中国转移支付系统“精准扶贫”了吗？［J］．经济研究，2018（11）：49-64.
［43］陆思婷，粟芳．非寿险承保风险引发系统性风险的复杂网络分析［J］．保险研究，2021（2）：31-51.
［44］马九杰，崔恒瑜，吴本健．政策性农业保险推广对农民收入的增进效应与作用路径解析——对渐进性试点的准自然实验研究［J］．保险研究，2020（2）：3-18.
［45］牛浩，陈盛伟，安康，孟光辉．农业保险满足新型农业经营主体的保障需求了吗？——基于山东省 422 家省级示范家庭农场的证据［J］．保险研究，2020（6）：58-68.
［46］彭浩然，程春丽．风险分散与中国混合型基本养老保险制度改革研究［J］．金融研究，2021，497（11）：117-134.
［47］平卫英，罗良清，张波．就业扶贫、增收效应与异质性分析——基于四川秦巴山区与藏区调研数据［J］．数量经济技术经济研究，2020（7）：155-174.
［48］邵全权．保险业结构、区域差异与经济增长［J］．经济学（季刊），2012，11（2）：635-674.
［49］邵全权．保险业市场结构、产寿险结构对“保险-经济增长”系统的影响［J］．保险研究，2015（12）：3-20.
［50］沈坤荣，魏锋．中国保险市场发展的非线性增长效应研究［J］．金融研究，2010（7）：158-170.
［51］石晓军，闫竹．发达国家保险发展特点及其经验借鉴——OECD 国家 20 年保险发展透视［J］．保险研究，2015（7）：3-14.
［52］帅传敏，李文静，程欣，帅竞，丁丽萍，陶星．联合国 IFAD 中国项目减贫效率测度——基于 7 省份 1356 农户的面板数据［J］．管理世界，2016（3）：73-86.
［53］宋凌峰，肖雅慧．经济波动、业务异质性与保险业系统性风险研究［J］．保险研究，2018（2）：3-16.
［54］粟芳，方蕾．中国农村金融排斥的区域差异：供给不足还是需求不足？——银行、保险和互联网金融的比较分析［J］．管理世界，2016（9）：70-83.
［55］孙祁祥，郑伟，锁凌燕，何小伟．市场经济对保险业发展的影响：理论分析与

经验证据［J］．金融研究，2010（2）：158-172.
［56］完颜瑞云，锁凌燕．保险公司与系统性风险的中国视角：理论与实证［J］．保险研究，2018（11）：3-16.
［57］王春辉，马俊，陈杰．农业保险精准扶贫理论与实践研究［A］．保险理论与实践——宁夏保险研究课题优秀成果汇编（2017-2018），2019：231-252.
［58］王桂虎，郭金龙．保险业资产负债流动性错配与系统性金融风险研究——基于OECD国家的经验［J］．保险研究，2018（9）：22-33.
［59］王丽珍，康超．保险机构与其他金融机构系统关联性研究——兼论保险机构的系统重要性［J］．保险研究，2017（1）：16-26.
［60］王向楠．寿险公司的业务同质化与风险联动性［J］．金融研究，2018，459（9）：160-176.
［61］王永钦．法治、金融与经济发展：一个基于抵押品的极简框架［J］．比较，2023（1）：70-100.
［62］王永钦，段白鸽，钱佳辉．中国的“影子保险”：来自监管自然实验的证据［J］．金融研究，2022，502（4）：18-38.
［63］王永钦，刘思远，杜巨澜．信任品市场的竞争效应与传染效应：理论和基于中国食品行业的事件研究［J］．经济研究，2014（2）：141-154.
［64］王永钦，薛笑阳．法治建设与金融高质量发展——来自中国债券市场的证据［J］．经济研究，2022，57（10）：173-190.
［65］王贞，封进，宋弘．医患矛盾和医疗费用增长：防御性医疗动机的解释［J］．世界经济，2021（2）：102-125.
［66］吴洪，赵桂芹．保险发展、金融协同和经济增长——基于省级面板数据的研究［J］．经济科学，2010（3）：61-72.
［67］吴剑，孙蓉．普惠政策、普惠理念与农村普惠保险发展——一个罗尔斯主义视角［J］．保险研究，2020（3）：41-54.
［68］吴元元．信息基础、声誉机制与执法优化——食品安全治理的新视野［J］．中国社会科学，2012（6）：115-133.
［69］肖志光．中国保险市场地区差距：1989—2008［J］．保险研究，2009（12）：21-31.
［70］谢申祥，刘生龙，李强．基础设施的可获得性与农村减贫——来自中国微观数

据的经验分析［J］．中国农村经济，2018（5）：112-131.

［71］熊婧，汤薇．保险业务结构的同质化对财险业系统性风险的影响［J］．保险研究，2021（4）：43-61.

［72］徐斌，孙蓉．粮食安全背景下农业保险对农户生产行为的影响效应——基于粮食主产区微观数据的实证研究［J］．财经科学，2016（6）：97-111.

［73］徐婷婷，陈先洁．农村普惠保险减贫的机制及空间效应研究［J］．保险研究，2021（1）：3-21.

［74］许荣，徐一泽，刘怡君，戴稳胜．董事高管责任保险能够监督环境治理吗？——基于我国上市公司的经验证据［J］．保险研究，2022（4）：55-68.

［75］杨均华，刘璨．精准扶贫背景下农户脱贫的决定因素与反贫困策略［J］．数量经济技术经济研究，2019（7）：3-21.

［76］袁成．我国寿险需求增长的国际比较研究——基于2000—2013年的面板数据［J］．中央财经大学学报，2015（8）：37-43.

［77］岳阳，祝嘉良．医患关系与医学专业报考和录取［J］．经济研究，2020（4）：184-200.

［78］张成思，刘贯春．经济增长进程中金融结构的边际效应演化分析［J］．经济研究，2015，50（12）：84-99.

［79］张栋浩，蒋佳融．普惠保险如何作用于农村反贫困长效机制建设？——基于贫困脆弱性的研究［J］．保险研究，2021（4）：24-42.

［80］张洪涛．保险经济学［M］．北京：中国人民大学出版社，2006.

［81］张琳，汤薇，林晓婕，周媛．基于SVM-SRISK的非上市保险公司系统性风险度量［J］．保险研究，2018（6）：3-15.

［82］张楠，张栋浩，李建军，卢洪友．长期减贫的未雨绸缪——来自扶贫改革试验区的证据［J］．财贸经济，2020（3）：20-35.

［83］张伟，黄颖，谭莹，徐静．灾害冲击下贫困地区农村金融精准扶贫的政策选择——农业信贷还是农业保险［J］．保险研究，2020（1）：21-35.

［84］张伟，罗向明，曾华盛，刘心怡．政策性农业保险对不同群体的收入再分配效应［J］．保险研究，2021（6）：72-88.

［85］张一林，雷丽衡，龚强．信任危机、监管负荷与食品安全［J］．世界经济文汇，2017（6）：56-71.

[86] 张翼，王稳，谢远涛．强制责任保险福利研究：制度安排、市场化与舆论——以交强险为例［J］．金融研究，2014（8）：192-206.

[87] 张宗军，令涛．工业化、城镇化、老龄化与保险发展——理论分析与实证检验［J］．保险研究，2020（8）：30-46.

[88] 章元，刘茜楠，段白鸽．地震冲击对风险偏好的影响：来自中国城镇家庭的证据［J］．世界经济，2022，45（2）：213-236.

[89] 赵尚梅，李勇，庞玉锋．保险业对经济增长贡献的理论模型与实证检验［J］．保险研究，2009（1）：51-56.

[90] 郑路，徐旻霞．传统家庭观念抑制了城镇居民商业养老保险参与吗？——基于金融信任与金融素养视角的实证分析［J］．金融研究，2021（6）：133-151.

[91] 朱衡，卓志．保险公司系统重要性识别及其影响因素研究——基于系统性风险敞口与贡献的视角［J］．保险研究，2019（3）：3-16.

[92] 朱蕊，江生忠．我国政策性农业保险的扶贫效果分析［J］．保险研究，2019（2）：51-62.

[93] 卓志，朱衡．宏观经济、保险制度变迁与保险业增长［J］．保险研究，2017（4）：3-14.

[94] 邹奕格，陆思婷．投资业务风险对保险业系统性风险的影响冲击［J］．保险研究，2020，（9）：34-51.

[95] Abraham, L. W. The Inefficiency of Contractually-Based Liability with Rational Consumers[J]. Journal of Law, Economics, and Organization, 2006, 22 (1): 168-183.

[96] Acemoglu, D. Why not a Political Coase Theorem? Social Conflict, Commitment, and Politics[J]. Journal of Comparative Economics, 2003, 31 (2): 620-652.

[97] Acemoglu, D., Zilibotti, F. Was Prometheus Unbound by Chance? Risk, Diversification, and Growth[J]. Journal of Political Economy, 1997, 105 (4): 709-751.

[98] Adams, M., Andersson, J., Andersson, L. F., Lindmark, M. Commercial Banking, Insurance and Economic Growth in Sweden between 1830 and 1998[J]. Accounting, Business & Financial History, 2009, 19 (1): 21-38.

[99] Akerlof, G. The Market for “Lemons”: Quality Uncertainty and the Market Mechanism [J]. Quarterly Journal of Economics, 1970, 84 (3): 488-504.

[100] Allen, F., Gale, D. Comparing Financial Systems[M]. Cambridge: MIT Press, 2000.

[101] Arena, M. Does Insurance Market Activity Promote Economic Growth? A Cross-country Study for Industrialized and Developing Countries[J]. Journal of Risk and Insurance, 2008, 75 (4): 921-946.

[102] Arrow, K. J. Uncertainty and the Welfare Economics of Medical Care[J]. American Economic Review, 1963, 53 (5): 941-973.

[103] Arrow, K. J. The Organization of Economic Activity: Issues Pertinent to the Choice of Market Versus Non Market Allocation[A]. Congress of the United States, The Analysis and Evaluation of Public Expenditures: The PPB System[M], 1969: 47-64.

[104] Arrow, K. J. The Limits of Organization[M]. New York: Norton & Company, 1974.

[105] Asmat, D. P., Tennyson, S. Does the Threat of Insurer Liability for "Bad Faith" Affect Insurance Settlements? [J]. Journal of Risk and Insurance, 2014, 81 (1): 1-26.

[106] Babbel, D. F. The Price Elasticity of Demand for Whole Life Insurance[J]. Journal of Finance, 1985, 40 (1): 225-239.

[107] Baker, T. Liability Insurance, Moral Luck, and Auto Accidents[J]. Theoretical Inquiries in Law, 2008, 9 (1): 165-184.

[108] Baker, T., Griffith, S. Ensuring Corporate Misconduct: How Liability Insurance Undermines Shareholder Litigation[M]. Chicago: University of Chicago Press, 2010.

[109] Beck, T., Levine, R. Stock Markets, Banks, and Growth: Panel Evidence[J]. Journal of Banking and Finance, 2004, 28 (3): 423-442.

[110] Beck, T., Levine, R., Levkov, A. Big Bad Banks? The Winners and Losers from Bank Deregulation in the United States[J]. Journal of Finance, 2010, 65 (5): 1637-1667.

[111] Ben-Shahar, O. Regulation of Food Safety Through Compulsory Insurance[J]. Law and Social Science, 2015, 14 (2): 1-24.

[112] Ben-Shahar, O., Kyle, D. L. Outsourcing Regulation: How Insurance Reduces Moral Hazard[J]. Michigan Law Review, 2012, 111 (2): 197-248.

[113] Bo, S. Y., Chen, J., Song, Y., Zhou, S. Media Attention and Choice of Major: Evidence from Anti-doctor Violence in China[J]. Journal of Economic Behavior and Organization, 2020, 170 (1): 1-19.

[114] Box, G. E. P. Non-Normality and Tests on Variances[J]. Biometrika, 1953, 40 (3-4): 318-335.

[115] Brainard, L. What is the Role of Insurance in Economic Development? [R]. Zurich

Government Industry Affairs Thought Leadership Series, 2008.

[116] Brown, J. R., Fazzari, S. M., Petersen, B. C. Financing Innovation and Growth: Cash Flow, External Equity, and the 1990s R & D Boom[J]. Journal of Finance, 2009, 64 (1): 151-185.

[117] Browne, M. J., Kim, K. An International Analysis of Life Insurance Demand[J]. Journal of Risk and Insurance, 1993, 60 (4): 616-634.

[118] Cai, J. The Impact of Insurance Provision on Household Production and Financial Decisions[J]. American Economic Journal: Economic Policy, 2016, 8 (2): 44-88.

[119] Callaway, B., Sant' Anna, P. H. C. Difference-in-differences with Multiple Time Periods [J]. Journal of Econometrics, 2021, 225 (2): 200-230.

[120] Carter, M., de Janvry, A., Sadoulet, E., Sarris, A. Index Insurance for Developing Country Agriculture: A Reassessment[J]. Annual Review of Resource Economics, 2017, 9 (3): 421-438.

[121] Carter, R. L., Dickinson, G. M. Obstacles to the Liberalisation of Trade in Insurance[M]. New Jersey: Prentice Hall, 1991.

[122] Caswell, J. A., Padberg, D. Toward a More Comprehensive Theory of Food Labels[J]. American Journal of Agricultural Economics, 1992, 74 (2): 460-468.

[123] Chang, T. H., Peter, J. K. Misallocation and Manufacturing TFP in China and India[J]. Quarterly Journal of Economics, 2009, 124 (4): 1403-1448.

[124] Chemmanur, T. J., Loutskina, E., Tian, X. Corporate Venture Capital, Value Creation, and Innovation[J]. Review of Financial Studies, 2014, 27 (8): 2434-2473.

[125] Chen, P. F., Lee, C. C., Lee, C. F. How Does the Development of the Life Insurance Market Affect Economic Growth? Some International Evidence [J]. Journal of International Development, 2012, 24 (7): 865-893.

[126] Chen, Q., Ning, B., Pan, Y., Xiao, J. Green Finance and Outward Foreign Direct Investment: Evidence from a Quasi-natural Experiment of Green Insurance in China[J]. Asia Pacific Journal of Management, 2021: 1-26.

[127] Chen, R., Wong, K. A., Lee, H. C. Age, Period and Cohort Effects on Life Insurance Purchases in the U.S.[J]. Journal of Risk and Insurance, 2001, 68 (2): 303-328.

[128] Chen, S. H., Mu, R., Ravallion, M. Are There Lasting Impacts of Aid to Poor Areas?

[J]. Journal of Public Economics, 2009, 93 (3): 512-528.

[129] Chen, S. Y., Ding, X. X., Lou, P. Y., Song, H. New Evidence of Moral Hazard: Environmental Liability Insurance and Firms' Environmental Performance[J]. Journal of Risk and Insurance, 2022, 89 (3): 581-613.

[130] Choi, A. H., Spier, K. E. Should Consumers Be Permitted to Waive Products Liability? Product Safety, Private Contracts, and Adverse Selection[J]. Journal of Law, Economics & Organization, 2014, 30 (4): 734-766.

[131] Cogan, J. A. The Uneasy Case for Food Safety Liability Insurance[J]. Brooklyn Law Review, 2016, 81 (4): 1495-1553.

[132] Cole, S., Giné, X., Tobacman, J., Topalova, P., Townsend, R., Vickery, J. Barriers to Household Risk Management: Evidence from India[J]. American Economic Journal: Applied Economics, 2013, 5 (1): 104-135.

[133] Cole, S., Giné, X., Vickery, J. How Does Risk Management Influence Production Decisions? Evidence from a Field Experiment[J]. Review of Financial Studies, 2017, 30 (6): 1935-1970.

[134] Cornaggia, J. Does Risk Management Matter? Evidence from the US Agricultural Industry [J]. Journal of Financial Economics, 2013, 109 (2): 419-440.

[135] Danzon, P. M. Liability for Medical Malpractice[J]. Journal of Economic Perspectives, 1991, 5 (3): 51-69.

[136] Dash, S., Pradhan, R. P., Maradana, R. P., Gaurav, K., Zaki, D. B., Jayakumar, M. Insurance Market Penetration and Economic Growth in Eurozone Countries: Time Series Evidence on Causality[J]. Future Business Journal, 2018, 4 (1): 50-67.

[137] Davies, S. The Diffusion of Process Innovations[M]. New York: Cambridge University Press, 1979.

[138] Demirgüç-Kunt, A., Levine, R. Financial Structure and Economic Growth: A Cross-Country Comparison of Banks, Markets, and Development [M]. Cambridge: MIT Press, 2004.

[139] Doherty, N. A., Schlesinger, H. Optimal Insurance in Incomplete Markets[J]. Journal of Political Economy, 1983, 91 (6): 1045-1054.

[140] Enz, R. The S-Curve Relation between Per-Capita Income and Insurance Penetration[J].

Geneva Papers on Risk and Insurance, 2000, 25(3): 396-406.

[141] Fang, H. M. Social Culture and Economic Performance[J]. American Economic Review, 2001, 91(4): 924-937.

[142] Ferraz, C., Finan, F., Moreira, D. B. Corrupting Learning: Evidence from Missing Federal Education Funds in Brazil[J]. Journal of Public Economics, 2012, 96(9-10): 712-726.

[143] Fisk, P. R. The Graduation of Income Distributions[J]. Econometrica, 1961, 29(2): 171-185.

[144] Foster, J., Greer, J., Thorbecke, E. A Class of Decomposable Poverty Measures[J]. Econometrica, 1984, 52(3): 61-66.

[145] Frees, E. W. Regression Modeling with Actuarial and Financial Applications[M]. New York: Cambridge University Press, 2010.

[146] Garcia, M. M., Fearne, A. Caswell, J. A., Henson, S. Co-regulation as a Possible Model for Food Safety Governance: Opportunities for Public-private Partnerships[J]. Food Policy, 2007, 32(3): 299-314.

[147] Geanakoplos, J. D., Polemarchakis, H. M. Existence, Regularity, and Constrained Suboptimality of Competitive Allocations when the Asset Market is Incomplete[A]. in Heller W. P., R. M. Starr, and D. A. Starrett Eds., Uncertainty, Information, and Communication: Essays in Honor of Kenneth J. Arrow[M]. Cambridge, New York and Melbourne: Cambridge University Press, 1986, 3(1): 65-95.

[148] Gennaioli, N., La Porta, R., Lopez-de-Silanes, F., Shleifer, A. Trust and Insurance Contracts[J]. Review of Financial Studies, 2022, 35(12): 5287-5333.

[149] Gentzkow, M. A. Television and Voter Turnout[J]. Quarterly Journal of Economics, 2006, 121(3): 931-972.

[150] Glauben, T., Herzfeld, T., Rozelle, S., Wang, X. B. Persistent Poverty in Rural China: Where, Why and How to Escape? [J]. World Development, 2012, 40(4): 784-795.

[151] Goodman-Bacon, A. Difference-in-differences with Variation in Treatment Timing[J]. Journal of Econometrics, 2021, 225(2): 254-277.

[152] Gort, M., Klepper, S. Time Paths in the Diffusion of Product Innovations[J]. Economic Journal, 1982, 92(367): 630-653.

[153] Griliches, Z. Hybrid Corn: An Exploration in the Economics of Technological Change [J]. Econometrica, 1957, 25(4): 501-522.

[154] Gutter, M. S., Hatcher, C. B. Racial Differences in the Demand for Life Insurance[J]. Journal of Risk and Insurance, 2008, 75 (3): 677-689.

[155] Han, L. Y., Li, D. H., Fariborz, M., Tian, Y. H. Insurance Development and Economic Growth[J]. Geneva Papers on Risk and Insurance, 2010, 35: 183-199.

[156] Handschke, J., Rozumek, P. Analysis of Insurance Market Development in Eastern European Countries Based on S-Curve[A]. Karasavvoglou A. et al. (eds.), EU Crisis and the Role of the Periphery[M]. New York: Springer, 2015: 203-216.

[157] Hansen, L. P., Sargent , T. J. Robustness [M]. New Jersey: Princeton University Press, 2008.

[158] Hart, O. Firms, Contracts, and Financial Structure[M]. Oxford: Oxford University Press, 1995.

[159] Heo, W. The Demand for Life Insurance: Dynamic Ecological Systemic Theory Using Machine Learning Techniques[M]. New York: Springer, 2020: 47-76.

[160] Heo, W., Grable, J. E., Chatterjee, S. Life Insurance Consumption as a Function of Wealth Change[J]. Financial Services Review, 2013, 22 (4): 389-404.

[161] Hilger, N. G. Why Don't People Trust Experts? [J]. Journal of Law and Economics, 2016, 59 (2): 293-311.

[162] Hollander, A., Monier-Dilhan S., Ossard, H. Pleasures of Cockaigne: Quality Gaps, Market Structure, and the Amount of Grading[J]. American Journal of Agricultural Economics, 1999, 81 (3): 501-511.

[163] Hope, P. A. Reforming the Medical Professional Liability Insurance System[J]. American Journal of Medicine, 2003, 114 (7): 622-624.

[164] Horiuchi, S., Wilmoth, J. R. Deceleration in the Age Pattern of Mortality at Older Ages [J]. Demography, 1998, 35 (4): 391-412.

[165] Hölmstrom, B. Moral Hazard and Observability[J]. Bell Journal of Economics, 1979, 10 (1): 74-91.

[166] Hufeld, F., Koijen, R. S. J., Thimann, C. The Economics, Regulation, and Systemic Risk of Insurance Markets[M]. Oxford: Oxford University Press, 2017.

[167] Jha, S., Shayo, M. Valuing Peace: The Effects of Financial Market Exposure on Votes and Political Attitudes[J]. Econometrica, 2019, 87 (5): 1561-1588.

[168] Kahneman, D., Tversky, A. Prospect Theory: An Analysis of Decisions under Risk[J]. Econometrica, 1979, 47 (2): 263-292.

[169] Karlan, D., Osei, R., Osei-Akoto, I., Udry, C. Agricultural Decisions after Relaxing Credit and Risk Constraints [J]. Quarterly Journal of Economics, 2014, 129 (2): 597-652.

[170] Kaushal, S., Ghosh, A. Banking, Insurance and Economic Growth in India: An Empirical Analysis of Relationship from Regulated to Liberalized Era [J]. Journal of Financial Economic Policy, 2018, 10 (1): 17-37.

[171] Kessler, D. P., McClellan, M. Do Doctors Practice Defensive Medicine? [J]. Quarterly Journal of Economics, 1996, 111 (2): 353-390.

[172] Khandker, S. R., Koolwal, G. B. How Has Microcredit Supported Agriculture? Evidence Using Panel Data from Bangladesh[J]. Agricultural Economics, 2016, 47 (2): 157-168.

[173] King, R. G., Levine, R. Finance and Growth: Schumpeter Might Be Right[J]. Quarterly Journal of Economics, 1993, 108 (3): 717-737.

[174] Koijen, R. S. J., Yogo, M. Shadow Insurance[J]. Econometrica, 2016, 84 (3): 1265-1287.

[175] Lee, C. C., Chang, C. H. Globalisation and Convergence of International Life Insurance Markets[J]. Geneva Papers on Risk and Insurance: Issues and Practice, 2012, 37 (1): 125-154.

[176] Lee, C. C., Lee, C. C., Chiu, Y. B. The Link between Life Insurance Activities and Economic Growth: Some New Evidence[J]. Journal of International Money and Finance, 2013, 32: 405-427.

[177] Lerner, J. The Empirical Impact of Intellectual Property Rights on Innovation: Puzzles and Clues[J]. American Economic Review, 2009, 99 (2): 343-348.

[178] Levine, R. Finance and Growth: Theory and Evidence[A]. Aghion P, Durlauf S. (eds.), Handbook of Economic Growth[M]. New York: Elsevier, 2005, 1: 865-934.

[179] Levine, R., Zervos, S. Stock Markets, Banks, and Economic Growth [J]. American Economic Review, 1998, 88 (3): 537-558.

[180] Lewis, F. D. Dependents and the Demand for Life Insurance [J]. American Economic Review, 1989, 79 (3): 452-467.

[181] Li, D., Moshirian, F., Nguyen, P., Wee, T. The Demand for Life Insurance in OECD Countries[J]. Journal of Risk and Insurance, 2007, 74 (3): 637-652.

[182] Liao, P., Zhou, X. H., Fan, Q. Q. Does Agricultural Insurance Help Farmers Escape the Poverty Trap? Research Based on Multiple Equilibrium Models[J]. Geneva Papers on Risk and Insurance-Issues and Practice, 2020, 45 (2): 203-223.

[183] Liebenberg, A. P., Carson, J. M., Dumm, R. E. A Dynamic Analysis of the Demand for Life Insurance[J]. Journal of Risk and Insurance, 2012, 79 (3): 619-644.

[184] Lin, C. N., Hsiao, Y-J., Yeh, C-Y. Financial Literacy, Financial Advisors, and Information Sources on Demand for Life Insurance[J]. Pacific-Basin Finance Journal, 2017, 43 (3): 218-237.

[185] Mansfield, E. The Speed of Response of Firms to New Technologies[J]. Quarterly Journal of Economics, 1963, 77 (2): 290-311.

[186] Manso, G. Motivating Innovation[J]. Journal of Finance, 2011, 66 (5): 1823-1860.

[187] Marette, S., Bureau, J-C., Estelle, G. Product Safety Provision and Consumers' Information[J]. Australian Economic Papers, 2000, 39 (4): 426-441.

[188] Mark, J. G., Tobias, J. M. Catastrophe Risk and Credit Market[J]. Journal of Finance, 2009, 64 (2): 657-707.

[189] Mayers, D., Smith, C. W. The Interdependence of Individual Portfolio Decisions and the Demand for Insurance[J]. Journal of Political Economy, 1983, 91 (2): 304-311.

[190] Millo, G. The S-Curve and Reality[J]. Geneva Papers on Risk and Insurance: Issues and Practice, 2016, 41 (4): 608-625.

[191] Miranda, M. J., Glauber, J. Systemic Risk, Reinsurance, and the Failure of Crop Insurance Markets[J]. American Journal of Agriculture Economics, 1997, 79 (1): 206-215.

[192] Mossin, J. Aspects of Rational Insurance Purchasing[J]. Journal of Political Economy, 1968, 76 (4): 553-568.

[193] Nelson, P. Information and Consumer Behavior[J]. Journal of Political Economy, 1970, 78 (2): 311-329.

[194] O'Donoghue, E. J., Roberts, M. J., Key, N. Did the Federal Crop Insurance Reform Act Alter Farm Enterprise Diversification? [J]. Journal of Agricultural Economics, 2009, 60 (1): 80-104.

[195] Olayungbo, D. O., Akinlo, A. E. Insurance Penetration and Economic Growth in Africa: Dynamic Effects Analysis Using Bayesian TVP-VAR Approach[J]. Cogent Economics &

Finance, 2016, 4 (1): 1-19.

[196] Outreville, J. F. Life Insurance Markets in Developing Countries[J]. The Journal of Risk and Insurance, 1996, 63 (2): 263-278.

[197] Picard, P. Economic Analysis of Insurance Fraud[A]. in Dionne G., Eds., Handbook of Insurance[M], 2000: 315-362.

[198] Pradhana, R. P., Arvin, B. M., Norman, N. R., Nair, M., Hall, J. H. Insurance Penetration and Economic Growth Nexus: Cross-country Evidence from ASEAN[J]. Research in International Business and Finance, 2016, 36 (3): 447-458.

[199] Ramey, G., Ramey, V. Cross-Country Evidence on the Link between Volatility and Growth[J]. American Economic Review, 1995, 85 (5): 1138-1151.

[200] Rampini, A. A., Viswanathan, S. Financing Insurance[R]. NBER Working Paper, 2022.

[201] Regattieri, A., Gamberi, M., Manzini, R. Traceability of Food Products: General Framework and Experimental Evidence[J]. Journal of Food Engineering, 2007, 81 (2): 347-356.

[202] Robinson, C. M., Zheng, B. Y. Moral Hazard, Insurance Claims, and Repeated Insurance Contracts[J]. Canadian Journal of Economics, 2010, 43 (3): 967-993.

[203] Rogers, E. M. Diffusion of Innovations[M]. New York: Free Press, 2003: 7-8.

[204] Rothschild, M., Stiglitz, J. Equilibrium in Competitive Insurance Markets: An Essay on the Economics of Imperfect Information[J]. Quarterly Journal of Economics, 1976, 90 (4): 629-649.

[205] Saak, A. Collective Reputation, Social Norms, and Participation[J]. American Journal of Agricultural Economics, 2012, 94 (3): 763-785.

[206] Sandberg, L. G. Banking and Economic Growth in Sweden before World War I[J]. Journal of Economic History, 1978, 38 (3): 650-680.

[207] Schlesinger, H., Doherty, N. A. Incomplete Markets for Insurance: An Overview[J]. Journal of Risk and Insurance, 1985, 52 (3): 402-422.

[208] Sen, A. Poverty and Famines[M]. Oxford: Oxford University Press, 1981.

[209] Shavell, S. On Moral Hazard and Insurance[J]. Quarterly Journal of Economics, 1979, 93 (4): 541-562.

[210] Shiller, R. J. Macro Markets: Creating Institutions for Managing Society's Largest Economic Risks[M]. New York: Oxford University Press, 1993.

[211] Shiller, R. J. The New Financial Order: Risk in the 21st Century[M]. New Jersey: Princeton University Press, 2004.

[212] Sykes, A. O. Judicial Limitations on the Discretion of Liability Insurers to Settle or Litigate: An Economic Critique[J]. Texas Law Review, 1994, 72 (6): 1345-1374.

[213] Tancredi, L. R., Barondess, J. A. The Problem of Defensive Medicine[J]. Science, 1978, 200 (4344): 879-882.

[214] Tian, X., Wang, T. Tolerance for Failure and Corporate Innovation[J]. Review of Financial Studies, 2014, 27 (1): 211-255.

[215] Tirole, J. A Theory of Collective Reputation[J]. Review of Economic Studies, 1996, 63 (1): 1-22.

[216] Wang, C., Nie, P. Y., Peng, D. H., Li, Z. H. Green Insurance Subsidy for Promoting Clean Production Innovation[J]. Journal of Cleaner Production, 2017, 148 (1): 111-117.

[217] Wang, J. L., Chung, C. F., Tzeng, L. Y. An Empirical Analysis of the Effects of Increasing Deductibles on Moral Hazard[J]. Journal of Risk and Insurance, 2008, 75 (3): 551-566.

[218] Ward, D., Zurbruegg, R. Does Insurance Promote Economic Growth: Evidence from OECD Countries[J]. Journal of Risk and Insurance, 2000, 67 (4): 489-506.

[219] Webb, I., Grace, M. F., Skipper, H. D. The Effect of Banking and Insurance on the Growth of Capital and Output [R]. Center for Risk Management and Insurance, Working Paper No. 2, 2002.

[220] Winfree, J., McCluskey, J. Collective Reputation and Quality[J]. American Journal of Agricultural Economics, 2005, 87 (1): 206-213.

[221] Yaari, M. E. Uncertain Time, Life Insurance, and the Theory of the Consumer[J]. Review of Economic Studies, 1965, 32 (2): 137-150.

[222] Yu, J., Smith, A., Sumner, D. A. Effects of Crop Insurance Premium Subsidies on Crop Acreage[J]. American Journal of Agricultural Economics, 2018, 100 (1): 91-114.

[223] Zhang, J., Yang, B. Y., Zhao, L. N. Effects of Agricultural Insurance on Poverty Alleviation under Uncertain Price of Agricultural Products [J]. Asian Agricultural Research, 2019, 11 (7): 12-15.

[224] Zhang, Y. W., Dukic, V., Guszcza, J. A Bayesian Non-linear Model for Forecasting Insurance Loss Payments[J]. Journal of Royal Statistical Society, Series A, 2012, 175 (2):

637-656.

[225] Zheng, W., Liu, Y., Dickinson, G. The Chinese Insurance Market: Estimating Its Long-term Growth and Size[J]. Geneva Papers on Risk and Insurance, 2008, 33 (3): 489-506.

[226] Zietz, E. N. An Examination of the Demand for Life Insurance[J]. Risk Management and Insurance Review, 2003, 6 (2): 159-191.

图书在版编目(CIP)数据

中国保险市场高质量发展研究/段白鸽著. --上海:
复旦大学出版社,2025. 7. -- ISBN 978-7-309-18030-5
Ⅰ. F842. 5
中国国家版本馆 CIP 数据核字第 2025PX7576 号

中国保险市场高质量发展研究
段白鸽　著
责任编辑/戚雅斯

复旦大学出版社有限公司出版发行
上海市国权路 579 号　邮编: 200433
网址: fupnet@fudanpress.com　http://www.fudanpress.com
门市零售: 86-21-65102580　团体订购: 86-21-65104505
出版部电话: 86-21-65642845
上海四维数字图文有限公司

开本 787 毫米×960 毫米　1/16　印张 17　字数 220 千字
2025 年 7 月第 1 版
2025 年 7 月第 1 版第 1 次印刷

ISBN 978-7-309-18030-5/F · 3114
定价: 98.00 元
